교정학자가 묻고 사형수가 답하다

감옥이란
무엇인가 2

감옥이란 무엇인가 2

– 교정학자가 묻고 사형수가 답하다

초판 1쇄 펴낸날 | 2025년 1월 31일

지은이 | 이백철 외 1인
펴낸이 | 고성환
펴낸곳 | (사)한국방송통신대학교출판문화원
        (03088) 서울시 종로구 이화장길 54
        전화 1644-1232
        팩스 (02) 741-4570
        홈페이지 https://press.knou.ac.kr
        출판등록 1982년 6월 7일 제1-491호

출판위원장 | 박지호
편집 | 신경진·김경민
편집 디자인 | (주)성지이디피
표지 디자인 | 김민정

© 이백철 외 1인, 2025
ISBN 978-89-20-05234-7 03300

값 17,000원

교정학자가 묻고 사형수가 답하다

감옥이란
무엇인가2

이백철 외 1인 지음

지식의날개

"카인은 단지 동생 아벨을 살해한 것이 아니라, 아벨에게서 태어날 수많은 후손을 이 땅에서 지워 버린 것이다. … 나치에게 학살당해 사라진 600만 명에게서 태어났을 후손들을 상상해 보자! … 살인자는 살인을 저지른 순간, 당사자는 물론이고 모든 인류에게 인류학적으로 해를 끼치는 것이다. 따라서 카인의 살인은 형이 동생을 죽인 사건이지만, 따져보면 지구상에 있던 인구의 나머지 반을 죽였다고 볼 수 있다."[1] 이 글이 비수처럼 저에게 날아와 꽂혔습니다. 도대체 나는 몇 명을 죽인 것일까?

- 사형수의 편지에서

이 책은 가해자 중에서도 최악의 가해자라고 할 수 있는 한 사형수의 말과 글을 통해 '감옥이 무엇인가'에 대해 기술한 것이다. 15년의 만남과 2년의 집필 기간을 거쳐 그의 성장 배경, 범죄 세계 입문, 감옥살이 그리고 사형수로의 삶을 한 권의 책으로 엮었다. 이를 통해 범죄가 무엇이고 감옥이 무엇인가를 온전히 밝힐 수는 없겠지만, 기존 방식과는 다르게 접근하여 조명해 보고자 했다. 혹 그 결과가 크게 다르지 않다고 해도 얻어 낸 과정은 분명 다르기 때문에 독자가 이해하는 폭과 느끼는 감흥 또한 다를 것이다. 범죄와 감옥 문제에 관한 저서와 논문 등이 유수의 전문가들에 의해 헤아릴 수 없을 만큼 많이 발표되었지만, 그 결과가 한 사형수의 즉흥적인 답변으로도 가늠할 수 있는 부분이 적지 않다면 기존 연구 방식에 대한 새로운 논의가 필요하다는 생각도 들었다. 이 책의 이야기는 어느 사형수가 무수히 잠 못 이루었던 밤, 잊히지 않는 상념과의 투쟁 속에서 맺은 무언의 사유들이 평범한 말과 담담한 글로 표현되었다. 나의 건조한 질문과 기술로 전체 맥락에서 일관성을 해친 대목도 있지만, 객관적인 사실 또한 놓칠 수 없는 부분이라 적절히 배분하고자 했다.

　사형수가 지금 살아 있다는 사실 자체를 부당하게 생각하는 사람들은 이 책을 읽기가 다소 불편할 수도 있다. 아마도 나쁜 사람의 좋은 글이기 때문일 것이다. 사형수들은 사법적으로는 이미 죽은 자들이지만, 실제로는 30년 넘게 죽지 않고 살아 있는 이도 있다. 언젠가 50년 넘게 수감 생활을 하는 경우도 나올 것이다. 2025년 현재 우리나라에 수감되어 있는 사형수는 59명이다. 이들은 모두 살인을 한 중죄인이다. 그러나 사형이 최종적으로 결정된 이후 어떤 삶을 이어 가고 있는지는 개인마다 차이가 있다. 우리 사회는 살인을 한 중죄인을 증오하는 동시에 두려워하기도 하지만, 이들이 어떤 사람이고 어떻게 살고 있는지 잘 알지 못한다. 우리는 이 중죄인들이 저지른 죄과에 대해 언론을 통해 잠시 접했을 뿐 기억하지 못하고, 그들의 감옥살이에 대해서도 적극적으로 알고자 하지 않는다. 심지어 범죄와 감옥을 배경으로 한 할리우드 영상물에서 묘사되는 왜곡된 장면들은 객관적 판단을 저해하기도 한다.

　이들은 어떤 상황에서는 자신마저 속이는 위선적인 모습을 보이기도 하고 어쩌다 자제력을 잃고 분노하기도 하지만, 용서되지 않는 욕망과 본능적 욕정을 자책하다가 못내 지치기도 하고 잡힐 듯 잡히지 않는 구원의 길 앞에서 좌절하기도 한다. 때로는 내일 아침에 깨지 않기를 바라며 죽음의 잠을 청하기도 하고, 그러다가 실제로 스스로 목숨을 끊고 세상을 떠나는 이도 있다. 이들은 하루 24시간 중 운동시간 한 시간을 제외하고 변기가 있는 곳을 빼면 매트리스 한두 장 정도 깔 수 있는 좁은 공간에서 나머지 23시간을 보낸다. 이런 24시간이 365번 지나면 1년이다. 365일이 10번 지나야 10년이고, 365일이 30번 지나야 30년이다. 사형수들은 병들어 죽거나 자연사할 때까지 이렇게 살아가야 한다. 상상하면 숨이 딱 멎을 것 같은 골방에서 어떻게 10년, 20년, 아니 30년을 사형수로 살아갈 수 있는 것일까? 감옥도 결국은 사람들이 만든 곳이니 사는 방도가 따로 있는 것일까? 아니면 어느 날 보이지 않던 하느님이 보이고 그가 전하는 사랑이 정녕 평화를 가져다주는 것일까? 그들은 누구이며 그들이 경험하는 감옥살이는 어떤 것일까?

나는 대학원 과정 5년, 교수 생활 30년, 교정시설 봉사자 활동 30여 년간 범죄와 감옥을 이해하는 데 상당한 시간을 할애해 왔다. 그러나 내가 감옥에 갈 정도로 큰 범죄자도, 죽을죄를 지은 사형수도 아니었기에 교과서적 이론과 편의적 상상력만으로 엮은 그간의 나의 주장은 참지식과는 거리가 있었다. 이따금 일종의 가책 아닌 가책을 느끼곤 했다. 그러던 차에 15년 전 어느 날 교정시설에서 정기적으로 봉사할 기회가 왔다. ○○구치소 사형수 미사에 매월 참여하게 된 것이다. 담당 사제 한 분과 봉사자 자매, 사형수와 담당 교도관 그리고 나를 포함해 다섯 사람이 작은 테이블에 마주 앉아 미사를 올리고 미사 후에는 사형수의 이야기를 듣고 봉사자들도 각자의 생각을 나누는 시간을 가졌다. 오전과 오후, 두 차례 미사를 올려 하루에 사형수를 두 사람 만날 수 있었다. 나는 과도하게 내 역할을 만들거나 성급하게 호기심을 발휘하거나 의도적으로 그들과 거리를 둔 적이 없다. 그저 내 수준에서 내가 가장 잘할 수 있는 것은 아마도 그저 작은 공동체의 일원으로 무던하게 함께하는 것이라고 믿었다. 그러다 보니 오가는 편지도 제법 쌓여 책으로 남길 수 있을 정도가 되었다.

때마침 대학에서 30년을 봉직한 은퇴 교수로서 무엇을 할 수 있을까를 생각했는데, 이렇게 사형수들과의 만남에서 얻은 현장 지식과 자료를 모아 기록으로 남기기로 했다. 그래서 2021년 말에 발간된《감옥이란 무엇인가》에 이어 후속편《감옥이란 무엇인가 2》가 출간되었다. 전편이 역사, 윤리, 철학, 사회학적 관점에서 교도소의 과거, 현재, 미래를 동료 철학자와 함께 대화 형식으로 엮은 것이었다면, 후편인 이 책은 한 사형수 개인의 눈에 비친 감옥의 모습을 대화 형식으로 기술한 것이다. 1권이 출간된 이후 미시적 차원에서 감옥의 구체적인 모습이나 수형자 개개인의 삶에 대한 기술이 없어 아쉬웠다는 주변의 의견도 후속편 출간의 이유가 되었다.

혹자는 이 책을 읽다가 중학교 학력을 겨우 마친 조폭 출신 살인범인 이 책의 공동 저자가 믿을 수 없을 만큼 지식이 해박한 것에 약간의 혼란을 느낄지도 모르겠다. 그리고 나쁜 사람의 좋은 글이기에 마음이 쉽게 열리지 않을 수도 있을 것이다. 같은 상황에서 같은 느낌을 말해도 누구나 똑같이 느끼지는 않기 때문이다. 무더웠던 한여름 밤, 비좁은 감방에서 땀으로 끈적거리는 살들이 맞닿는 고통을 호소하는 유명 작가의 묘사에는 공감하지만,[2] 사형수이기에 같은 고통을 묘사해도 독자들이 똑같이 공감하지 않을 수도 있다는 염려에서 하는 말이다.

그는 어린 시절부터 범죄를 저질러 교정시설을 들락거리다가 조폭이 되었고 급기야 사람을 살해하고 30년째 감옥살이하고 있는 사형수이다. 그의 삶을 따라가다 보면 한 개인의 파란만장한 생애도 전개되지만, 그의 과거와 경험은 우리 사회의 어딘가에 숨겨져 있던 어두운 공간을 드러낸다. 물론 최후의 공간은 감옥이다. 감옥은 우리 자신과 우리 사회의 정직한 그림자이다. 감옥을 들여다보면 숨겨진 또 다른 세상과 우리가 보인다. 이 세상에 감옥이 존재하는 이유가 있고, 그 이유로 감옥에서 살아가는 사람이 있다. 또 감옥에 사는 사람의 과거를 들여다보면 감옥의 존재 이유를 알 수 있다. 그리고 감옥에 있는 그들의 진면목을 보면 감옥이 어떤 모습이어야 하는지를 그릴 수 있다. 이를 위해 30년째 복역 중인 한 사형수의 과거에 대한 회고와 현재의 삶, 미래에 대한 바람을 들어 볼 것이다. 이 세상에 그만큼 감옥살이에 대해 잘 아는 사람도 많지 않을 것이다.

마지막으로 이 책이 불가피하게 안고 있는 편향에 대해 독자의 이해를 구하고자 한다. 일부 독자는 종교의 역할, 종교적 표현, 특정 종교에 관한 이야기가 많아 불편함을 느낄 수도 있다. 그러나 이는 공동 저자인 사형수가 특정 종교의 신실한 신앙인이라는 점에 기인한 것이고, 종교에 대한 나의 편향된 시각을 의도적으로 드러낸 것은 아니다. 같은 이유로 이 책에서 사형수를 '형제님'으로 호칭했음을 미리 밝힌다. 그 밖에도 여러 관점에서 논의의 필요성이 제기될 수 있을 것이다. 몇몇 사형수의 체험이 모든 수형자에게 일반화될 수는 없다는 지적이 있을 수 있다. 일반 수형자와 특정 사형수의 입장을 동일 선상에서 논할 수는 없기에 타당성이 있다. 또 사회 구조나 환경적 요인을 제쳐 두고 종교의 역할과 인문적 소양의 배양만으로 교정 교화의 목적을 달성할 수 있는가에 대한 지적도 충분히 이해된다. 그러나 이 책은 한 사형수가 감옥에서 겪고 느낀 점을 이야기한다. 그래서 그가 경험하고 구술하는 서사에도, 감옥이기 때문에 감당할 수 있는 몫에도 한계가 있을 수밖에 없다. 아울러 이 이야기를 엮는 한 교수의 성향이 사실 기록에 영향을 미칠 수도 있다. 이 책은 이런 문제점을 안고 있다는 점에서 한계가 있다. 그렇지만 이런 요소들이 조화롭게 작용하여 긍정적인 결과로 이어지기를 기대해 본다.

이 책이 출간되기까지 많은 분들의 도움이 있었다. 30년 넘게 이어 온 천주교 사회교정사목위원회 담당 사제분들의 가르침을 비롯하여 절망 속에서도 속죄의 길을 찾고 있는 사형수 형제들과의 진지한 만남, 봉사자 자매님들의 헌신적인 활동을 직접 볼 기회가 있었기에 이 책이 세상에 나올 수 있었다. 또 '아시아교정포럼'의 회원으로서 '인문교정학'의 창달과 발전을 위해 함께 힘써 온 학술적 동지들의 조언이 큰 도움이 되었다. 박연규 교수님, 조극훈 교수님, 김병배 교수님, 김안식 교수님, 이언담 교수님, 김영식 소장님, 신기숙 교수님, 엄태봉 선생님에게 진심으로 감사드린다. 그리고 구치소를 방문할 때마다 친절한 교정 공무원으로 모범을 보여주신 ○○○ 계장님을 비롯한 여러 직원분께도 감사드린다. 끝으로《감옥이란 무엇인가》1권에 이어 2권의 편집 책임자로서 책이 나오기까지 지원과 배려를 아끼지 않으신 한국방송통신대학교출판문화원의 신경진 선생님께 감사의 뜻을 전한다.

프롤로그 _ 사형수와의 만남을 시작으로 … 5

1장   저는 대한민국의 사형수입니다 … 15

사형이 선고되다 _ 17
우리나라의 사형제도와 대체 형벌 _ 34
◆ 사형유예제도 _ 46

2장   돌이킬 수 없는 선택과 그 대가 … 51

범죄의 시작과 진화 _ 52
사형 선고로 끝난 범죄 _ 82
범죄는 왜 지속되는가 _ 85
'묻지 마 범죄' _ 100
소년범죄 _ 110
◆ 범죄 원인론 _ 116

3장   사형수가 말하는 우리나라 감옥 … 121

수용자와 교도관이 함께 생활하는 공간 _ 147
교도소의 하위문화 _ 153
구금형의 궁극적 목적 _ 193
코로나19로 드러난 감옥의 실태 _ 208
◆ 감옥인가, 교도소인가? _ 214

4장 범죄로 이어진 가해자와 피해자 … 217

때늦은 후회라고 할지라도 _ 219
가해자는 용서를 구할 수 없다 _ 227
회복적 사법 _ 238
◆ 가해자와 피해자 _ 248

5장 '죽임'으로 시작하여 '죽음'으로 끝나는 … 253

자유 _ 256
죽음 _ 262
고통 _ 269
시간과 공간 _ 276
◆ 감옥에서의 사유 _ 282

6장 과연 사람은 변할 수 있는가 … 287

책 읽기 _ 290
신앙의 시작 _ 302
치료공동체 프로그램 _ 313
◆ 추천도서 100선과 종교관 제도 _ 318

에필로그 - 인간다움이 충만한 세상을 향하여 … 321

미주 … 328

사순시기가 다가옵니다. 이번에는 제 나름대로 예수님의 수난을 묵상하며 지난 반세기 과거도 진지하게 성찰하며 보낼 것입니다. 멈추면 보이는 것들이 있지요. 홀로 보낼 시간 동안 지나간 날들을 돌아보고 앞으로 남은 날들을 준비하고자 합니다. 기록도 해 보고요. 언젠가 이 날들이 진정으로 은총받은 시간이었다고 기억하고 싶습니다.

- 공동 집필을 약속한 즈음, 편지 중에서

1장

저는 대한민국의
사형수입니다

2010년 초 어느날, ○○구치소에서 사형수 ○○○을 처음 만났다. 종교위원의 신분으로 사형수를 위한 소그룹 미사에 참여한 것이다. 그에 대한 어떤 정보도 없었고 알려고 하지도 않았고 누가 알려 주지도 않았다. 나로서는 사람을 죽인 나쁜 죄인을 만나러 간다기보다는 죄는 지었지만 갇힘으로써 고통받는 죄인을 만나러 갔다는 표현이 맞을 것이다. 그가 방으로 들어왔다. 예상과는 전혀 다른 모습이었다. 크지 않은 체격에 하얀 피부와 곱상한 외모를 가진 호남형 중년의 모습이었다. 거칠게 살아온 사람들이 무의식적으로 내뱉는 욕지거리도 없었고, 성경을 읽은 횟수로 치면 어쩌면 여느 성직자보다도 적지 않을 듯 싶었다. 궁금했다. 그는 누구이며 어떤 사람인가? 그는 감옥을 어떻게 이해하고 있을까? 그리고 15년이 흘렀다. 격의 없는 대화가 오갔고 그가 보낸 편지가 상자로 한가득이 되었다. 이 즈음에 그에게 글을 함께 써 볼 의사가 있는지 물었고 그가 흔쾌히 승낙했다. 그도 죽기 전에 자신의 인생을 한번 정직하게 돌아보고 정리해 보고 싶었다고 했다.

"1994년에 저는 사형이 선고된 살인 사건이 아니라 다른 별건의 범죄로 ○○교도소에 구금되어 있었습니다. 그런데 숨어 지내던 살인 사건의 공범 중 한 명이 체포되는 바람에 은폐되어 있던 살인 사건의 전모가 드러났고 제 범행에 살인죄가 추가되었습니다. 곧바로 새로운 재판을 받기 위해 타 교정시설로 이송을 가야 했습니다. 떠나는 저에게 교도관 한 분이 하신 말씀이 기억에 남습니다. '재판을 잘 받아 이곳으로 다시 돌아오길 바란다!' ○○교도소로 돌아오라는 이야기는 미운 놈에게 하는 악담 중 악담이지요. 그런데 돌아보면 사건의 심각성을 알고 부디 살아서 돌아오라는 연민의 덕담이었습니다."

사형이 선고되다

그렇군요. 지금으로부터 30년 전, 1994년 ○○월에 사형 선고를 받으셨습니다. 당시 상황을 기억하십니까?

"피고인 ○○○, ○○○, ○○○, ○○○을 각 사형에 처한다!" 제 이름 석 자가 가장 먼저 불렸습니다. 그리고 '사형'이라는 소리가 울렸습니다. 가슴이 철렁하면서 눈앞이 캄캄해졌습니다. 온몸의 힘이 빠지면서 땅바닥에 주저앉을 것만 같았지요. '진짜인가?' 하는 생각밖에 들지 않았습니다. 뒤이어 이어진 공범들의 판결은 한마디도 귀에 들어오지 않았습니다.

긴장과 충격으로 아마도 넋이 나갔을 것 같습니다. 당일 법정은 어떤 모습이었습니까?

공범 일곱 명이 법정에 차례로 들어서자 순간 웅성웅성하던 방청석이 조용해졌습니다. 살인 사건 관련이 네 명, 청부 폭력 사건 관련이 세 명이었습니다. 청부 폭력이 살인으로 이어진 사건이었으니까요. 방청석은 그들의 가족과 지인, 피해자 유족, 낯익은 조직 식구들까지 빼곡히 들어차 있었습니다. 법정에 서 본 경험이 많은 저였지만 그날만은 긴장이 최고조에 달했습니다. 판사의 판결에 따라 누군가의 생사가 갈릴 수 있는 상황이었습니다.

상범부터 하범까지 일곱 명이 차례대로 피고인석에 섰습니다. 얼마가 지나자 재판장과 좌우심 판사 두 명이 법정 안으로 걸어 들어왔습니다. 재판이 시작되었고, 재판장은 차례로 최후의 진술을 할 기회를 주었습니다. 주범으로 맨 앞에 서 있던 저는 피해자와 유족에게 속죄의 마음을 전하며 어떤 벌도 달게 받겠다고 진술했습니다. 그런데 난데없이 전혀 예상치 못한 안타까운 상황이 발생했습니다. 그간 공범들 사이에서 비밀리에 공유되던, 공개되어서는 안 될 편지가 재판정에서 공개된 것입니다. 살인 사건을 은폐하기 위해 공범 모두가 고의 범죄를 저질러 감옥에서 숨어 지내자는 제가 쓴 일종의 모의 서신이었습니다. 한바탕 큰 소동이 일었습니다. 막장 드라마가 연출된 것이지요. 그러나 소동은 소동일 뿐 이어 각각의 최후 진술이 마무리되었습니다. 재판장은 판결문을 낭독하기 시작했습니다. 방청석 곳곳에서 한숨 소리가 터져 나왔습니다. 1심 판결이었지만 사실상 이 시각부터 저는 사

감옥이란 무엇인가 2

형수가 된 것입니다.

1심에서 살인 사건 공범 네 명 모두에게 사형이 내려졌군요. 항소심과 대법원 상고심은 어떻게 진행되었습니까?

저야 주범이니 각오하고 있었지만, 나머지 세 명 모두에게 사형이 내려질 줄은 몰랐습니다. 지금 돌아보면, 공범들 간의 불신과 오해를 나서서 풀어 보려고 했던 것 자체가 저의 오만이었습니다. 제 처지는 제쳐 두고 보스만은 구해야 한다는 허세까지 부리고 있었습니다. 재판 기간 내내 죄과를 뉘우치는 마음보다는 마냥 체면과 의리에 매달려 있었던 겁니다. 항소심에서도 한 명만이 무기형으로 감형되었고, 저를 포함하여 세 명의 사형이 확정되었습니다. 대법원 상고심이 남아 있었지만, 거기서 뒤집힐 가능성은 낙타가 바늘귀를 빠져나가는 것보다 어렵다는 점을 잘 알고 있었기에 그 결과를 현실로 받아들여야 했습니다.

그런데 사람 마음이 간사하더군요. 가능성이 없다는 것을 누구보다 잘 알면서도 지푸라기라도 붙잡는 심정으로 한 가닥 희망의 끈이라도 놓지 못했던 기억이 납니다. 살인 사건의 전모가 드러나기 전에 별건으로 구속되어 있을 때부터 언젠가 죽은 목숨이 되리라고 각오하고 있었지만, 막상 현실이 되니 두려움이 엄습해 왔습니다. 시간을 되돌리고 싶었습니다. 살인을 후회해서가 아니라 감옥에서 죽거나 평생 옥살이를 해야 하는 처지를 인정하고 싶지 않은 본능적인 욕구 때문이었을 겁니다. 돌아보면 당시에 제가 모든 책임을 져야 할 상황이었지만, 피해를 본 쪽은 피해자가 아니라 저 자신이라고 생각했습니다. 피해자들은 제가 가고자 하는 길을 방해했고 제 삶을 망치려고 했기 때문에 그만한 대가를 치른 것이라고 주장하고 있었던 겁니다. 그래서 범행을 저지른 순간에도 누구도 저의 정당성을 막을 수 없다고 생각했고 완전 범죄를 꿈꿀 수 있었던 것이지요. 불길한 결말에 대한 스위치는 아예 꺼 버렸던 겁니다. 최종적인 재판 결과를 받아 든 순간에 와서야 모든 것이 저의 착각이었고 망상이었음을 자각했습니다.

항소심이 끝난 날이었습니다. 무거운 마음으로 호송차에 몸을 실었습니다. 이제 교도소에 돌아가면 다시는 담장 밖으로 나올 수 없겠구나 싶었습니다. 창가 쪽에 앉아 살아서 보는 마지막 세상일지도 모른다는 생각에 창밖 풍경을 하나하나 눈에 담기 시작했습니다. 차가 서서히 도로로 진입했습니다. 신호등 앞에 잠시 섰는데 낯익은 모습이 보였습니다. 누님들이었습니다. 죽을죄를 지은 죄인처럼 축 처진 어깨에 풀이 죽은 모습으로 터벅터벅 걷고 있었습니다. 엄마 젖도 받아먹지 못한 박복한 갓난 동생을 살리려고 미음을 끓여 가며 돌본 누님들이었습니다. 그 순간 손수레 가마때기 위에 행로병자의 시신처럼 눕혀 있던 어머니의 눈감은 모습이 떠올랐습니다. 얼음장처럼 차갑고 창백한 얼굴을 하고 계셨지요. 뜨거운 눈물이 쏟아졌습니다. 새삼 심각한 일이 제게 일어났다는 것을 실감했습니다. 이제는 모든 게 자명해졌고 돌이킬 수 없는 현실이라는 사실을 인정해야 했습니다. 생각해 보면 제가 재판 전부터 죽음을 확실하게 각오해 온 것이 아니었고, 죄의 무서운 결과를 감당해야 할 순간을 애써 외면하고 있었던 것입니다.

곧이어 최종 항고심 단계로 넘어갔겠군요. 아무리 조폭으로 험하게 살아왔다고 하더라도 사형수라는 새로운 신분을 받아들이기는 어려웠겠지요?

고등법원에서 기각 판결을 받자, 상고심을 위해 ○○구치소로 이감을 가야 했습니다. 사형이 선고되면 자동으로 상고가 되어 본인의 의사와 관계없이 관할 교정시설로 이감됩니다. 오후 1시경 ○○구치소에 도착해 보니 공범 세 명이 한꺼번에 사형을 받고 온다는 소문에 분위기가 꽤 술렁거렸습니다. 거기에 조폭 출신 사형수라고 하니 사고 위험도 염려되어 교도관들도 잔뜩 경계하는 눈치였지요. 여기저기 불려 다니며 면담이 여러 차례 진행되었습니다. 그 당시에는 집행에 대한 두려움을 떨치려고 난폭한 행동을 저지르는 사형수가 많았습니다. 사실 저도 그때는 눈에 보이는 것이 없었습니다. 누구 하나 잘못 걸리면 죽음뿐이다 하며 독이 바짝 올라 있었으니까요. 무엇보다 항소심에서 기각되

고 나서 마음을 추스를 새도 없이 바로 그날 낯선 환경에 내던져
지니 예민할 수밖에 없었습니다. 사람들은 저를 사형수로 대하는
데 저는 아직 실감하지 못하고 있었기 때문에 혼란스러웠습니다.
설상가상으로 구치소에 있던 전국의 건달들이 소문을 듣고 형님,
동생 하며 인사를 건네오다 보니 그들 앞에서 약한 모습을 보이는
건 죽기보다 싫었습니다. 속은 시커멓게 타들어 가는데 겉으로는
씩씩한 척하며 지내려니, 가면을 쓴 자아로 살았던 처음 몇 개월
이 가장 힘들었던 것 같아요. 참 자아와 거짓 자아가 계속해서 충
돌하며 정체성이 혼란스러운 시기였습니다.

매우 솔직한 표현이군요. 수용자라면 누구나 거쳐야 하는 과정이지만
사형 선고를 받은 조폭 출신 수용자가 어떻게 수용 생활에 적응해 갔
는지 궁금합니다.

돌아보면 어느 학자가 제시한 이론으로 분노의 5단계를 정확하
게 거쳤다고 생각합니다.[3] 충격과 부정의 단계, 분노의 단계, 타협
의 단계, 우울의 단계, 수용의 단계이지요. 이감된 초기에는 1, 2단
계에 직면해 있어 속마음을 터놓고 이야기할 대상이 절실히 필요
했지만, 방도를 찾지 못하고 획일적인 관리와 통제 속에서 계속
부딪힐 수밖에 없었습니다.

현실의 부정, 분노의 단계에 있던 저는 감정이 쉽게 폭발했고

감옥이란 무엇인가 2

그 피해는 제 주변에 있던 사람들이 흠뻑 입었지요. 일상생활에서만은 좀처럼 사람들과 불화를 겪거나 폭력적인 성향을 잘 보이지 않는 성격이었는데, 그때는 심리적으로 불안한 상태에서 스스로 통제 불능인 상황을 이겨 내지 못했습니다. 그렇게 불안정한 나날이 지속되던 어느 날이었습니다. 뿌리 얕은 나무처럼 휘둘리며 사는 자신이 너무 한심하고 어리석다는 생각이 들기 시작했습니다. 아직 상고심이 남아 있기는 했지만 그건 형식적인 절차일 뿐 재판 결과를 바꾸거나 형기를 낮출 수 있는 것이 아니었기 때문에 희망 고문에서 빨리 벗어나야 했습니다.

다행히도 심리적 변화의 다음 단계로 진행되기 시작했군요. 물론 또다른 여러 난관에 직면했겠지요?

비이성적인 상태에서 조금씩 헤어 나오면서 타협의 단계로 넘어갔던 것 같습니다. 이 단계에서는 변할 수 없는 현실 앞에서 모든 것을 받아들이고 체념할 수밖에 없었습니다. 이 시기에 하느님을 만났고 하느님이 구세주로서 타협의 대상이 된 것입니다. 제가 살면서 한 번도 만나 보지 못한 분이어서 한번은 만나서 제대로 따져 보고 싶기도 했습니다. 사실 그때만 해도 제가 어떤 종교에 심취하거나 신앙인으로 살아가는 모습은 상상해 본 적이 없었습니다. 그래서 내적인 저항도 상당했지요. '평생을 어둠의 세계에서 살다가 살인까지 저질러서 사형수가 되어 놓고, 인제 와서 내 마음 편해지려고 종교를 믿는다고? 나 같은 인간이 종교인이랍시고 성경 책을 들고 교회에 왔다 갔다 하면 사람들이 얼마나 비웃으며 위선자라고 손가락질할까?'라는 생각이 맴돌면서 불가피하게 우울의 단계로 넘어갔습니다. '너는 신마저도 포기한 용서 받지 못할 죄인이야. 그냥 지금처럼 그래 왔던 것처럼 약한 모습 보이지 말고 네 멋대로 살아가라고!'라는 악마의 속삭임이 제 마음을 휘저었습니다. 그러다 최종적으로 상고심에서 사형 확정 판결을 받았습니다. 최종 판결문과 함께 사형수의 상징인 빨간색 명찰을 받아 들자 현실을 받아들일 수밖에 없는 수용의 단계로 넘어갔습니다. 이 시기부터는 죽음을 어떻게 맞이해야 하는가를 진지하게 생각하기 시작했습니다. 지금의 삶은 단지 죽음을 기다리는 생명의 연장일 뿐이라는 정해진 현실 앞에서 고뇌의 시간이 흘러갔습니다.

그런데 다행히도 고뇌 속에서 한 가지 깨달음이 왔습니다. 그것은 죽기 전까지 꼭 해결해야 할 일이 있다는 것이었습니다. 속죄였습니다. 시한부 선고를 받은 시점에서 죽음을 받아들이니 죽음보다 더 두려운 것은 용서받지 못한 죄인으로, 죽일 놈으로 죽어 사라져 버린다는 것이었습니다. 그리고 지금이라도 생이 끝나기 전에 마지막으로 사람답게 살아가는 모습을 남기고 싶었습니다. 생각이 달라지자 그때부터 알 수 없는 힘이 저를 잡아당기기

감옥이란 무엇인가 2

시작했습니다. 무엇보다 놀라운 것은 제가 뭔가에 홀린 듯이 성경을 읽기 시작했다는 겁니다. 태어나서 한 번도 스스로 읽어 본적이 없는 성경 책을 밤낮없이 무협지처럼 읽은 겁니다. 그냥 기적이었다고 할 수밖에 없지요. 예수님도 성령도 무엇인지 아무것도 모를 때였으니까요.

어떤 형태이든 막다른 골목에서 구원의 손길을 간구하는 것은 인간의 지극히 자연스러운 본능적 행위입니다. 그것이 형제님에게 종교였다는 것이 다행이었다는 생각이 듭니다.

예수회 창시자 로욜라는 《영적 수련》에서 이렇게 말합니다.[4] "악마가 영혼을 거칠게 하는 데 성공하지 못하면, 반대로 영혼을 과도하게 섬세하게 하는 데 주력한다. 그리하여 너무나 섬세해진 영혼은 '죄가 없는 곳에서도' 끊임없이 모든 것을 죄로 보고, 결국 자기 자신을 스스로 참소한다."

어쩌면 악마가 전략을 바꿔 저를 신에게 데려가서 신에게서 완전히 멀어지게 하려는 작전이었는지 모르겠습니다. 그렇다면 악마의 전략은 실패였습니다. 저는 세례 이전의 저로 돌아갈 생각이 털끝만큼도 없었기 때문입니다. 그리고 생각해 보았습니다. 혹시라도 뒤늦게나마 제 안에 잠재해 있던 조상의 신앙 디엔에이 DNA가 나타난 것이 아닌가 하고요.

어떤 이유에서든 과거의 악행을 회개하고자 했다는 사실은 듣고 있는 저에게도 위로가 됩니다. 그리고 그 방법을 찾는 과정에서 하느님을 만났다는 사실은 형제님에게 큰 행운이고 은총이지요. 더구나 본인이 적극적으로 그 길을 찾고자 노력한 흔적이 이 순간에도 자신의 악행을 제대로 인식하지 못하고 위선자로, 괴물로 살아가는 사람들에게 깨우침의 계기가 되기를 기대해 봅니다.

사실 호송차에서 누님들이 망연자실한 채로 걸어가는 모습을 보았을 때, '내가 도대체 무슨 짓을 저지른 것인가? 나 한 사람의 인생이 무너지는 것이 끝이 아니구나.'라는 것을 실감했지요. 제 가족은 물론이고 피해자의 유족 모두에게 평생 무거운 고통을 짊어지게 했다는 자책감이 엄습해 왔습니다. 하루하루가 지나면서 살인 범죄는 피해자 당사자의 희생으로 끝나지 않고 가해자의 영혼도 파괴되고, 나아가서 양쪽 가족의 삶과 일상까지 무너뜨리는 무거운 죄라는 것을 깨달았습니다. 이런 마음의 동요가 있었기에 상고심 재판 중에 종교에 귀의할 용기를 낼 수 있었다고 생각합니다.

천주교 신자가 되기로 마음을 정한 저는 담당 신부님에게 세례해 주시기를 간청했습니다. 그러나 교리 공부 등 정해진 절차를 거치지 않았기 때문에 자격 미달로 당연히 거절되었습니다. 교리 공부를 마치고 내년에 세례받으라고 하는 것은 내일을 알 수 없는 사형수에게는 너무 가혹하다는 제 생각을 계속 전하며 간청을 이어 갔습니다. 마침내 담당 신부님께서 결단을 내리셔서 1996년 성탄 미사에서 세례를 받을 수 있었습니다. 비록 당시에는 외상으로 받은 세례였지만 제가 간절히 원했던 것이었고 근 30년이 지난 지금까지도 교리 공부를 중단한 적이 없습니다. 제가 그토록 세례를 받기를 원했던 이유는 하느님 아들로 다시 태어나는 기쁨과 영광을 원해서가 아니었습니다. 예수님과 같이 십자가에 못 박혀 죽음으로써 죄의 고리를 끊어 내고 어두운 과거의 질곡에서 벗어나고 싶었기 때문이었습니다. 저는 살면서 끊임없이 뭔가를 갈구하면서도 한 번도 저를 온전히 내준 적이 없었습니다. 막다른 절벽에서 악을 탈피해서 체념과 내맡김을 제 살길로 정한 것은 불가피했지만 최선의 선택이었습니다.

우여곡절이 있었지만, 세례를 받고 나니 가슴속 불구덩이에서 씩씩대며 몸부림치던 욕구가 놀랍게도 시들해지고 새 생명이 봄기운에 움트는 새싹들처럼 자라나고 있음이 느껴졌습니다. 가슴을 크게 부풀려 힘껏 세상의 공기를 들이마셨습니다. 그것이 벅찬 숨결로 변해 내쉬어지는 순간 뜨거운 눈물이 흐르고 있었습니다.

그로부터 많은 세월이 흘렀습니다. 지금까지 구금 생활은 얼마나 되셨나요?

지금까지 구금 기간을 계산해 보니 총 35년입니다. 1981년 17세에 폭력죄로 소년원에서 10개월을 보낸 것이 본격적인 수용 생활의 시작이었습니다. 이후 1984년경 특수 절도 및 공무 집행 방해죄로 ○○소년교도소에서 1년 6개월을 살고, 1987년부터 3년 6개월 동안 납치, 감금, 강도, 폭력 등으로 ○○교도소에서 복역했습니다. 출소 후 안양에서 술집을 하다가 1993년에 장물 취득, 폭력, 미성년자 고용 등으로 10개월 형을 받아 ○○교도소에서 살았습니다. 그리고 1994년 29세에 살인 사건으로 1심에서 사형 선고를 받고 30년째 복역하고 있습니다. 돌아보니 제 생애 황금기를 모두 감옥에서 보냈습니다. 감옥이 집처럼 느껴지는 것이 어색하지 않을 정도의 세월이지요.

35년이라! 정말 오랜 세월을 감옥에서 갇혀 지냈군요. 총 35년, 사형수로 30년, 이 기나긴 세월에는 수많은 사연이 담겨 있겠습니다. 사람들이야 저지른 죗값을 받을 만큼 받는 것이라고 말할 수 있겠지만, 지난 세월을 회고하면 어떤 생각이 드시나요?

사실 제 뇌리에는 30년이라는 숫자가 없었습니다. 1996년에 대법원에서 사형이 최종 확정되었을 때 이제 남은 인생은 길어야 3년이겠구나라고 생각했지요. 당시에는 매년 연례행사처럼 사형 집행이 있었고, 보통 형이 확정되면 3년 안에 사형이 집행되었으니까요. 그래서 저에게 남은 3년 동안 무엇을 해야 할 것인지를 생각했습니다. 그리고 내린 결정은 과거에 저지른 온갖 악행을 빠짐없이 마무리하고 떠나는 것이었습니다. 예수님께서도 33세에 십자가형을 받으셨지요. 그것을 알고 저도 제 목숨에 대한 미련을 떨칠 수 있었습니다. 예수님께서도 딱 제 생명이 끝날 나이 33세에 십자가형을 받으셨으니, 제 나름대로 제게 다가오는 죽음에 의미를 부여하고 싶었습니다.

그렇군요. 죽음 앞에서 절실하게 무언가를 찾고 있었군요.

죽음 앞에 섰을 때 그 죽음을 온전히 수용하니 그동안 볼 수 없었던 것이 보였습니다. 그때 죽음과 맞서 거부하고 저항했다면 거기에 갇혀 과거보다 더 비참한 나날을 보냈을 것입니다. 죽음은 죽음으로서만 그 너머를 볼 수 있다는 것을 깨달은 셈이지요. 그러니 사형수로서 살아온 30년의 하루하루는 죽음이었고 부활이었습니다. 제가 과거에 살았던 날과는 다른 오늘을 매일매일 만났으니까요. 무례하게도 예수님보다 오래 목숨을 부지하고 있습니다.

30년 전의 자신과 지금의 자신을 어떻게 평가하시나요?

어제와 똑같이 살면서 다른 미래를 기대하는 것은 정신병 초기 증세라는 아인슈타인의 말이 있지요. 제가 깨어나지 못하고 자아의 감옥에 갇혀 살았더라면 아직도 비극의 순간이 계속되었을 겁니다. 저는 다행히 교회공동체를 만나 사랑과 소속의 욕구를 충족하며 저를 변화시키는 은총의 삶을 살 기회를 얻었습니다.

제가 사형수로 살아온 30년의 하루하루는 과거에 징역을 살 때와는 다른 일상이었습니다. 저를 스스로 평가하는 게 과분하긴 하지만 제가 누군가에게서 "당신은 30년 전이나 지금이나 변한 것이 없군요."라는 말을 듣는다면, 그것은 저한테는 또 한 번의 사형 선고나 다름없습니다. 그건 저 자신은 물론이고 저를 알았던 사람 모두를 기만하고 살았다는 이야기가 되니까요. 첫 번째 인생을 폭삭 망한 제가 덤으로 사는 두 번째 기회마저 망친다면 단 하루도 더 살 가치가 없겠지요.

이젠 30년이라는 긴 세월 동안 벌을 받았으니 사회적이나 사법적으로 새로운 차원의 평가를 받을 수 있을 것이라는 생각도 듭니다만….

개인적인 삶과 신앙은 스스로 노력한 만큼 성장할 수도 있고 변화도 가능하지요. 그러나 사회적 시선이나 사법적 관점의 평가는 제 노력으로 바꿀 수 없습니다. 그래서 절망감을 느낍니다. 사회적 혹은 사법적으로 만들어진 고정 관념은 오랜 세월이 지나도 바

감옥이란 무엇인가 2

뀌지 않더군요. 범죄를 저지를 당시 흉악범의 이미지는 지워지지 않으니까요. 그래서인지 흉악범죄가 발생할 때마다 기존 사형수들이 단골로 소환되고, 당장 사형해야 한다는 여론이 들끓곤 하는 모습을 지켜볼 수밖에 없습니다.

세상에는 사형수 입장에 서서 형벌을 생각하는 사람은 거의 없습니다. 큰 죄를 지었기 때문이지요. 그렇지만 이미 30년이라는 긴 세월 동안 벌을 받았고 앞으로도 똑같은 벌로 그만큼, 아니 더 길 수도 있는 세월을 이곳에서 살아야 한다는 점을 생각하면 개인적으로 참 안타까운 생각이 듭니다.

제 신세를 생각하면 죄수의 화신 시지프가 떠오르곤 합니다. 신화의 주인공인 시지프는 신들의 노여움을 받아 거대한 바위를 산꼭대기까지 밀어 올려야 하는 형벌을 받습니다. 그 바위는 산꼭대기에 다다르면 그 무게 때문에 곧바로 아래로 굴러떨어지게 되어 있지요. 무용하고 희망의 끝이 보이지 않는 노동보다 더 끔찍한 형벌은 없다고 판단한 신들이 내린 벌이었다고 합니다. 매번 바위가 계속해서 아래로 굴러떨어질 것을 알면서도 무용의 노동을 멈출 수 없는 시지프의 비참함과 무력감이 바로 제 처지를 말하는 것이지요. 한 걸음씩 옮길 때마다 산꼭대기에 다다르면 끝날 것이라는 희망이 그의 등을 떠받쳐 주었다면 고통을 견딜 힘이 나지 않았을까요? 안타깝게도 끝이 없는 이 무용의 고통은 신의 저주를 받고 무리에서 쫓겨난 자들이 영원히 감당해야 할 몫입니다. 시지프가 끊임없이 바위를 밀어 올리는 벌을 받은 것도, 제가 사형수라는 십자가를 지고 죽을 때까지 살아야 하는 이 운명도 과거에 잘못된 삶을 살며 저지른 악행 때문일 것입니다. 그래서 제 십자가의 고통을 부정하지 못하겠습니다.

시지프의 신화를 읽으셨군요. 형제님의 안타까운 처지를 공감합니다. 시지프를 그린 미술 작품을 보면, 주로 바윗덩어리를 고통스럽게 밀어 올리는 장면을 묘사하고 있습니다. 그러나 한편으로 산 아래로 굴러떨어진 바위를 향해 다시 내딛는 그의 무거운 발걸음에 진정한 인간의 강인한 모습이 있다고도 합니다. 가혹한 형벌의 전모를 알면서도 신의 의지에도 그리고 비극적인 그의 운명에도 굴종하지 않고 끊임없이 행동하는 모습을 발견할 수 있다는 뜻이지요. 형제님도 돌이킬 수 없는 어두운 과거와 운명 지어진 미래 사이에서 수많은 밤을 고뇌했을 것입니다. 극복되지 않는 운명이란 없다는 말을 믿고 싶군요. 우리나라에 형제님보다 구금 생활을 길게 한 수용자도 있겠지요? 그들도 어떻게 살아가고 있는지 궁금합니다.

네, 있지요. 현재 전국 시설에 59명의 사형수가 있습니다. 저보다 오래 산 사형수는 7~8명인데 그중 1993년에 형이 확정된 최장기 복역 사형수 형님은 한때 ○○구치소에서 같이 지낸 적이 있어 서로 잘 아는 사이입니다. 지금은 헤어져 있는데 사형수들이 전국적으로 흩어지게 된 계기가 있었지요. 2008년에 법이 개정되면서 사형수에게도 지원자에 한해 다른 수용자들과 같이 교도 작업을 할 수 있도록 허용한 것입니다. ○○구치소에서도 12명이 작업을 신청하여 작업이 가능한 지방 시설로, 그러니까 ○○교도소 6명, ○○교도소 3명, ○○교도소 3명으로 분산 이감되었습니다. 사형수 인원은 김영삼 대통령 임기 말인 1997년 12월 30일에 23명에 대해 한꺼번에 사형이 집행된 바람에 대폭 줄었습니다.

구치소는 형이 확정되지 않은 미결수가 수용되는 곳이니 교도 작업을 위한 시설이 마련되어 있지 않아서 교도 작업이 가능한 지방 교도소로 이감된 것이군요. 그런데 그분들과는 지금도 잘 알고 지내십니까? 주로 어떤 이야기를 나누시나요?

아무래도 사형수들은 생사고락을 함께한 사이라서 종파나 지역 등에 상관없이 각별하게 잘 지내고 있습니다. 지방으로 이감을 간 사람들도 처음 몇 년은 낯선 환경에 적응하느라 마음고생이 많았지만, 지금은 각자의 위치에서 맡은 일을 열심히 하며 각기 나름대로 잘 지내고자 노력하고 있다고 합니다. 자주 편지를 주고받으면서 서로 의지하며 살고 있습니다. 최근에는 사형제도와 관련해서 이런저런 말이 돌고 있어서 사형제도 폐지 여부와 대체 형벌에 대한 논의가 어떻게 결말이 날지, 그리고 최근에는 사형이 집행될지도 모른다는 이야기가 주를 이루는 것 같습니다.

우리나라의 사형제도와 대체 형벌

1997년 12월 30일, 23명에 대한 사형 집행이 전격 이루어졌습니다. 그날을 어떻게 기억하십니까?

사실 저는 사전에 사형 집행을 전혀 알지 못했습니다. 어찌 보면 다행한 일이었지요. 당일 아침에 저는 심한 몸살감기에 걸려 아침을 거르고 방 한쪽 구석에서 담요를 뒤집어쓰고 누워 있었습니다. 그날은 온수 목욕을 하는 날이라 따뜻한 물로 샤워를 할 수 있어 몸살기가 조금 가시는 느낌이었습니다. 점심 무렵이 되어서야 사동 사소[5]를 통해 오전에 대거 사형이 집행되었고 그중 저의 절친이었던 동생도 포함되었다는 것을 전해 들었습니다. 머리가 하얘지면서 멍한 상태가 한동안 지속되었습니다. 그날이 진짜 다가오고 있었던 것입니다. 제가 전혀 낌새를 차리지 못한 것은 사동 주임님의 배려 덕분이라고 생각합니다. 원래 사형 집행 날은 집행이 종료될 때까지는 운동, 접견, 출정, 목욕 등 모든 일정이

감옥이란 무엇인가 2

일시 중지되고 사동 출입문도 모두 잠기게 되어 있습니다. 그런데 그날 온수로 샤워할 수 있었던 것은 운 좋게 살아남은 사형수에 대한 특별 배려였으리라고 여겨집니다.

형제님은 1996년에 최종 사형 선고를 받았으니, 바로 다음 해인 1997년에 단행된 사형 집행에서는 제외된 것이군요.

그렇습니다. 그때까지는 그야말로 죽음을 앞둔 사형수였습니다. 1990년대 후반까지는 끊이지 않고 사형 집행이 이루어졌으니까요. 그런데 사형수 신분인 적이 있었던 김대중 대통령 후보가 당선되자 분위기가 조금 달라졌습니다. 1997년 12월 18일이 당선된 날이었습니다. 최소한 재임 기간에는 사형 집행이 없을 것이라는 예상 때문에 사형수들은 상당히 고무되었고 사실상 긴장이 많이 풀린 상태로 지내고 있었지요. 그런데 그 예상이 뒤집어졌습니다. 김영삼 대통령이 임기 말년에 평년 수준을 넘어 23명에 대해 대대적으로 사형 집행을 전격 단행한 겁니다.

사형수에게도 충격이었겠지만 새 정부 출범 3개월 전에 단행된 대규모 사형 집행은 예상치 못한 사건으로 오늘날에도 종종 회자하고 있습니다.

신구 정부는 사형제도에 대해 전혀 다른 모습을 보였습니다.

김영삼 정부에서는 1994년 15명, 1995년 19명에 대해 사형 집행이 있었고, 법에 대한 경각심 고취와 사회 기강의 확립 차원에서 사형이 집행되었다는 발표와 함께 앞서 말씀드린 대로 1997년 임기 마지막에 23명에 대해 대대적으로 사형을 집행했습니다. 대조적으로 새로 들어선 김대중 정부에서는 사형제도가 생명의 존엄성을 침해하고 흉악범에 대한 억제 효과가 없다는 이유로 사형이 집행되지 않았습니다. 나아가서 10여 명이 넘는 모범수에 대해 무기징역으로 감형하는 등 차별화된 조치가 이루어졌습니다. 결과적으로 제 목숨은 정권이 교체되는 덕분에 아직도 부지되고 있는 것이지요.

사형제도에 대한 보수 정권과 진보 정권 간의 차이가 드러납니다. 확인된 사실은 아니지만 차기 정부의 부담을 덜어 주기 위해 정권 말에 사형 집행이 대거 이루어졌다는 설도 있더군요. 형제님으로서는 사형 집행이 이루어지고 잘 지냈던 동료가 갑자기 사라져 심리적으로 상당한 타격이 있었을 것으로 생각됩니다만 어떠셨는지요?

그 친구는 성격도 좋고 신앙심도 깊어 수감 생활도 모범적이었습니다. 신부님, 수녀님, 봉사자 자매님 들도 모두 슬퍼했지요. 며칠이 흐른 후, 신부님을 통해 친구의 마지막 모습을 전해 들었습니다. 집행장에서 최후의 진술 기회가 주어지자 슬퍼하는 신부님에게 "신부님, 고대하던 하늘나라에 가는 기쁜 날인데 왜 우십니까?"라고 하며 그간 사랑으로 보살펴 주신 모든 분에게 감사 인사를 마치고 평소 좋아하던 성가 48장을 씩씩하게 부르며 숨을 거두었다고 합니다. 그의 시신은 생전에 장기 기증을 서약했기에 병원으로 옮겨져 장기가 적출된 후 장례가 치러졌습니다.

누군가를 죽여서 사형수가 되었는데, 그 사형수가 죽음으로 생을 마감했군요. 그의 죽음이 살아 있는 많은 이들에게 인간의 생명이란 무엇인지, 죽음이란 무엇인지 사유하는 기회를 주지 않았나 생각해 봅니다.

저는 그의 죽음을 보면서 죽음은 한밤중 도둑처럼 찾아온다는 말이 절로 체감되었습니다. 늘 깨어 있는 상태로 살아야겠다고 다짐했습니다. 남은 생이 길어야 3년이니 잘 살아서, 사형 선고를 받을 때는 흉악범이었지만 죽는 순간에는 온전히 회개하고 용서받은 죄인으로 생을 마감하고 싶었습니다. 죽음을 각오하고 받아들이니 저를 위해 뭔가를 채우고 보태는 일이 모두 부질없이 느껴졌습니다. 친구가 떠난 직후 제가 가장 먼저 한 일은 바로 장기 기증 서약이었습니다. 그리고 속세와의 인연을 하나하나 싹둑싹둑 쳐내고 세속에 대한 집착과 욕망을 비워 내기 시작했습니다. 이러다 보니 저만의 하루 루틴이 만들어졌지요.

동료들이 잠든 새벽 5시에 일어나 하느님께 봉헌하는 묵상기도와 성무일도[6]를 바칩니다. 그리고 아침 식사 전에는 몸을 깨끗이 씻고 속옷을 갈아입고 혹시 찾아올지도 모르는 죽음을 기다립니다. 다행히 죽음의 고비를 넘기고 일과가 진행되어 하루가 마무리되면 감사 기도를 올립니다. 이렇게 저만의 죽음과 부활의 의식을 반복하며 살아오다 보니 어느덧 30년의 세월이 흘렀습니다. 교수님, 제가 너무 오래 살고 있지요? 하루하루가 저에게는 기적이고 은총입니다.

먼저 세상을 떠난 동료 사형수도 있었겠지만, 한편으로 2000년대 이후 감형된 사형수도 있었다고 하셨지요?

2007년 12월 31일, ○○구치소에서 동료 사형수 두 명이 무기징역으로 감형된 일이 있었습니다. 천주교에서 한 명, 불교에서 한 명이 감형되었는데 그중 불교 신자였던 친구는 같은 사동에 있어 가깝게 지냈습니다. 어느 날 그 친구가 운동 중에 급히 호출되어 불려 갔습니다. 사동에 돌아오니 상기된 얼굴로 그 친구가 손에 든 서류 한 장을 내밀어 보여 주었습니다. 법무부 장관의 명의로 '무기징역으로 감형한다.'라는 글자가 보였습니다. 그리고 다른 손에는 빨간색 수번 대신 새 생명을 기념하듯이 노란색 수번이 들려 있었습니다.[7] 축하 인사를 전하는 저에게 그가 며칠 전에 꾼

꿈 이야기를 들려주었습니다. 꿈속에서 피해자가 나타나더니 "이제는 그만해도 된다!"라고 하더랍니다. 이제 생각하니 피해자가 그에게 용서의 의미로 건넨 말 같다고 했습니다.

오래전이고 소수일지라도 감형된 사형수가 있었다는 이야기군요. 그런데 그런 사례가 세상에는 거의 알려지지 않았다는 생각이 듭니다.

절에서 생활한 경험이 있는 그는 평소 기도를 참 열심히 하는 사람이었습니다. 매일 새벽 4시에 일어나 피해자를 위해 기도하고 108배를 올리는 것으로 하루를 시작했지요. 새벽에 목탁 대신 플라스틱 숟가락으로 식기를 두드리는 바람에 벽간 소음으로 눈총을 받기도 했습니다. 그러나 그 순간순간에도 기도의 신심이 절로 주변에 전해지고 있었다고 생각합니다. 비록 종교는 달랐지만 저도 모르게 그를 본받고 있었습니다. 주장이 강하고 완고한 성격으로 주변 관계에 어려움이 있었으나 그 완고함이 오로지 신앙에 몰두할 수 있는 강점으로 작용했을 것입니다. 신심과 행동으로 용서를 구하는 마음과 자세가 어떠해야 하는가를 몸소 가르쳐 준 고마운 사람이었습니다. 죽은 피해자가 꿈속에 나타나 그만하면 됐다고 할 만큼 마음을 다해 용서를 구했기 때문에 새 생명을 살 기회를 얻은 것이 아닐까요? 언젠가 교수님이 말씀하셨던 영화 〈밀양〉에 나오는 가해자의 오만한 태도와는 사뭇 다른 모습이었다고 생각합니다.

**그렇군요. 먼저 세상을 떠난 동료 사형수나 감형된 사형수 그리고 형
제님처럼 종교에 귀의하여 진정한 속죄의 모습을 보인 사례도 있지만
과거의 반인륜적인 행위에 대한 반성 없이 위선적인 삶을 사는 사례
도 있을 것입니다. 지금 우리가 기록하고 있는 이 참회록이 그들에게
변화의 계기가 되기를 기대해 봅니다. 1997년에 사형수 23명이 형
장에서 사라진 이후, 27년간 사형 집행이 이루어지지 않아 우리나라
는 사실상 사형폐지국으로 분류되고 있습니다. 헌법재판소는 사형제
에 대해 두 차례 합헌 결정을 내린 바가 있고 머지않아 세 번째 판단
이 나올 예정입니다.[8] 그런데 우리나라의 국민 여론은 아직도 사형제
도 폐지에 대해 부정적이지요.[9] 현재도 사형제도 폐지와 이에 대한 대
체 형벌에 관한 사회적 논의 역시 꾸준히 진행 중인데 당사자인 사형
수 형제들은 어떻게 생각하는지 궁금합니다.**

사랑하는 가족을 잃은 피해자의 상처는 아물지도 않았는데 가
해자는 매일 따뜻한 밥을 먹고 TV를 보며 웃고 누군가와 즐겁게
이야기를 나누며 취미생활을 즐기고 있다고 생각하면 유족들은
분통이 터질 것입니다. 이런 사회 분위기를 잘 알고 있습니다. 그
래서 사형수로서 어떤 의견을 말하더라도 조심스러울 수밖에 없
습니다. 사형 집행이 오래전에 중단되었고 지금은 대체 형벌이

논의되고 있으니 사형수들이 이 부분에 관심을 가지는 것이 어쩌면 자연스러운 현상이라고 생각합니다. 사형제도 폐지에 대한 기대감보다는 도입될 대체 형벌이 최종적으로 어떻게 결정될 것인가를 지켜보고 있다고 봐야겠지요.

대체 형벌로는 주로 '절대적 종신형' 혹은 '가석방 없는 종신형' 등이 거론되고 있습니다. 사실상 감형, 가석방, 사면 등이 허용되지 않는 무기징역형이라고 할 수 있지요.

만약 이런 형태의 종신형으로 정해진다면 지금보다도 상황이 더 악화될 것이라고 말하는 이가 대다수입니다. 20년을 넘어 30년을 복역하고 있는 사형수들은 때때로 서로 무기형으로 감형되어 석방되는 꿈을 꾸었다는 허망한 이야기를 자조적으로 나누곤 합니다. 이는 사형수들의 심정을 상징적으로 잘 나타내는 장면이 아닐까요? 그런데 '감형 없는'이라는 단서가 붙은 종신형으로 결정된다면, 그나마 붙들고 있던 한 가닥의 희망마저 사라지는 것입니다. 현 사형제도보다 더 가혹한 형벌이 되는 셈이지요. 교도관들도 감형이나 가석방과 같이 그나마 통제할 수 있는 수단마저 사라져 사형수 관리에도 어려움이 더 커질 것입니다. 제 생각으로는 감형 없는 종신형이 도입된다면 피해자 유족으로서도 반갑지 않은 소식이 되리라고 생각합니다. 언젠가는 사형이 집행되리라고 믿고 있었는데 가해자가 자연사할 때까지 살아 숨 쉴 것이라는 사실에 실망할 것입니다. 결국 사형수에게도, 유족에게도 만족스러운 결과를 낳을 것 같지 않습니다. 실제로 유가족이 사형제도를 어떻게 생각하는지 궁금하기도 합니다.

형제님도 가족 세 사람의 생명을 앗아 간 ○○○ 살인사건의 피해자 유가족을 뵌 적이 있었지요? 그분과 같이 피해자 유가족 당사자가 사형 폐지를 주장하는 경우는 아주 특별한 경우입니다. 다행히 사형제도에 대한 유가족의 의견을 모은 연구 결과를 보도한 기사를 본 적이 있어 알려 드립니다.[10]

일부 살인 사건 유족은 사형이 선고되는 것으로 사건이 마무리되었다는 일종의 종결감을 느꼈다는 면담 결과가 있었습니다. 사형이 선고됨으로써 가해자를 온전히 용서하는 것은 아니지만 최소한 끔찍한 사건에 더 이상 매몰되지 않고 일상으로 돌아갈 회복 의지를 다질 수 있었으며, 사형이 집행되어 가해자가 반드시 형장에서 사라져야 한다는 생각까지는 굳이 하지 않게 되었다는 내용입니다.

반면 사형이 선고되지 않은 살인 피해자 가족의 경우는 훨씬 복잡한 양상을 보였습니다. 이들은 정신적 고통을 호소했고 사건이 종결되지 않은 느낌, 형사사법제도에 대한 불신, 사적 복수 의지, 가해자의 반성에 대한 불신 등의 감정을 강하게 나타냈습니다. 그래서 사형제도의 존치를, 아니면 적어도 가석방 없는 무기징역형을 주장하는 것으로 나

감옥이란 무엇인가 2

타났습니다.

종합적으로 보면, 피해자 유족 모두 사형제도의 존치를 지지하지만 사형 집행에 대해서는 모두가 적극적으로 지지하는 것은 아니라고 보입니다. 따라서 우리나라 국민의 일반 정서가 사형제도 폐지라면, 가석방 없는 종신형과 같은 대체 형벌을 조건으로 한 사형제도 폐지를 지지한다고 볼 수 있습니다.

저 개인적으로는 언젠가 사형제도가 완전히 폐지되기를 바랍니다. 우리나라는 사실상 사형제도 폐지 국가로 분류되고 있고, 장기간 사형을 집행하지 않았다는 것을 다행스럽게 여기고 있지요. 세계적으로 봐도 200여 개국 중에서 30여 개국만이 사형제도를 유지하고 있고, OECD 회원국 중에서는 미국과 일본만이 유일하게 사형을 집행하고 있습니다.[11]

제가 사형제도 폐지를 지지하는 이유는 사형수 개인에 대한 감상적인 휩쓸림이나 거부하기 부담스러운 가치로서 인간 생명에 대한 감수성 혹은 종교적 입장에서가 아닙니다. 우선은 현실적으로 가해자의 목숨을 끊지 않더라도 종신형 이상의 감옥살이라면 응보적 관점에서도 무거운 형벌이 된다고 생각하기 때문입니다. 물론 죄지은 자는 그에 상응하는 마땅한 벌을 받아야 한다는 것을 부정하는 사람은 없을 겁니다. 그러나 가해자의 죽음이 피해자에게 온전한 배상이 될 수 없고, 그것으로 피해자의 고통 또한 완전히 해소되는 것이 아니라는 점도 사실입니다. 누구든 본인이 죽을 때까지 평생 감옥살이해야만 하는 인생을 상상해 본다면, 사형제도가 존치된 상태에서 집행만을 보류하고 있는 현 상황이 응보적 정의의 차원에서도 크게 미흡하지는 않을 것입니다.

다음으로는 그간 범죄인과의 직간접적인 접촉의 결과로 얻은 제 나름대로의 이유입니다. 언제부터인가 저 역시 세상의 온갖 유혹에 취약할 수밖에 없는 한 인간에 불과하고, 비록 결정적인 순간에 실제 악행을 저지르지 않았다고 해서 도덕적 우위를 자랑할 수 있는 처지는 아니라는 생각을 했습니다. 제가 사형수가 되지 않은 것은 무엇보다도 팔자 좋게 태어난 행운 덕분이라는 것이지요. 또한 그토록 끔찍한 행위를 저지를 수밖에 없었던 상황을 피하지 못한 그들의 불우했던 운명에 연민을 느꼈기 때문이기도 합니다. 만약 그들과 같은 가혹한 환경에 처했다면 과연 저는 어떤 길을 걸었을까를 자문해 본 결과입니다.

사형제도 폐지와 관련해서는 이미 언론을 통해서 정부의 입법 가능성과 여러 학자의 의견이 다양하게 보도되고 있습니다. 사형제도 폐지를 염두에 둔 대체 형벌과 관련된 주장도 있고, 사형제도를 유지하면서도 가석방 가능성을 아예 차단한 종신형을 제시하는 의견도 있더군요. 저는 개인적으로 사형 30년 유예 제도를 제시하고 싶습니다. 기간을 유예하는 이유는, 사형수의 목숨을 끊어 응보적 사법 정의를 세우는 것이 중요한 만큼 죄인 중의 죄인인 사형수에게도 속죄할 기회를 부여하는 것 또한 중요하다는 생각 때문입니다. 30년을 유예한다는 의미는 응징의 대가로서 30년을 복역한 이후, 속죄의 여부를 판단하

감옥이란 무엇인가 2

여 사형수 신분을 유지할 것인가를 결정하자는 것입니다. 이는 인간의 생명을 해친 사람의 생명까지도 존중해 주는 이 세상이, 그들이 의식적 혹은 무의식적으로 내면화해 온 삭막한 인간사와 꼭 일치하지는 않는다는 점을 깨닫게 할 기회이기도 하지요. 나아가서 과거에 나쁜 짓을 할 만큼 한 것처럼, 어느 시점에서는 속죄하고 좋은 일도 할 만큼 해서 세상 사람들의 마음을 위로해 줄 기회를 주자는 것이기도 합니다. 제 의견에 대한 형제님의 생각은 어떠신가요?

저는 개인적으로 사형 집행을 긍정적으로 생각하는 편입니다. 어차피 모든 인간은 한 번은 죽게 마련입니다. 죄과에 따라 그날이 누군가에 의해 정해지는 것이라면 순응하는 것이 맞고요. 초조히 죽음을 기다리는 삶의 고통에서 한순간에 해방될 수도 있을 테니까요. 그렇다고 사형을 선고해 놓고 골방에서 6개월간 살리다가 갑자기 목숨을 끊는 사형 집행을 찬성하는 것은 아닙니다. 저 역시 국가가 악행을 저지른 흉악범의 목숨을 바로 끊어서는 안된다고 생각합니다. 지금까지 사형제도가 없어서 살인 범죄가 발생한 것도 아니고, 사형 집행을 하는 국가라고 살인 범죄율이 낮은 것도 아님을 알고 있습니다. 저도 사형 집행의 유무를 따져 보고 범행을 저지른 것이 아닙니다. 교수님의 말씀대로, 흉악범이 속죄하는 것이 맞고 또 자신의 죄를 돌아보고 용서를 구할 기회가 주어져야 합니다. 그들이 '자신의 죄를 회개하고 죽느냐, 그렇지 않고 죽느냐'의 사이에는 큰 차이가 있습니다. 기회를 주고 그 결과에 따라 집행해도 늦지 않을 것입니다. 이로써 가해자에게는 기회를, 피해자에게는 위로를, 일반인에게는 손상된 인간관계가 재정립되어 정의가 회복되는 과정을 체험하는 계기가 될 것입니다.

사형유예제도

우리나라를 가까이서 둘러싸고 있으며 가장 큰 영향을 미치고 있는 국가들―미국, 일본, 중국, 러시아, 북한―은 모두 사형제도를 존치하고 있음은 물론이고 실제로 집행하고 있다. 이 국가들의 범죄 상황이 결코 일치하지 않지만 모두 사형제도의 존치와 집행을 유지한다. 이는 범죄 상황과는 별개로 다양한 요인―정치 상황, 지배 이데올로기, 여론의 향방 등―이 작용한다는 것을 알 수 있다. 실제로 사형제도가 존치하고 집행이 시행되는 지역에서 살인과 같은 흉악 범죄가 감소하고, 역으로 사형제도가 폐지된 국가에서 같은 범죄가 증가한다는 일관된 통계가 제시된 적이 없다. 그럼에도 사형제도의 존치와 집행이 유지되는 것은 객관적인 사실보다는 믿고 싶은 것을 믿는 고착된 이념적이고 정서적인, 그래서 비합리적일 수 있는 논리가 작용한 것이 아닌가 한다. 가장 일반적으로는 인간의 생명까지 해친 자에 대해서는 마땅히 동가의 보복적 응징이 가해져야 정의가 선다는 이념과, 이런 보복적 응징이 엄중해야만 두려움을 유발하여 미래의 잠재적 범죄를 억제한다는 예방 효과에 대한 믿음이 거론된다. 한편으로 반대 진영에서는 생명권과 인간의 존엄성, 재판의 오판 가능성, 범죄율 감소 효과에 대한 의문 등이 사형제도 폐지의 논리로 꾸준히 제기된다. 이렇게 양립하는 논리는 사형제도가 살인 범죄에 영향을 미치는지에 대한 객관적인 데이터의 중요성을 재삼 인식하게 하며, 죄과에 대한 응징이 반드시 사람의 생명까지를 담보해야 하는 것인지, 혹은 다른 방식으로 접근할 방도는 없는지에 대한 논의의 여지가 있음을 시사한다.

우리나라는 사형제도를 유지하고 있지만, 20년 넘게 사형을 집행하지 않아 사실상 사형폐지국으로 알려져 있다. 사형제도를 아직 존치하고 있지만 사형의 집행은 유예하고 있는 것이다. 그리고 우리나라 국민의 70% 이상이 사형제도 폐지에 반대한다. 따라서 우리나라는 국민의 여론과 사형제도 폐지 방향으로 흐르는 세계적인 추세를 관망하는 입장에서 유보적 자세를 취하고 있다고 하겠다.

타인의 생명을 해친 죄인의 생명까지도 존중해야 한다는 것은 인간 생명의 존엄성에 최고의 가치를 부여하고 있기 때문일 것이다. 그런데 사형 집행을 유예하여 인간의 생명 줄을 연장해 놓았다고 해서 인간의 존엄성이 지켜지는 것일까? 20대에 사형수가 된 사람을 담장 안의 한 평 남짓한 골방에 가두고 80세에 병사하거나 자연사할 때까지 지켜보는 것이 인간의 존엄성을 지키는 것일까? 유리관으로 만들어진 교도소가 있다면, 거기서 들여다보이는 사형수의 생애는 유리 실험관 속에 갇혀 말라 죽어 가는 파리를 지켜보는 연출과 다를 바가 무엇일까? 대개 사람들은 흉악범에 대한 사형 선고를 지지하고 그에 미치지 못한 형벌이 내려졌을 때는 분노한다. 그리고 그들이 갇혀 있어야 모두가 안전을 보장받는다고 믿는다. 그러나 아이러니하게도 그들이 어디서 어떻게 살아가고 있는가에 대해서는 아는 바도 없고 알려고 하지도 않는다. 그들이 담벼락 밑 깊숙한 곳, 보이지 않는 사각지대에 갇혀 죽은 목숨으로 살아가고 있기 때문이기도 하다. 어떻게 되어야 모두가 만족할까? 그들의 생명을 끊으면 만족할까? 갇힌 채로 죽을 때까지 내버려 두는 것이 응징인가? 아니면 아무 일 없었던 것처럼 잊고 지내는 것이 좋을까?

사형 집행을 반대하는 사람들이라고 흉악범죄를 잊었거나 묵인하거나 이에 대해 분노하지 않는 것은 아니다. 그러나 죽임을 죽임으로 끝내자는 것은 문제를 끝내는 것이지 해결하는 것이 아니다. 악행에 대한 책임이 목숨으로 강제되었을 뿐, 범행으로 손상된 가해자, 피해자 그리고 공동체 간의 관계는 여전히 존재한다. 따라서 사형으로 단죄하기 이전에, 가해자에게 과거의 악행에 대하여 진정으로 속죄하고 미래의 새로운 삶에 대해 약속하며 이를 실천할 수 있는 기회가 주어져야 한다.

그렇다면 어떤 대안을 찾아볼 수 있을까? 죄과에 대한 엄중한 응징—예컨대 30년 징역—과 동시에 피해자와 세상에 속죄하고 사회에 헌신할 기회가 주어질 수 있다면? 말하자면 속죄한 사형수에게는 세상을 마감하기 전에 일정 기간이라도 세상에 헌신하며—치매 환자나 지체 부자유자 보호시설 봉사 등—진정한 자유를 누리며 살게 할 수는 없을까? 그리고 최후의 심판은 염라대왕에게 맡긴다면? 지옥이든 아니든 말이다.

'나쁜 행동은 나쁜 생각을 따른 것'이라는 말이 저에게 그대로 적용되는 것 같습니다. 선택의 순간, 이성이 아니라 본능에 이끌리면 늘 나쁜 결과를 얻곤 했지요. 생각의 방향이 바뀌지 않으니 늘 범죄의 유혹을 물리치지 못했던 겁니다. 인생의 바닥을 치고도 범죄 행위를 계속하는 자가 바로 저라는 인간이었습니다.

- 본문 중에서

2장

돌이킬 수 없는
선택과 그 대가

범죄의 시작과 진화

이제부터는 형제님이 어떤 성장 시절을 보냈는지 이야기를 나눠 보도록 하겠습니다.

아버지의 바람기 때문에 경제적으로 형편이 매우 어려웠습니다. 요정을 갖고 있던 여자와 바람난 아버지가 두 집 살림을 하다가 마침내 가정을 버리고 아예 집을 나가 버렸지요. 그곳에서 배다른 아이가 기어이 태어났고 새살림을 차리는 순간부터 우리 가족의 험난한 운명이 시작되었습니다. 얼마 되지도 않은 부동산까지 팔아먹고 떠나 버리자 가족의 생계는 오롯이 어머니의 몫이 되었고, 매 끼니를 걱정해야 할 정도로 가세가 기울었습니다. 사는 집 말고는 농사지을 땅 한 평도 없어 추수가 끝난 남의 논에서 이삭을 주워 식구들 밥을 지어야 할 정도였지요. 어머니는 잔칫집과 초상집을 전전하며 허드렛일을 해 주고 〈TV 동물의 왕국〉에 나오는 어미 새처럼 새끼들 먹이를 구해 오느라 바빴습니다.

경제적으로 힘든 어린 시절을 겪으셨군요. 가족을 위한 어머니의 희생이 크셨다는 생각이 듭니다. 형제님은 어머니를 어떤 분으로 기억하십니까?

감옥이란 무엇인가 2

저는 5남매의 막내아들로 원하지 않은 임신으로 태어났습니다. 어머니는 저를 지우려고 독초를 달여 마시며 혼절까지 하셨지만 결국 실패하고 저를 낳아야만 했습니다. 세상 밖으로 나올지 말지를 태아가 결정할 수 있다면 얼마나 좋았겠습니까? 반겨주는 사람 하나 없는 이 세상에 제가 굳이 나올 이유가 없었겠지요. 이렇다 보니 겨우 10세였던 어린 큰 누님이 막 두 돌 지난 막내 누님을 등에 둘러업고, 젖도 받아먹지 못하는 처지의 불쌍한 저까지 미음을 끓여 먹이면서 키웠다고 합니다.

어머니는 아들 둘, 딸 셋에 무능한 시아버지까지 여섯 식구를 먹여 살리느라고 동분서주하며 온갖 일을 가리지 않으셨지만, 한계에 부딪혔는지 식당 일을 찾아 서울로 타향살이를 떠나고 말았습니다. 제가 막 중학교 3학년이 되었을 무렵, 어느 날 학교에서 돌아와 보니 집 안이 텅 비어 있었고 어머니는 보이지 않았습니다. 결국 온 식구는 제 살길을 찾아 뿔뿔이 흩어지고 저 홀로 집에 남게 되었지요. 당시 저는 질풍노도의 사춘기 시기였고, 그때부터 정서적으로 극도로 예민해지기 시작했던 것 같습니다.

사춘기 시절에 어머니와 함께한 시간이 길지 않았군요.

그렇습니다. 제가 다시 어머니를 뵌 것은 그해 말 제가 16세가 되었을 때였습니다. 크리스마스가 다가오는 어느 날 오후 어두움이 깃들기 시작할 무렵이었습니다. 텅 빈 집 마당에서 멍하니 마을 어귀를 바라보고 있는데, 뭔가가 멀리서 손수레에 실려 오는 모습이 보였습니다. 시체처럼 보이는 누군가가 죽은 듯이 담요에 덮여 가마때기 위에 누워 있었습니다. 어머니임이 직감되더군요. 미동도 없는 어머니는 얼음장처럼 차가웠습니다. 어머니가 타향살이를 하던 일터에서 쓰러져 임종이 가까워지자 실려 온 것이었지요. 끝내 의식을 회복하지 못한 어머니는 사흘째 되는 날 숨을 거두셨습니다. 물론 아버지는 장례가 끝날 때까지 모습을 드러내지 않았지요. 우리 5남매는 목 놓아 울었습니다. 평생 자식들을 위해 모든 것을 희생하고 살았던 어머니는 마흔아홉이라는 젊은 나이에 한 많은 생을 그렇게 마감했습니다. 자식들에게 마지막 인사 한마디도 해 보지 못하시고, 유품이라곤 입고 계시던 옷 한 벌이 전부였던 어머니는 그렇게 초라하게 저승으로 가셨습니다.

참으로 안타깝게 어머니를 떠나보내셨군요. 아버지에 대한 서운함과 미움이 크셨으리라 생각됩니다.

장례가 끝나자 딱한 저의 처지를 의논하기 위해 5남매가 모여 앉았습니다. 형과 누나들은 저를 끌어안고 "우리 막내 불쌍해서 어떡하느냐?"라며 목 놓아 울었지요. 큰누나와 매형이 그들이 사는 곳으로 옮겨 학교에 다닐 것을 권유하기도 하고 여러 이야기가 오갔지만 제게는 생각할 시간이 필요했습니다. 고민 끝에 아버지를 한번 찾아가 보기로 했습니다. 어쩌면 아버지가 저의 진로에 대한 고민을 해결해 줄지도 모른다는 생각이었지요. 이때가 아버지와의 두 번째 만남이었습니다. 생각해 보니, 제 생애에 아버지를 만난 것은 모두 다섯 번이었습니다.

첫 번째 만남은 아버지라는 존재에 대해 처음으로 어머니에게 들었던 중학교 2학년 겨울 방학 때였습니다. 아버지는 다른 가족과 살고 있고 아래위로 한 살 터울인 배다른 남매도 있다고 하면서, 어머니가 아버지의 집 주소가 적힌 종이쪽지를 건넸던 것입니다. ○○시내 어느 극장 앞 유흥가 골목에 있는 이층집에 들어서자, 인상 사나운 40대 여자가 문 앞에서 멀뚱히 서 있는 저를 보더니 "여기 잠깐 나와 보세요." 하고 아버지를 부르더니 사라졌습니다. 첫눈에 아버지를 알아볼 수 있었습니다. 붕어빵처럼 닮았으니까요. 무슨 이야기가 오갔는지 기억이 나지 않을 정도로 건조하고 어색한 대화가 30분 정도 이어졌습니다. 아버지는 문밖에서 느껴지는 살벌함 때문이었는지 서둘러 주머니에서 5,000원을 꺼내 차비를 하라며 손에 쥐여 주었습니다. "아버지!"라고 불러보지도 못한 채 아버지에게 제가 거추장스러운 존재라는 것을 확인한 순간이었습니다. 세 시간을 걸어 집에 돌아온 저는 그날 밤새 숨죽이며 이불 속에서 뒤척이시던 어머니의 등을 바라보며 다짐했습니다. '다시는 아버지를 찾지 않을 것이다.' 그리고 어머니는 며칠 뒤 저도 모르게 서울로 떠났습니다. 왜 그 시점에 어머니가 아버지에 대해 이야기기를 꺼냈는지 그제야 이유를 알게 되었지요.

어머니가 세상을 뜨시고 의지할 곳이 없는 막막한 상황에서 아버지와의 두 번째 만남이 이루어졌군요.

내키진 않았지만 아버지를 다시 찾았습니다. 어머니의 죽음을 의식해서인지 아버지의 얼굴에서 복잡한 심경이 읽혔습니다. 방 밖에서 "아버지!"라고 부르는 소리가 들리더니 내 또래의 한 남자아이가 들어왔습니다. 그 아이를 가리키며 "네 형이다."라고 소개했습니다. 역시 생김새가 저와 많이 닮았더군요. 성격이 밝고 사교성이 좋아 보였습니다. 아이의 방에는 침대와 책상이 놓여 있었고 책꽂이에는 교과서와 학습지, 그리고 적지 않은 책들이 가지런히 꽂혀 있었습니다. 벽의 옷걸이에는 잘 다려진 교복이 걸려 있었고요. 그 아이가 제게 고등학교는 어디로 가기로 했는지를 물었습니다. 제게는 먼 이야기만 같아서 그냥 얼버무렸지요. 그 아이가 다니는 학교는 ○○시에서 제일 괜찮은 학교였습니다. 부럽기도 하고 서글프기도 했습니다. 그들은 왜 이렇게 여유롭고 편안해 보이고, 왜 나는 이렇게 초라하고 궁색한지 자괴감이 들었습니다. 가슴속에서 뜨거운 무언가가 치밀어 올랐습니다. 잠시

감옥이란 무엇인가 2

후 방문이 열리더니 쌀쌀맞은 목소리가 울렸습니다. "너는 또 무슨 일로 왔니?" 아버지는 뒤에서 말없이 지켜보고만 있었습니다. 그 순간 정신이 번쩍 들었습니다. 그 여인을 향해 "이젠 그만 가 보겠습니다."라는 말을 내뱉고 미련 없이 그 집을 나왔습니다. 그때가 제가 아버지를 찾은 마지막이었지요. 저는 그 시점에 아버지라는 사람은 자신의 안위를 위해 가족을 팽개쳤고, 조강지처와 2남 3녀의 자식들을 배신하고 죽음과 가난으로 몰아넣은 장본인이라고 정의했습니다.

그 이후부터 아버지와는 인연이 완전히 끊어졌습니까?

그런 셈입니다. 아버지와는 총 다섯 번 만났는데, 두 번은 제가 아버지를 찾아갔고 두 번은 아버지가 저를 찾아왔습니다. 중간에 한 번은 서로의 의사와 관계없이 이루어졌습니다. 어디서였냐고요? 형님의 장례식장에서였습니다. 7년 만에 형님의 죽음 때문에 다시 만난 것이지요. 제가 ○○소년교도소에서 실형 1년 6월을 살고 출소한 바로 직후인 1987년이었습니다.

형님은 악기도 제법 다루고 홀로 집도 짓는 등 손재주가 있는 선한 분이었지만, 세상을 제대로 살아 보지 못한 불운한 장남이었습니다. 그나마 제 수명도 못 채우고 자기 아버지보다 한참 먼저 저승사자에게 끌려갔지요. 부인과는 이미 이혼한 상태였고,

어린 남자아이를 덩그러니 남기고 떠났습니다. 7년 전 어머니를 떠나보냈던 제 모습이 떠올라 조카를 끌어안고 엉엉 울었습니다. 왜 이토록 얄궂은 운명이 제 주변에서만 되풀이되는 것이었을까요? 형님은 사망하기 전날에 동료들과 술자리를 가진 후에 잠들었는데 간밤에 심장 마비가 왔습니다. 그때 그의 나이는 36세였습니다.

형님이 떠나시면서 하늘에서 형제님과 아버지의 만남을 주선한 셈이군요.

아버지가 장례식 후에 따로 저를 불렀습니다. 예상치 못한 이야기를 들었습니다. "앞으로 네가 또다시 교도소에 갔다는 소리 들리면 아버지는 죽어 버릴 테니 그리 알아라!" 저는 "인제 와서 웬 걱정." 하며 비아냥으로 넘겼지만 세월이 한참 지난 후에도 그 말이 지워지지 않았습니다. 어쩌면 기억하고 싶었을 것입니다. 이후부터 아버지에 대한 원망이 조금씩 가라앉고 있었습니다.

1994년 9월 어느 날, 아버지가 ○○교도소로 면회하러 왔습니다. 제 일생에서 처음으로 아버지가 저를 찾은 순간이었습니다. 전혀 예상치 못한 만남이었지요. 그런데 아버지의 눈빛에서 진심이 느껴졌습니다. 그때는 살인 사건이 드러나지 않은 시점이어서 별건으로 재판을 받던 중이었습니다. 이후 10개월쯤 지났을까요? 공범이 체포되고 구속되면서 살인 사건이 백일하에 드러났습니다. 1심과 2심에서 사형이 선고되자 ○○구치소로 이감되었고 곧이어 대법원에서 최종 사형이 확정되었습니다. 그즈음 다시 아버지가 구치소로 저를 찾아왔습니다. 이것이 제 일생에서 아버지가 저를 찾은 두 번째였습니다. 결국은 그때가 마지막이 되었지만요. 두 번 모두 감옥에서였습니다. 아버지는 눈물을 흘리며 말했습니다. "네가 이렇게 된 건 모두 내 잘못이다. 아버지가 미안하다." 저도 눈물이 핑 돌았습니다. 뜻밖에도 아버지는 제가 이 지경이 된 것은 자기 잘못이라고 자책하며 용서를 구한 것입니다. 그 순간만큼은 평생 증오의 대상이었던 아버지가 측은해 보였습니다. 아버지에게서 받았던 상처와 굳게 맺힌 증오심이 녹는 듯했습니다. 아버지는 쓸쓸하고 고독한 말년을 보내다가 2014년 88세의 나이에 폐암으로 세상을 떠났습니다.

가족 모두에게 슬픔을 안긴 안타까운 사연들이군요.

교수님의 말씀대로 형님의 죽음이 부자가 화해의 다리를 건너도록 이끌어 준 것 같습니다. 생각하면 매우 아쉽습니다. 어머니를 잃고 제가 절박한 심정으로 아버지를 찾았을 때 아버지가 저를 외면하지 않았다면 어땠을까 종종 생각해 보았습니다. 눈물로 후회하는 아버지와 사형수 아들이 감옥에서 만나는 드라마 같은 장면은 없었을 텐데 하고요. 그런데 죄의 노예가 되어 방탕한 삶을 살았던 제 과거가 불우한 환경 탓이라고, 아버지의 버림 탓이라고 하기에는 제가 너무 긴 시간을 진흙탕 속에서 살았습니다. 악의 유혹 앞에서 달콤한 선악과를 따 먹은 아담과 이브처럼 어리석고 교만했던 자는 누구도 아닌 바로 저였지요. 이젠 후회마저 늦어 버렸습니다. 누구나 자신을 위해 어떤 선택이라도 할 수 있습니다. 그리고 선택에는 결과가 따르게 마련이고, 그 결과에 대한 책임과 대가는 자신의 몫으로 돌아오겠지요. 저와 아버지의 운명은 그것을 교과서처럼 확인해 주고 있습니다.

선택하는 법을 연습한 적이 없으니, 실전이 연습이 된 것이겠지요. 무언가를 하고 보니 그것이 비행이고 범죄였을 것입니다. 아버지에 대한 증오와 그리움이 뒤섞인 성장기를 보내신 것 같습니다. 그럼 이제부터는 학창 시절 이야기를 나눠 보도록 하지요. 가족이 해체되는 와중에 학교를 제대로 못 다녔을 것 같습니다. 학교는 어떤 곳이었다고 기억하십니까?

아버지에 대해서는 그 존재 자체를 모르고 살았고, 어머니는 일에 치여 사시다가 급기야는 멀리 일을 찾아 떠나 버렸습니다. 누님들도 제 살길을 찾아 타지로 떠났고, 한 분 있는 형님마저도 장돌뱅이처럼 외지를 떠돌며 근근이 살아갔기 때문에 저는 사실상 고아처럼 방치되었습니다. 학교생활이 제대로 될 리가 없었지요. 등교하면 교실 뒷자리에 앉아 버젓이 담배를 피울 만큼 반항적이었고, 허구한 날 주먹질로 아이들 돈을 뜯어서 놀러 다니며 세월을 보냈습니다. 책가방은 책 대신 쌍절곤과 자전거 체인 같은 싸움 도구로 채워졌고 또래 친구들과 어울려 거리를 배회했습니다. 내 안에서 타오르는 불만과 분노를 자제하지 못하고 폭력으로 분출하고 있었습니다. 당연히 중학교 졸업마저도 어려운 상황이었습니다.

상황은 점점 악화일로로 치닫고 불길한 미래가 다가오고 있었겠군요.

네, 그렇습니다. 어머니가 떠나신 후, 형님은 그나마 남아 있던 시골집 한 채마저 아무 말도 없이 팔아 버렸습니다. 절망적이었습니다. 이유도 모른 채 쫓겨난 저는 빈집을 찾아 전전하며 가족이 해체되어 가는 과정을 몸으로 체험하고 있었습니다. 가족이 모일 곳이 사라졌다는 것은 곧 가정이라는 울타리가 사실상 무너진 것을 의미했습니다. 간만에 형님이 저를 찾아왔습니다. 술기운이 오른 형님은 슬픈 모습으로 자책했습니다. 자신이 모자라서 막냇동생 학교도 못 다니게 하고 남의 집을 전전하게 했다고 하면서, 앞으로 함께 살면서 자기에게서 목수 일도 배우고 돈도 모아 살 집도 구하자고 했습니다. 저는 바로 거절했습니다. "괜찮아형, 학교야 내년에 들어가면 되지 뭐." 하고 너그럽게 말했지만 마음속에는 형에 대한 미움과 원망이 크게 자리 잡고 있었습니다. 어머니를 잃고 마지막 남은 가족의 보금자리까지 잃은 책임을 형에게 전가하고 싶었을 것입니다. 아직 날아오를 준비가 되지 않은 어린 새에 불과했던 제가 둥지 밖으로 내몰리는 상황이 되고 있었습니다. 그 일로 틀어진 형과의 관계는 온전히 회복되지 못한 채 세월이 흘러갔고, 7년 후에 그는 주검으로 돌아왔습니다.

어머니를 여의고, 이어 형님까지 일찍 세상을 떠나면서 학업을 포기했습니까?

어머니를 잃고 집도 잃은 저는 친구네 빈집에 얹혀살면서 학교 생활은 곁가지에 불과했지요. 한 달 넘게 무단으로 결석하자 담임 선생님께서 자전거를 타고 물어물어 저를 찾아오셨습니다. 혼내기도 하고 달래기도 하면서 학업을 끝내도록 설득하셨고 그 덕분에 중학교를 졸업할 수 있었습니다. 지금 생각하면 정말 감사하고 고마울 따름입니다. 무기 정학감인데도 선생님의 배려로 고등학교에 진학할 기회도 주어졌고요. 그런데 그것이 운명이었는지 졸업식 날 기어이 사고가 터지고 말았습니다. 여느 때처럼 저는 친구와 학교 후문에서 하교하는 아이들의 돈을 뜯고 있었습니다. 그런데 돈을 뺏긴 학생 중 한 명이 경찰관 두 명을 이끌고 우리

쪽으로 다가오고 있었습니다. 무언가 잘못된 것을 직감하고 재빨리 몸을 피했지만 심상치 않은 상황이 다가옴을 느꼈습니다. 순간 담임 선생님의 얼굴이 떠올랐습니다. 말썽만 피우는 폭력적인 문제아를 인내심을 가지고 지켜 주신 분이었으니까요. 우여곡절이 많았던 중학교 3년이 위태롭게 마감되는 순간이 다가오고 있었습니다.

형제님도 한때 탈옥수로 널리 알려진 무기수 ○○○을 아시지요? 나이도 그렇고 형제님과 여러 면에서 비슷한 점이 있어 보입니다. 그 역시 가난한 가정의 5남매 중 셋째로 태어나 어머니는 간암으로 일찍 돌아가시고 아버지에게 학대를 받으며 자라다 가출하고 중학교에서 석 달 만에 퇴학당한 것으로 알려져 있습니다. 그는 22세가 되던 1989년에 무기징역을 받았습니다. 14세에는 절도로 경찰에 체포된 적이 있는데, 경찰 측은 그를 훈방하려고 했으나 아버지가 아들의 버릇을 고치기 위해 소년원에 넣어 달라고 청하여 이것이 결국 그의 인생을 망치는 계기가 되었다는 주장도 있더군요.

그런데 형제님의 경우와 같이 ○○○도 부자간의 미묘한 애증 관계가 발견됩니다. 아버지를 무척 증오했지만, 실제로 그를 보러 면회하러 온 사람은 오직 아버지뿐이었다고 알려져 있습니다. 그가 복역 중에 자살을 기도한 적도 있는데, 그 시기가 아버지의 장례 시점이기도 하여 주변 사람들은 아버지 사망으로 인한 정신적 충격이 영향을 미친 것이라는 추측도 있었습니다. 결국 가난, 부모와의 결별, 피학대, 위기 가정, 학교 중단으로 연결되는 일련의 악순환이 범죄의 뿌리로 이어지는 과정을 보여 주는 것 같습니다.

저도 그렇고 ○○○도 그렇고, 제 주변의 사형수나 전과가 있는 친구들 대부분이 유사한 길을 걸어왔을 것입니다. 빈곤 속의 위기 가정 아이들은 정상적인 학교생활을 할 수 없고, 같은 처지의 또래 친구들과 어울리다 보면 이탈의 길을 걷게 되고, 누구도 돌봐 주지 않는 위선적이고 비정한 사회에 실망하고 자포자기한 상태에서 자연스럽게 범죄의 세계로 흘러갈 확률이 높아집니다. 물론 비슷한 환경에 놓인 모든 사람이 우리처럼 범죄자가 되는 것은 아닙니다.

여하튼 우여곡절은 있었지만 중학교는 다행히 졸업할 수 있었군요. 그런데 곧바로 소년원에 가게 된 것입니까? 그곳에 간 이유와 그때 상황을 말씀해 줄 수 있는지요?

말썽도 많았던 중학교를 위태롭게 졸업한 1981년 봄, 집도 엄마도 없는 고향에 홀로 남아 고등학교에 다니는 친구들을 쳐다볼 자신도 없어서 새로운 삶을 꿈꾸며 큰누나가 사는 ○○시로 향했습니다. 방 두 개짜리 전세에 사는 누나 집에 머물면서 조카들과

놀아 주며 무료하게 세월을 보내던 어느 날이었습니다. 해 질 무렵이었는데 동네를 넘어 이곳저곳을 산책하다 우연히 골목 안쪽에서 휘황찬란한 네온으로 빛나는 홍등가를 발견했습니다. 신기하기도 해서 배회하고 있는데 제 또래로 보이는 남자아이 네 명이 다가왔습니다. 술과 환각제에 취한 녀석들이 흐느적거리며 예쁜 여자를 구해 준다며 시비를 걸면서 돈을 요구했지요. 1년 전 학교에서 돈 뜯던 제 모습이 떠올라 웃음이 나왔습니다. 한 판 붙게 되었는데 운 좋게 제 돌려차기에 상대 녀석이 맞고 쓰러져 싸움은 싱겁게 끝났습니다. 자연스럽게 패거리의 우두머리 되는 녀석과 통성명하게 되었지요. 그 아이도 중학교 3학년 때 서클에 가입하여 사고를 많이 친 바람에 고등학교 진학도 포기한 채 방황하고 있었습니다. 무료하던 중에 낯선 타지에서 저와 성향이 비슷하고 말이 통하는 친구를 만났으니 기분이 좋았지요. 제가 사회에 나와 만난 첫 친구였습니다. 하지만 그날 그 친구들과의 만남이 제 인생을 본격적으로 어두운 터널 속으로 이끄는 도화선이 되리라는 것을 그 당시에는 알지 못했습니다.

결국 타지에서도 방황하는 친구들을 만나고야 말았군요.

그때부터 7~8명 되는 패거리와 매일 어울려 낮에는 당구장, 음악다방, 오락실에서 시간을 보냈고, 밤에는 시내로 나가 카페나

클럽을 찾아다녔습니다. 그러다 갈 곳이 마땅치 않은 새벽에는 사창가를 누비고 다녔습니다. 사창가는 새벽까지 불야성을 이루었고 성을 사고파는 사람들로 북적거렸습니다. 창녀, 포주, 건달, 취객, 경찰 들이 어우러져 크고 작은 사건이 끊이지 않는 전쟁터였지요. 이곳에서 만난 친구들은 제 고향에서의 삶과는 전혀 다른 세상에서 살고 있었습니다. 저도 중학교 때 꽤 놀았다고 생각했는데 이 친구들은 노는 물이 달랐습니다. 나이 예닐곱에 이미 대마와 환각제를 상습적으로 복용하고 있었고, 몇몇은 심각한 마약 중독 상태였습니다. 그도 그럴 것이 사창가에는 다양한 마약이 음성적이지만 널리 유통되고 있었습니다. 그러다 보니 누구나 마음만 먹으면 마약을 접할 수 있는 환경이었지요. 1980년대에는 마약의 위험성이 지금처럼 심각한 사회 문제로 인식되지 않던 시기여서 오히려 청소년들이 쉽게 약물에 빠지지 않았나 생각합니다. 성매매 여성은 대부분 알코올이나 마약에 중독된 상태에서 영업을 하고 있었고 이들에게 마약을 대는 공급책이 따로 있었습니다. 사창가 여성들은 남성의 성욕을 해결해 주는 일을 업으로 하다 보니 상당수가 몸과 마음이 지쳐 있었고, 맨 정신으로는 견딜 수 없어 늘 약에 취해 있었습니다. 상황이 이렇다 보니 사창가 주변에는 마약 유통망을 차지하려는 세력이 많았습니다. 그 배후에는 조폭이 있어 종종 큰 싸움이 벌어지기도 했지요.

10대의 어린 나이에 새로 정착한 곳이 하필이면 사회의 온갖 위선적이고 어두운 모습이 드러나는 사창가였군요.

그때까지만 해도 우리는 사창가에서 취객을 상대로 유흥비를 빼앗거나 창녀를 괴롭히는 진상을 처리해 주고 포주한테 용돈을 받아 쓰는 하룻강아지에 불과했습니다. 그런데 저의 경우는 어렸을 때부터 마약에 대해서 나쁜 인식을 하고 있어 마약에 손대지는 않았습니다. 그 대신 친구가 나눠 주는 환각제를 먹고 클럽에서 몇 시간이고 음악 듣는 걸 좋아했습니다. 그 순간만큼은 아무 고민도 걱정도 없이 특별한 세상에 와 있는 기분이었으니까요. 하지만 가랑비에 옷이 젖는다고 했던가요? 횟수가 늘어갈수록 복용하는 약이 늘어나고 이성이 마비되기 시작했습니다. 어느새 폭력과 쾌락이 일상이 되어 버렸고, 비행의 강도가 날이 갈수록 세지고 대범해졌습니다. 장기간 폭력적인 삶이 지속되다 보니 모든 감각이 무뎌졌고, 외부의 자극에 즉흥적이고 충동적인 대응으로 일관하여 악의 수렁에 점점 더 깊게 빠져들었습니다. 그리고 세월이 흐르면서 친구들 사이에서 끼여 놀던 제가 어느 순간부터는 무리를 이끄는 폭력의 주체가 되어 있었습니다.

거기에서 무리를 이끄는 주체가 되었다면 서서히 조폭 세계에 발을 담그기 시작한 것 아닌가요?

그렇게 볼 수 있습니다. 또래 친구들 사이에서 점점 이름이 나면서 동네 밖 친구들과 선배 형들하고도 자주 어울렸습니다. 돌아보면, 그 시기가 자연스럽게 조폭 세계에 발을 들이는 과정이었습니다. 그리고 우리가 무리 생활을 하다 보니 주변에 점점 더 많은 아이가 모여들었고 그중에는 가출해서 거리를 떠돌다가 우리를 만난 여자아이들도 있었지요. 소년원을 갔다 오니 한 아이는 어린 나이에 친구와 결혼하여 애를 낳고 사는가 하면, 다른 아이는 유리관에 앉아 몸을 파는 창녀가 되어 있었습니다.

그 당시에 만났던 아이들은 어떤 친구들이었나요?

저와 무리를 지어 다녔던 아이들 대부분은 위기 가정에 속해 있었습니다. 양부모가 있지만 가정폭력에 시달리다 가출했거나, 부모가 이혼해서 가정이 해체되어 거리로 내몰렸거나, 지독한 가난에 쪼들려 살길을 찾아 헤매다가 비행 소년이 된 아이들이었지요. 가출한 비행 청소년들에게 가장 절박한 것은 잠자리와 먹거리를 해결하는 일입니다. 인간에게 가장 기본적인 의식주가 해결되지 않으면 범죄로 이어질 가능성이 커질 수밖에 없습니다. 밤거리를 배회하다 보면 범행 대상이 눈에 쉽게 띕니다. 하지만 여자아이들의 경우는 반대로 자신들이 범행 대상이 되기 십상이지요.

그렇군요. 위기 가정 출신의 아이들이 자연스럽게 비행 집단을 이루고 쾌락과 폭력에 물들어 가는 과정이 보입니다. 그렇다고 하더라도 그 와중에 잘못을 깨닫고 그곳을 벗어날 생각을 할 수는 없었는지요?

분명 온갖 비행과 범죄가 난무하는 위험한 환경임에도 무리 생활을 벗어나지 못하는 이유는 같은 처지인 사람들끼리 서로 의지하면서 느끼는 공감대와 소속감 때문일 것입니다. 억누름이나 강요가 없는 공간에서 10대끼리 누리는 쾌락과 충동적 행위에서 오는 짜릿함을 함께 공유할 수 있는 연대감 때문일 수도 있고요. 하지만 그런 위험한 환경에서 재미 삼아 행한 비행들은 더 큰 범죄로 이어지는 디딤돌이 될 수밖에 없습니다. 아이들과 어울린 지 불과 3~4개월 만에 저는 빠른 속도로 수렁에 빠져들었습니다. '이게 아닌데.' 하고 생각하면서도 제 안에 폭주하는 악의 화신은 엄청난 속도로 질주하고 있었습니다. 저의 의지만으로는 멈출 수 없는 지경에 이르고 만 것이지요. 특히 사창가는 성경 속 소돔과 고모라에서나 나오는 퇴폐와 타락으로 얼룩진 성 같았습니다. 저와 같은 10대 소년들에게 온갖 범죄의 온상이 될 수 있는 최적의 장소였습니다. 우리는 그 안에서 어떤 범죄를 저질러도 용인될 것 같은 착각 속에서 살았습니다. 아무런 통제 없이 대마와 환각제에 빠져 지낼 수 있었고, 어두운 사창가 골목을 누비는 취객의 주머니를 터는 일은 매우 쉬웠습니다. 그렇게 제 인생의 황금기는 타락의 성에서 무너졌고, 청춘의 페이지마다 더러운 오물로 얼룩지고 말았습니다. 그 어리석음이 지금의 이 처절한 고통을 초래한 것이지요. 그런데 진정 그때는 미처 알지 못했습니다. 악행에는 반드시 행한 만큼의 고통과 대가가 따른다는 것을요. 그리고 마침내 그 악행에 첫 번째 대가를 치르는 사건이 터집니다.

위기 청소년들이 또래 친구들과 어울려 다니면서 점점 심한 악행의 늪으로 빠져들고 있었군요. 방탕하고 폭력적인 삶이 지속된다면 언제까지나 무사하게 넘어갈 수는 없었겠지요.

제가 교정시설에 처음 구금된 것은 전혀 예상하지 못한 사건 때문이었습니다. 시내 한 클럽에서 친구들과 술을 마신 다음 날 아침, 여느 때처럼 그간 가장 친했던 셋이 한 친구 집에서 다시 만났는데 거기서 사고가 발생한 것입니다. 본드에 빠진 한 친구가 아침부터 비닐봉지에 얼굴을 파묻고 정신없이 흡입하고 있는 모습을 발견하고 머리를 때리며 깨우는 과정에서 싸움이 난 것입니다. 본드에 취한 이 녀석이 가위를 마구 휘둘렀고 말리는 과정에서 격렬한 몸싸움이 벌어졌습니다. 온 방은 핏자국으로 물들었고 녀석도 손에 큰 상처를 입었습니다. 그런데 응급조치를 위해 우리가 약국에 간 사이에 녀석은 현장을 떠나 파출소에 신고했고, 녀석의 가족이 병원 진단서를 끊어 와서 집단 폭행으로 고소한 것입니다. 전혀 예상하지 못한 결과이고 우리로서는 억울하게 당할 처지가 되었지요. 평소에 허구한 날 쌈박질로 동네 파출소 순경들에게 찍힐 대로 찍힌 상태인지라 저희 주장은 전혀 먹히질 않아 결국 ○○소년교도소에 구금되기에 이르렀습니다. 이후 다행히 초범인 점 등이 고려되어 소년부로 송치가 결정되었고 구금 1개월 만에 ○○가정법원으로 이송되었습니다. ○○감별소[12]에서 40일 정도 생활하다가 다행히 재판에서 비교적 가벼운 보호처분을 받고 풀려날 수 있었습니다.

다행이었군요. 그런데 그렇게 끝나지 않았겠지요?

네, 거기서 끝냈으면 얼마나 좋았을까요? 그런데 풀려는 났지만 녀석의 배신 때문에 억울하게 옥살이했다는 서운함과 배신자를 응징해야 한다는 영웅 심리로 혼란스러웠습니다. 출소 후 20여 일 만에 그 녀석을 당구장에서 마주쳤는데 미안한 기색이 전혀 없어 싸움판이 벌어졌고, 보복성 폭행으로 녀석을 묵사발로 만들었습니다. 우리는 결국 다시 경찰서로 끌려갔고 ○○소년교도소에 재수감되었습니다. 두 번째로 교도소에 가니 처음과는 달리 낯설거나 두렵지도 않고 약간의 여유마저 느낄 수 있었습니다. 더구나 한 달 전에 안면을 익혔던 감방 동기가 방장이 되어 있어 속 편하게 지낼 수 있었지요. 원래 '면 징역'이라고 징역에서 아는 사람을 만나면 마음이 든든하고 생활에 도움도 받을 수 있습니다. 특히 소년수의 경우에는 건달 생활을 하고 들어왔거나 감방 경험이 있으면 신입식도 건너뛰고 대우가 달라집니다. 소년교도소는 다른 곳보다 위계질서가 철저하여 잠자리부터 간식 먹는 종류까지 엄격하게 나뉘어 있습니다. 저희는 이번에도 운 좋게 가정법원에서 재판받게 된 것까지는 좋았는데, 하필이면 한 달 전에 선처해 준 판사님에게 다시 배정되는 바람에 소년원행을 피할 수 없었습니다. 그때 판사님이 한숨을 쉬며 하신 말씀이 생생하게 기억납니다. "너희를 내보내 주면 고등학교에 들어가고 비행을 저지르지 않고 착하게 살겠다고 약속해 놓고 한 달도 안 되어 친구를 또 폭행했어?" 결국 10개월 형을 받았지요. 17세 나이에 사실상 첫 감옥살이가 시작된 것입니다.

소년원에서 나온 이후의 삶을 회고하실 수 있습니까?

소년원에서 10개월 동안 함께 지낸 동료와 저는, 고등학교에 진학도 못하니 기술이라도 배워 열심히 살자고 약속했습니다. 실제로 큰 철강회사 산하 선반공장에 취직하여 기숙사에서 생활하며 매일 출퇴근하고 월급도 받았고, 규칙적인 생활을 하다 보니 성실한 사회인이 된 듯하여 정말 기분이 좋았습니다. 몸에 맞지 않은 어색한 직장 생활이었지만 우리는 서로 의지하며 적응해 나

감옥이란 무엇인가 2

갔습니다. 그런데 이런 평범한 일상도 오래가지 못하고 쫓겨났습니다. 옛 친구들이 밤낮으로 직장과 기숙사로 찾아와 기웃거리고 불러냈기 때문입니다. 얼마 뒤 매형의 도움으로 또 다른 회사에 겨우 취직했지만 그곳에서도 친구들의 극성으로 버티지 못하고 말았지요. 최종 살인 사건의 피해자가 된 운명적인 친구와 가깝게 지내게 된 시기가 바로 이즈음이었습니다.

결국 주변 어디에서도 의지할 곳이 없는 비슷한 처지의 또래 친구들과 어울렸던 것이 서로의 삶에 악순환으로 작용했군요.

그냥 그렇게 그런 일이 생긴 것입니다. 소년원을 나온 뒤, 우리는 사창가를 관리하는 보스 형님들 밑에서 건달 생활을 배우기 시작했습니다. 10대인 제게 형님들은 우상 같은 존재였습니다. 상권을 지키기 위한 크고 작은 싸움이 벌어질 때마다 물불을 안 가리고 싸움판을 뛰어다녔지요. 물론 그 와중에도 어린 나이에 감옥살이도 했고 인생의 쓴맛을 이미 보았기에 언젠가 어떤 결말이 날 것임을 본능적으로 짐작하고 있었습니다. 그런데도 형님들의 러브콜을 거절하지 못하고 주로 카바레, 스탠드바, 창녀촌, 하우스(도박장) 등의 경비와 관리를 맡아 일했지요. 막연히 건달 생활이 멋있어 보였고, 우상인 형님들과 한 식구가 되었다는 소속감에 거침없이 하루하루가 지나갔습니다.

그때까지만 해도 건달 생활에 의리, 신뢰, 충성심이 필수 조건인 줄 알았는데 실상을 보니 음모와 배신이 난무했고 하루아침에 한 식구가 원수가 되어 칼부림하는 일이 허다한 것을 목격했습니다. 사람이 할 짓이 아니라는 사실을 충분히 알 수 있었지요. 그럼에도 저는 과거부터 도움을 주고 배려해 준 보스 형님에게 충성을 다했습니다. 시간이 흐를수록 가서는 안 되는 길, 희망이 없는 길인 줄 알면서 멈추지 못하고 점점 더 깊은 수렁으로 빠져들었습니다. 제 안에서는 끊임없이 선과 악이 대립했고 매번 악의 유혹에 굴복했습니다. 저 자신이 비참했고 혐오스러웠습니다. 어둠 속에서 바라보는 저의 미래는 비관적이었고 갈수록 욕망에 지배당하는 자신이 괴로웠습니다.

　　"우리는 실제로 죄와 악에서 쾌감을 느낀다."라고 아우구스티노가 말했던가요? 그러나 술, 마약, 섹스, 폭력, 오락이 주는 쾌락은 순간일 뿐, 그 뒤에 오는 허무와 공허는 영혼을 병들게 했습니다. 악은 자비도 없고 타협도 없었습니다. 또 악은 눈과 귀가 없어서 "나한테 도대체 왜 그래!"라고 아무리 악을 써도 알아듣지 못하고 더욱 집요하게 달려든다고 하더니 정말로 그때 제가 바로 그런 상황에서 허우적거렸습니다. 어떤 강한 힘이 저를 잡아당기는 느낌이었지요. 우울과 불안, 죄의식에서 오는 상심과 고통에 괴로웠습니다. 그렇게 양심의 가책을 느끼면서도 질주하는 본능은 수그러들지 않았고 도리어 제 안의 악은 갈수록 대담해졌고 광범 위해졌습니다. 악의 추진력이 너무 강하여 스스로 저지하는 것은 불가항력이었습니다. 살려면 악의 구렁텅이에서 탈출할 도피처를 찾아야 했습니다.

잘못된 길을 걷고 있었지만 그 가운데에서 벗어나야겠다는 본능적인 감각은 작동하고 있었군요.

그래서 새로운 삶을 찾는 돌파구로 군 입대를 지원했습니다. 그런데 그것마저 좌절되었습니다. 구금 기간이 6개월 이상이라는 결격 사유로 소집면제를 받고 만 것입니다. 군대마저 가지 못하는 신세가 되자 스스로 정말 쓸모없는 존재라는 생각이 들었고 막다른 골목에 몰린 듯한 기분이었습니다. 그래서 악의 고리를 끊는 방법은 오직 죽음밖에 없다는 생각에 이르렀습니다. '왜 죽어야 하는지'라는 물음보다는 '이렇게 사느니 죽는 게 낫다'고 결론을 내린 겁니다. 막상 죽겠다고 결심하니 의외로 홀가분한 마음이 들었습니다.

진정으로 바른 방향을 제시하고 이끌어 줄 사람을 만나지 못했군요. 그래서 결국 자살을 시도했습니까?

네, 그런 셈입니다. 자살을 결심한 저는 슈퍼에서 독한 양주 한 병을 사서 마시고 팝송을 들으며 칼로 손목을 그었습니다. 주변 사람들의 얼굴이 차례로 스쳐 지나갔습니다. 서서히 깊은 잠에 빠져들고 있었습니다. 그런데 때마침 문을 열어 본 조카가 비명을 질렀고 곧바로 병원에 실려 가서 죽음을 면했지요. 어린 조카에게 정말 몹쓸 짓을 했습니다. 지금까지도 마음의 빚으로 남아 있습니다. 이후 한동안 저는 외부와 모든 관계를 끊은 채 두문불출했습니다. 그 시기에 뜻밖의 놀라운 소식을 들었습니다. 제가 자살마저 미수에 그치고 헤매고 있던 그 시점에, 저의 행방을 모르는 옛 여자 친구가 임신한 채로 저를 찾아 헤매다가 가족과 주변의 강권으로 낙태하고 상심의 나날을 보내고 있었다는 것입니다.

여자 친구가 임신한 사실도 모르고 헤매고 있었군요. 당시 상황을 보면 아기를 낳고 가정을 꾸리는 미래를 준비할 만한 나이는 아니었다는 생각이 듭니다.

동네 깡패의 아이를 가진 죄로 어린 처녀 아이의 앞날에 어두운 그림자가 드리워진 것입니다. 그 사실을 알게 된 저는 바로 여자 친구를 찾아가 용서를 구하고 새출발을 약속했습니다. 마침내 지긋지긋하고 지옥 같은 생활을 청산하고 사랑하는 여인과 고향으로 내려가 새로운 삶을 펼칠 생각에 한동안 들뜨고 행복했습니다. 3년 만에 돌아온 고향은 많이 변해 있었지만, 작은 살림방도

구하고 형님이 그때까지는 살아 있어서 건축 일도 배우면서 앞으로의 삶도 계획하는 등 꽤 순조롭게 일이 진행되고 있었습니다. 그런데 또다시 안타까운 사건에 어이없이 휘말리고 맙니다.

또 무슨 불길한 일이 발생하나요? 정말 안타깝군요.

그러던 어느 날, 함께 놀았던 친구 둘이 어떻게 알아냈는지 저를 찾아 제 고향까지 왔더군요. 한 친구가 방위 복무 중에 탈영하여 다른 친구 집에서 숨어 지내다 방법을 찾지 못해 저를 찾아온 것입니다. 저는 신혼 단칸방에서 함께 지낼 수도 없어 아직 옛 동네에서 활동하시는 보스 형님을 다시 찾을 수밖에 없었습니다. 다행히 형님의 도움으로 친구의 거처가 마련되어 후련한 마음에 술을 한잔했고, 다음 날 아침 고향으로 돌아갈 참이었습니다. 택시에 내려 옛 동네 어귀를 들어서는데 익숙한 사람의 뒷모습과 오토바이가 눈에 들어왔습니다. 평소 우리 패거리와 시비가 잦았던 악연이 깊은 방범대원이었습니다. 그가 순찰함을 열고 있을 때였습니다. "야! 저 새끼 골탕 한번 먹일까?" 하는 친구의 말이 떨어지자마자 우리는 오토바이를 훔쳐 마구 몰고 달아났습니다. 우리가 각각 혼자였으면 벌어지지 않았을 터인데 술기운에 벌인 객기였지요. 내친김에 오토바이로 새벽길을 달려 고향까지 달렸습니다. 도착 시간이 아직 이른 새벽이라 절친인 한 고향 친구 집으로

갔습니다. 이때 서로 몰랐던 두 친구 간에 통성명이 이루어졌습니다. 운명이랄까요? 그 순간 우리는 셋이 되었습니다. 그때는 우리 셋 모두 알지 못했습니다. 10년 후 셋 중 두 명은 살인 가해자가 되어 사형수가 되고, 나머지 한 명은 살인 피해자가 되어 땅에 묻히리라는 것을 말입니다.

이때 세 친구의 만남이 이후에 악연으로 귀결되는 비극의 시작이었군요.

친구를 배웅하려고 셋이서 오토바이를 타고 버스터미널로 가는 길에 문제가 발생합니다. 경찰의 불심검문을 받은 겁니다. 헬멧도 쓰지 않은 10대 세 명이 오토바이를 타고 거리를 달리니 불량하게 본 것이지요. 순간 무엇에 홀렸는지 훔친 오토바이라는 것을 생각지도 않고 경찰과 시비를 붙는 바람에 파출소까지 끌려갔고 결국 도난 오토바이라는 것이 드러나고 말았습니다. 돌아보면 참으로 안타깝고 아쉬운 순간이었습니다. 철부지의 어이없는 객기로 소중한 인생이 또다시 허무하게 망가지고 있었습니다. 그 일로 특수 절도 및 공무 집행 방해죄로 징역 1년 6월 형을 받고 ○○소년교도소에서 첫 실형을 살게 됩니다.

형이 확정되고 나서 여자 친구가 면회실로 찾아왔습니다. 펑펑 울면서 "너 이 정도밖에 안 되는 인간이었어? 우리 둘만의 약속을 깨뜨린 너를 평생 원망하며 살 수밖에 없어!"라는 말을 남기고 떠났습니다.

여자 친구를 떠나보내고, ○○소년교도소에서 1년 6개월을 살았겠군요. 출소한 이후에는 어떻게 지냈습니까?

1987년 ○○소년교도소에서 출소하여 친척 집에서 장사를 도우며 지내던 중에 친형님이 사망했습니다. 장례가 끝나고 인사차 과거에 모셨던 형님들께 잠시 들렀다가 권유에 못 이겨 클럽 한 곳의 관리를 맡아 옛 친구들과 함께 일하게 되었습니다. 그러던 중에 아니나 다를까 보스 형님으로부터 그가 운영하는 하우스(도박장)에서 반칙으로 손해를 입힌 일당을 혼내 주고 돈을 회수해 달라는 부탁을 받았습니다. 거절할 수 없었지요. 바로 친구 몇 명을 모아 습격하여 돈을 일정 부분을 회수하고 일을 마무리 지으려고 했습니다. 그런데 또 문제가 발생했습니다. 회수하는 과정에서 상대 일당이 상해를 입어 경찰에 신고했고, 저는 특수 강도 및 특수 상해 등의 죄목으로 3년 6개월 형을 받고 ○○교도소에 구금되었습니다. 지금은 이렇게 건조하게 옛 과거사를 이야기하고 있지만, 정말 이해되지 않는 사건을 계속 저지르고 있었던 것입니다.

참 안타깝습니다. 왜 이런 중한 범죄가 쉽게 반복되는 것입니까?

지금 생각해 보면, 왜 그렇게 무모하고 어리석었는지 모르겠습니다. 명분도 특별한 대가도 없이 의리라는 명목으로 아무 거리낌 없이 범죄를 저지른 것이지요. 협박이나 물리적인 힘으로 타인을 제압하고 굴복시킬 수 있다고 믿고, 완전 범죄로 끝나리라는 막연한 망상에 빠져 있었습니다. 사람의 행동은 확실히 환경의 영향을 받는 것 같습니다. 제가 청소년기에 그토록 삭막한 환경에서 폭력적인 삶에 매몰되어 살지 않았다면, 이처럼 어이없이 어리석은 짓을 반복하지 않았을 것입니다.

게임 이론에 티포텟 전략이라는 것이 있지요. 조폭 사이에서도 자주 거론되는 전략입니다. 상대방이 협조하면 나도 협조하고, 상대가 규칙을 깨면 똑같이 갚아 주는 방식이지요. 상호 간에 규칙이 지켜지면 한없이 우호적이고 평화적인 관계가 유지되다가도 어느 한쪽이 배신하면 순식간에 원수지간이 됩니다. 제가 저지른 살인도 어려서부터 이런 규칙 속에서 살아온 영향이 컸겠지요. 절대적인 신뢰 관계에 있던 친구의 배신이라 충격이 컸고 배신자는 그만한 대가를 치러야 한다는 티포텟 전략에 익숙한 문화 속에서 살아온 것입니다.

조폭들은 자기들만의 고유한 규칙을 갖고 그것을 지키며 살려고 노력합니다. 고유한 규칙을 지켜야 서로의 안전이 보장되고 위계질서가 잡힐 수 있습니다. 그래서 일반인과 다르게 조폭 두목은 자기 부하에게 누군가를 공격하라고, 심지어는 죽이라고 명령할 수도 있습니다. 부하의 복종과 충성심을 통해서 자신에게 그런 힘과 권한이 있다는 것을 확인하는 것이고요. 어려서부터 그런 비상식적인 조직 문화에 속해 살았으니 올바른 사고와 가치 판단 능력이 부족할 수밖에 없었습니다. 사회에 나와서 만난 첫 번째 멘토이자 의존 대상이 조폭 두목이었으니 그야말로 뻔한 결말이 기다리고 있었던 셈입니다.

책에서 나오는 범죄 집단 이론들이 TV나 영화 등에서 흔히 묘사되는 것과 크게 다르지 않다고 느끼곤 했는데, 형제님의 이야기에서도 마찬가지라는 생각이 듭니다.

교도소에서 살다 보면, 자연스럽게 조폭은 조폭끼리 어울릴 수밖에 없지요. ○○교도소에서 3년 반을 살면서 또 다른 형님을 만났습니다. 저의 첫 보스와도 아는 사이라 가깝게 지내면서 서로 고민을 나누며 잘 지냈고 도움도 많이 받았습니다. 복역 때 옥바라지는 물론이고 출소한 그 순간부터 온갖 도움을 주어 무척 고마웠습니다.

가게를 맡기고 용돈, 양복, 차량을 주고 연인까지 소개해 주는 바람에 그 형님과 낮에는 광고 영업을 하고, 밤에는 룸 카페를 운영하며 지냈습니다. 이 형님이 현역 조폭에서 은퇴했다고는 하지만 그 경계가 애매하여 조폭들과 직간접적으로 교류하며 살아가고 있었고, 저 또한 그런 관계 속에서 살았다고 생각합니다.

　아무리 손을 씻고 새로운 삶을 살아도 조폭 출신이라는 꼬리표가 붙어 다니고, 배운 것이 도둑질이라 조폭 출신이 하는 일은 뻔했습니다. 고질병처럼 고치기 어려운 것이 건달 근성입니다. 어쩌다 건달 선후배를 만나면 오랫동안 몸에 밴 건달 습성이 자신도 모르게 깨어나지요. 생활 환경이 완전히 바뀌지 않는 한, 몸의 기억까지 지우기는 어렵습니다.

사형 선고로 끝난 범죄

이미 전과가 쌓인 조폭 출신으로서 그들과 의존하며 살아가다 보면 사회에서 일반 사람처럼 평범하게 정착하기는 어려웠을 것이라는 생각이 듭니다.

　제 나름대로 안정된 생활을 한 지 반년쯤 지난 시기였습니다. 19세 때 ○○교도소에서 만나 오랫동안 잘 지내 온 형님에게서 연락이 왔습니다. 그 형님의 도움으로 룸살롱을 관리하고 있던 참이었지요. 그런데 올 것이 왔습니다. 질이 나쁜 놈이 있으니 적당히 손을 좀 봐 달라고 한 것입니다. 순간 정신이 아찔했지만 저도 모르게 알아서 처리하겠다고 대답하고 말았습니다. 이런 삶이 싫어서 멀리 이곳까지 왔는데 또 이런 일에 휘말리니 제 마음은 거부하라고 아우성쳤지만 마치 기다렸다는 듯이 수락하고 말았습니다. 조폭 문화에 이미 엮일 대로 엮여 버린 것이지요.

저는 바로 친구들을 모으기 시작했습니다. 먼저 가장 믿을 만한 친구를 찾았는데, 아이러니하게도 그가 저의 최종 살인 사건의 피해자가 되고 맙니다. 그는 살인 미수로 8년 형을 마치고 출소했지만 사회 적응에 어려움을 겪고 있던 참이었지요. 다행히 제 부탁을 선뜻 수락하여 고향 친구를 포함해 총 네 사람이 작업을 시작했습니다. 상대를 찾아 현장 답사를 하고 소위 청부 폭력을 단행해서 손을 조금 봐주고 마무리지었는데 또 문제가 발생하고 맙니다. 현장 답사 과정에서 상대와 실랑이를 벌이는 중에 하필 살인 사건 피해자가 된 친구의 얼굴이 알려져 또다시 수사에 쫓기는 신세가 된 것입니다. 도피 과정에서 술과 마약으로 불안을 달래며 도망 다니던 이 친구가 안타깝게도 청부 폭력을 지시한 두목을 협박하는 등 기행을 일삼으며 위태로운 행동을 보이곤 했습니다. 기어이 그가 경찰과 접촉한 정황이 의심되는 등 미심쩍은 행동까지 보이자, 담판을 짓는 과정에서 결국 이 친구를 없앴고 다른 공범이 그를 찾아다녔던 그의 연인까지 함께 매장했습니다. 이를 덮기 위한 고육지책으로 가담자 모두가 고의 범죄를 저질러 구금형을 받고 교도소로 숨어들었지만, 끝까지 홀로 남아 있던 한 친구가 체포되는 바람에 모든 도피 행각이 허사가 되고 살인 사건이 백일하에 드러나 버렸지요. 간단히 끝날 청부 폭력이 어떻게 살인 범죄로까지 확대되어 버렸는지를 생각해 보면, 정말 어처구니없는 이유로 무모한 일을 저질렀다는 생각이 듭니다. 이미 고인이 된 분도 있고 30년 전에 발생해서 판결이 끝난 사건을 다시 거론하는 자체가 고통이지요. 누구를 탓할 것도 없고 모두 제 잘못이고 제 탓입니다. 돌아보면 순간순간이 악연, 치정, 배신, 대가, 복수 등의 언어가 엉기면서 안타깝게도 마구 전개되어 버렸다는 말밖에 드릴 수 없군요.

위태롭게 살아가다가 결국 살인까지 저지르고 말았군요. 기어이 끝장을 보고서야 범죄 행각의 막이 내린 셈이네요.

지금 생각해 보면, 악이 얼마나 교활하고 치밀할 수 있는지 놀라지 않을 수 없습니다. 살인 사건을 은폐하기 위해 스스로 감옥에 갈 생각을 했으니까요. 공범이 여러 명이면 무조건 잘못된다는 것을 몇 차례 징역을 살면서 터득했기 때문에 징역 생활이 오히려 안전할 수 있다고 생각한 것입니다. 어쩌면 끔찍한 범죄가 영원히 묻힐 수도 있다고 생각한 것이지요.

그런데 고의 범죄로 ○○교도소에서 복역한 1년 남짓한 시간은 정말 생지옥이었습니다. 그때가 마침 지존파 사건이 터진 직후라서 그들의 운명을 떠올리며 악몽 같은 나날을 보냈지요. 죄를 숨기고 사는 지옥보다는 죗값을 치르고 죽어서 사라지는 것이 편할 것 같다는 생각에 빨리 모든 것이 드러나길 바라기도 했습니다. 그러던 어느 날, 형사들이 교도소로 찾아왔습니다. 그리고 붙잡힌 공범이 살인 사건 전모를 밝힌 진술서를 툭 내밀었습니다. 정말로 피하고 싶은 순간일 줄 알았습니다. 그런데 아니었습니다. 오히려 안도의 한숨이 나왔습니다. 고통스러운 비밀을 안고 불안 속에서 사느니 떳떳하게 죗값을 받고 죽어 버리겠다는 심정이었을 겁니다. 선과 악의 충돌 속에 거짓과 위선으로 포장된 자아가 깨지고 역설적으로 마음이 정화되는 느낌을 받았습니다.

후회한들 아무 소용도 없었지만 청부 폭력 사건이 발각되었을 때 바로 자수했다면 어땠을까 하는 생각도 해 보았습니다. 적어도 두 건의 살인 사건은 일어나지 않았을 것이고, 지금까지도 그 일로 고통당하는 사람들께 마음의 빚도 없었을 테니까요.

범죄는 왜 지속되는가

이제부터는 형제님이 저지른 살인 범죄에 대해 물어보겠습니다. 간단하게 답할 수 있는 질문은 아니지만, 어떤 마음 상태에서 범죄를 저지르게 되는지 묻고 싶습니다. 사람을 죽인 이유가 살인으로 희열을 느끼는 반인륜적 괴물이기 때문인 경우도 있지만, 상대의 배신 때문에

혹은 자신을 멸시한 자에 대한 분노 때문에, 그리고 목적을 이루는 데 방해되는 요소를 없애려는 조치이기도 하다는 주장도 있더군요.

각각의 살인 사건에는 각기 나름의 다른 목적과 동기가 있을 것입니다. 불특정 다수를 대상으로 길거리에서 총기를 난사하거나, 무차별로 칼질을 하는 범죄가 종종 언론에 보도되었습니다. 살인으로 희열을 느끼는 병적인 괴물들을 다루는 영상물도 흔히 접할 수 있는 세상이 되었습니다. 조폭 출신의 사형수인 저도 최근에 일어난 이런 범죄에 대해서는 심정적으로 용납되지 않습니다. 제 경우는 상대의 배신에 따른 분노 때문에, 그리고 제 계획과 행로를 방해하는 요소를 없애려다 보니 저지른 범죄입니다. 배신자 한 사람만 제거하면 여러 사람이 징역 갈 위기를 모면할 수 있으리라고 생각했던 것이지요. 그런데 확실한 것은 어떤 이유였든 살인은 답이 아니라는 것입니다. 피해자는 죽었고, 가해자들은 세상과 단절된 상태로 저승사자를 30년째 기다리고 있지요. 이득을 본 사람은 아무도 없습니다. 그저 고통받는 사람만이 있을 뿐입니다.

범행 후에 체포되고 수사받고 재판에 이르는 일련의 과정을 기억하시는지요? 수차례에 걸쳐 극도의 긴장과 후회, 좌절, 고통 등을 겪으셨을 터인데 왜 범행이 계속 반복되었다고 생각하십니까?

후회는 늘 한 박자 늦는다고 했던가요? 범죄자로 살아가는 사람은 해서는 안 되는 일을 하고 곤경에 빠지고서야 문제를 인지하고 '아차' 합니다. 나쁜 생각 단계에서 바로 멈춰야 하는데 그게 늘 되지 않습니다. 이성과 사고가 비정상인 상태로 오랫동안 살아왔기 때문일 것입니다. "생각 없이 사는 사람은 누구나 죄를 지을 수 있다."라는 말에 공감합니다. 저도 10~20대 시절을 돌아보면, 오늘의 나쁜 생각이 내일의 범죄 행위의 씨앗을 잉태한다는 것을 인식하지 못하고 본능이 이끄는 대로 살았던 것 같습니다. 저처럼 이미 전과가 있었다면 더욱 위험 요인이 제 삶 속에 항시 내재되어 있음을 알아야 했지요. "나쁜 행동은 나쁜 생각을 따른 것"이라는 말이 저에게 그대로 적용되는 것 같습니다. 선택의 순간, 이성이 아니라 본능에 이끌리면 늘 나쁜 결과를 얻곤 했지요. 생각의 방향이 바뀌지 않으니 늘 범죄의 유혹을 물리치지 못했던 겁니다. 인생의 바닥을 치고도 범죄 행위를 계속하는 자가 바로 저라는 인간이었습니다.

저는 수용자들이 감옥 안에서도 범죄를 모의하는 모습을 자주 봅니다. 실제로 그들은 출소하자마자 범죄를 저지르고 다시 잡혀 오지요. 감옥에서 힘겨운 세월을 보내고도 교도소 문밖을 나가는 순간 과거의 삶에서 느꼈던 흥분된 순간에 끌려 탐욕스러워지고 맙니다. 그토록 매달리는 집착과 쾌락의 대상들이 자신의 인생을 망칠 만큼 가치 있는 게 아니라는 것을 생각하지 못합니다. 누범이 누범을 만듭니다. 그래서 초범이나 재범 단계에서 확실히 차단해야 합니다.

형제님은 어렸을 적부터 또래 아이들을 상대로 돈도 뺏고 폭력도 행사하며 소위 비행 소년으로 살아왔습니다. 상대방의 재물을 강탈하거나 신체에 위해를 가한다는 것은 인격적으로 상대방을 대하지 않는 것입니다. 상대방의 입장을 개의치 않고 자신의 충동대로 혹은 자신의 의도대로 행했다는 뜻이겠지요.

나쁜 행동을 하면 어떤 결과가 온다는 것을 진지하게 생각해 본 적이 없었을 겁니다. 가진 것이 없으니 잃을 것에 대해서도 깊이 헤아려 보지 않았을 테고요. 폭력을 가하면 상대가 어떤 고통을 받을 것이라든가, 상대방의 인격을 존중해야 한다는 등과 같은 거의 본능적인 수준에서 학습되는 감성이 작동하지 않았습니다. 인격이라는 단어 자체를 사용해 본 적이 없었던 것 같습니다. 제 머리가 나빠서가 아니라, 10대의 저는 제대로 된 가르침도 받지 못하고 닮고 싶은 모델도 만나지 못한 채 가진 것 없이 힘들게 살아가다 보니 생존하는 법을 익힌 것이지요. 그것이 비행과 범죄로 이어지다 결국 조폭이 된 겁니다. 같은 처지의 또래 친구들과 어울리니 더 쉽게 빠져든 겁니다.

그렇군요. 그런데 형제님은 성인이 되면서 더 폭력적이고 더 거침없는 삶을 산 것으로 보입니다. 어떤 이유에서 폭력적 삶이 계속되었다고 생각하십니까?

저의 경우는 10대 때 반복적으로 학습된 폭력을, 성인이 되어서도 비슷한 환경에서 살면서 마치 몸에 잘 맞는 옷을 찾아 입는 것처럼 자연스럽게 받아들였던 것 같습니다. 정신병적 이상이나 가학적 쾌락을 위하여 사람을 죽이는 행위는 저의 경우는 아닌 것 같습니다. 그랬다면 교도소가 아니라 정신병원에 있어야 마땅하겠지요. 그보다는 아마도 제 안에서 가학성이 비정상적으로 성장했기 때문이라고 생각합니다. 술만 마시면 가정폭력을 일으키는 가장이 차츰 술과 함께 가정의 파괴자로 변해 가는 과정에 비유할 수 있을지 모르겠군요. 인디언 우화에 두 마리 늑대 이야기가 있습니다.

할아버지가 어린 손자에게 늑대 이야기를 들려줍니다. "사람들 마음에는 항상 두 마리 늑대가 살고 있단다. 한 놈은 탐욕과 거짓으로 가득 찬 악한 놈이고, 다른 한 놈은 사랑과 감사의 마음을 가진 착한 놈인데, 이 두 마리는 매일 우리 마음속에서 싸움을 벌이고 있지."

손자가 묻습니다.

"그럼 두 마리 늑대가 싸우면 누가 이겨요?"

할아버지가 빙그레 웃으며 답하지요.

"그야 네가 먹이를 주는 늑대가 이기지!"

저는 성장하는 내내 사회에서 또 감옥에서 폭력이 일상인 삶을 살아왔습니다. 그 과정에서 저는 늘 착한 늑대보다는 악한 늑대에게 더 많은 먹이를 주면서 제 안의 악을 키워 온 것입니다.

사람이 사람을 죽이는 살인 행위는 다양한 이유로 설명될 수 있겠지요. 동시에 같은 상황에서도 상대를 죽이지 않을 수 있는 이유 또한 당연히 존재할 것입니다. 제2차 세계 대전 당시 독일의 나치가 유대인 수백만 명을 살해했습니다. 생각할수록 충격적이고 놀라운 사건입니다. 물론 국가적 행위로 시행되었지만 최종적으로는 독일 나치 대원 개개인이 유대인 개개인을 살해한 것입니다. 어떻게 이런 행위가 가능했을까요? 인간을 사물로 대하는 대상화 현상으로 설명하기도 하더군요.[13] 그들은 유대인을 그저 명령 집행의 대상으로 그리고 더럽고 추한 몰골을 한 힘없는 존재로 인식했다는 것입니다.

과거에 먼 나라에서 일어난 일이라고 넘어가기에는 갈수록 늘어나는 혐오 범죄 상황도 그렇고, 같은 민족의 국가인 북한의 인권 상황을 봐도 그렇고 심각하게 생각해야 할 것 같습니다. 책에서 읽었는데, 나치 시대를 치열하게 겪은 정치사상가 한나 아렌트가 괴테와 칸트의 나라인 독일에서 어떻게 나치즘이라는 전체

감옥이란 무엇인가 2

주의가 태어날 수 있었는지에 대해 연구했다고 하더군요. '악의 평범성'이라는 말로 널리 알려져 있는데, "생각하기를 멈춘다면 누구나 악을 저지를 수 있다."라고 경고한 바 있습니다.

나치 친위대 상급 돌격대 지도자 아돌프 아이히만은 유대인을 병참의 대상으로만 생각했다고 합니다. 유대인을 가장 효율적으로 강제수용소로 이송하기 위해 열차 시간을 짜는 방법과 가장 효율적으로 유대인을 처형하고 시체를 처리하는 방법을 궁리했다는 것입니다.

집단적 이데올로기에 묻혀 생각하기를 멈추면 그토록 무서운 일도 평범한 일상의 일처럼 저지를 수 있다는 뜻이겠지요. 아우슈비츠 수용소에서 살아남은 어느 생존자가 엮은 책의 내용이 떠오릅니다.[14]

수용자들은 인간으로서 품위 따위는커녕 한낱 보잘것없는 물건에 불가하였다. 수용소는 의료 약물에 관한 연구는 물론이고 외과 수술의 실험 장소로 야심만만한 의사들의 활동 무대였다. 동물보다 싸고 쉽게 확보할 수 있었던 인간 신체는 흔히 인간 기니피그로 사용되었다. '소모된 재료'는 방금 수송되어 끌려온 '신선한 재료'로 즉시 대체되었다.

> 게슈타포는 남녀를 불문하고 속옷만 걸친 유대인을 향해 총질
> 했지요. 탄창을 장전하고 오른쪽으로 왼쪽으로 갈기면 끝이었어
> 요. 살았는지 죽었는지 어디에 맞았든지 상관이 없었습니다. 사
> 람들이 총을 맞아 뒤쪽 구덩이로 떨어지면, 다음 사람들이 재와
> 석회를 뿌리고, 그 자리에 다시 서서 총을 맞았지요. 그렇게 계
> 속 진행되었습니다.

나치 독일의 집단적 인종 말살 행위를 생각하다 보면, 민족주
의나 전체주의와 같은 거창한 말로 설명하기 이전에 개인 차원에
서도 인간이 상황에 따라서 얼마나 쉽게 가학적이 될 수 있는가를
새삼 생각하게 됩니다.

**살인 사건은 은폐하기도 어렵고 검거율도 높고 형벌도 엄중한데 사람
들은 왜 사람의 목숨을 끊는 범죄까지 저지르는 것일까요? 우리나라
만 해도 교도소에 살인으로 복역 중인 수형자가 3,000명이 넘습니다.
이는 전체 수형자의 약 10%에 해당하는 숫자입니다.**

심각한 정신질환이나 심신미약 상태가 아니라면, 살인범 중에
서 그 후과—예컨대 체포 가능성—를 생각하지 않고 살인을 저
지른 사람은 없을 겁니다. 그래서 우발적인지 계획적인지를 구

분해서 생각해 봐야겠지요. 당연히 원인도 사후 반응도 다를 테니까요. 보통 우발적으로 벌어진 살인은 의도적으로 계획한 것이 아니기 때문에, 범행 후에 바로 현장에서 체포되거나 당황해서 도망갈 수 있으나 차후 자수하는 경우가 많다고 합니다. 그러나 대체로 계획된 형사 범죄의 경우는 탐욕이든, 복수든, 배신이든, 분명한 동기가 있을 것이고 완전 범죄를 계획할 것입니다. 따라서 살인에서 끝나지 않고 사체 유기와 같은 2차 범죄로 이어집니다. 죄가 드러났을 때 받게 될 형벌 때문에 치밀하게 은폐를 시도하는 것이죠. 사건 흔적을 감춘다는 것은 사람을 죽이면 어떤 처벌을 받는지 잘 알기 때문입니다. 최근 태국에서 한국인 남성이 납치되어 살해된 후 저수지에 유기되었다는 보도가 있었습니다. 사체를 유기하면서 신원이 드러나지 않게 손가락까지 잘랐다고 합니다. 이처럼 어떤 동기든 고의로 살인을 저지른 뒤에는 뒷감당이 두려워 완전 범죄를 꿈꾸며 사체를 유기하거나 훼손하는 2차, 3차 범행까지도 저지르게 되는 것이지요.

이런 잔인한 범죄는 주로 공범과 함께 행해지는 것 같습니다. 조폭 생활을 하다 보면, 동료들의 행동이 상호 반영되고 그 결과 공격성의 강도가 높아지고 책임 또한 희석되는 경향이 있다고 합니다. 전쟁터 군인들의 집단 면죄 심리와 유사하다는 생각이 듭니다.

네, 동의합니다. 조폭은 난폭하고 무모한 사건을 자주 일으키는데, 교수님 말씀대로 이는 개인이 아니라 개개인이 조직화되었을 때 일어나는 현상입니다. 조폭에게는 폭력이 생존 전략의 한 축이기 때문에 복수, 이권, 응징 같은 명분이 생기면 무조건 직진하게 되어 있습니다. 이를 실행하는 과정에서, 조직으로 행동하기 때문에 군중 심리가 작용하여 겁이 없어지고 죄책감도 중화되어 더 대범해지고 난폭해집니다. 실제로 혼자일 때는 조폭들도 매너를 지키고 신사적으로 행동하는 모습을 흔히 볼 수 있습니다.

　잘 알려진 바와 같이 전쟁 중에 있었던 나치의 만행은 주지의 사실입니다. 임신부들을 성폭행하고, 갓난아이들을 살해하고, 여성들을 불붙여 살해하고, 늙은이들을 생매장해 죽이는 등 가학적인 광기를 즐겼다는 증언은 수도 없이 나와 있지요. 전쟁터는 평범한 인간도 악마로 만드는 곳인가 봅니다. "악은 존재하는 어떤 것을 가리키는 것이 아니라 실종된 어떤 것을 가리키는데, 악은 선의 실종이다."라는 말이 있습니다. 그렇습니다. 저 역시 제 뇌리에 선이 없는 세상을 산 것입니다. 돌아보면, 얼마나 위험하고 무모한 삶이었는지 가슴이 철렁하고 섬뜩해집니다. 죽고 죽어야 하는 전쟁터에서 병사들은 불안과 공포를 잊기 위해 집단 면죄 심리를 공유하며 광기를 부리고 악행을 자행했을 것입니다. 그러다 전쟁이 끝나고 평범한 일상으로 돌아와서야 자신들의 지워지지 않는 반인륜적인 행위에 대해 죄책감과 외상 후 스트레스에 시달리며 고통 속에 살아가는 것이고요. 지금의 저처럼 말입니다.

요즘 흉악한 범죄가 종종 발생해서인지 사이코패스에 대한 일반인의 관심이 높습니다. 영화나 드라마에서도 자주 다루는 주제이기도 하지요. 보통 사람들은 당연히 갖추고 있는 가학성 억제 장치가 이들에게는 정상적으로 작동하지 않는다고 알려져 있습니다. 이에 대해 어떻게 이해하고 있습니까?

사실 제가 스스로 판단할 문제는 아니지만, 저도 제가 사이코패스인지 생각해 본 적이 있었습니다. 한번 제 검사 결과를 보고 싶기도 합니다. 그들은 인지 능력은 멀쩡한데 공감 능력이 부족하다고 알려져 있습니다. 그러니 타인의 고통을 공감하지 못하고 누군가의 삶이라도 거리낌 없이 파괴해 버릴 수 있겠지요. 저는 그들에게 사악한 영이 존재하며, 이는 대체로 선천적인 경우가 아닌가 생각합니다. 사이코패스 기질을 갖고 태어나서 이미 성인이 된 사람은 사실상 교정이 불가능하다고 생각합니다. 이미 극악무도한 범죄를 저지른 성인 사이코패스는 영원히 변할 일이 없다는 것이지요. 자기 행위를 진정으로 속죄하지 않고 용서를 구하지도 않는 사악한 자들은 사회에서 영구히 격리하는 것만이 그들의 야수성을 잠재울 유일한 대책인 셈입니다.

언젠가 '독서는 관점 취하기'라는 교수님의 말씀이 생각납니

다. 소설 속에 등장하는 각 인물의 다양한 관점을 접하다 보면, 역
지사지의 경험이 쌓여 타인에 대한 감수성이 저절로 길러져 폭력
적 성향이 줄어든다는 내용이었지요. 아마도 흉악범이 된 사이코
패스도 책을 읽기야 하겠지만 편향된 주제에 집착하고 자기만의
왜곡된 시선으로 이해할 것입니다. 신앙과도 체질적으로 담을 쌓
고 살거나, 그렇지 않다면 편의적인 선택으로 위선적인 신앙생활
을 하고 있을 것입니다. 물론 사이코패스 기질을 갖고 태어났다고
해도 성장 배경과 교육 정도 등에 따라서 집요하지만 긍정적인 방
향에서 그 능력이 발휘될 수도 있다는 글을 읽은 적이 있습니다.

**범죄는 결국 자유의 남용이고 자신의 욕심을 과도하게 채우는 행위입
니다. 흔히들 말하는 돈, 쾌락, 질투 때문일까요? 아니면 사회 양극화
에 따른 불만과 좌절에서 오는 것일까요?**

살인 범죄의 양상이 과거와는 많이 달라진 것 같습니다. 최근
60대 여성 다방 주인을 두 명 연달아 살해한 범인이 "술만 먹으면
강해 보이는 모습을 보여 주고 싶었다."라고 살인 이유를 밝혔더
군요. 과거에는 원한, 치정, 이욕 등에 의한 살인이 많았다면, 최
근에는 상대적 박탈감이나 열등감으로 쌓인 분노가 방향성을 잃
고 불특정 다수에게 표출되는 것 같습니다. 얼마 전에 보도된 사
건들도 보니까 정말 염려되는 부분이 많았습니다. 어떤 경우는

성범죄, 절도 등 전과 8범으로 수형 기간만 20년이었고 출소한 지 2개월 만에 또다시 범죄를 저질렀다는 점에서, 30년을 복역하고 있는 저에게도 많은 생각을 하게 합니다. 위장하여 또래 여성의 집을 찾아가 살해한 20대 초반의 여성 살인범 역시 "사람을 죽여보고 싶었다."라고 말했다고 합니다. 예상과는 달리 젊고 어려 보이는 외모로 볼 때 상상하기 어려운 사건이지요. 선천적으로 가학성을 갖고 태어난 사이코패스도 있지만 후천적으로 가학성이 키워지는 소시오패스도 곳곳에 잠복해 있는 것 같습니다. 사형수인 제가 세상을 걱정하고 있다니 참 아이러니합니다만, 감옥 안에서도 제가 할 일이 분명히 있다는 것을 요즘 새삼 깨닫습니다.

물론입니다. 형제님이 할 일이 있습니다. 얼마 전 어느 사형수와 나눈 대화가 생각납니다. 중한 형벌을 받고 수갑을 찬 채 생활하며 재판을 받고 있는 젊은 수용자에게 연민을 느꼈다는 이야기입니다. 본인의 감정을 제어하지 못하고 부딪치고 저항하며 하루하루를 생지옥에서 살아가는 그 친구에게서 과거의 자신을 발견했다고 합니다. 아들 또래인 그에게 따뜻하게 다가가자 그가 마음을 열고 물었다고 합니다.

저는 하루도 너무 깁니다. 가슴이 터질 것 같습니다. 어떻게 일주일을, 한 달을, 수년을 보내셨습니까?

하루를 감사히 잘 살면 다음 날이 오고, 그리고 그다음 날이 오지. 과거를 직시하지 못하면서, 알 수 없는 미래 앞에서 지금이 마음에 들지 않는다고 교도관에게 저항하고 주변과 싸워야만 네가 이긴다고 생각하는 것은 착각이다. 네가 진 것이다. 진정한 해답은 하루하루 보내는 너의 작은 일상에 있다. 출구는 네 앞에 놓인 지금과 여기에 있다. 지금, 여기를 헤어나지 못하면 저 멀리 구름은 그저 뜬구름일 뿐이다. 나 역시 하루 종일 수갑을 찬 채 14개월 동안 재판을 받았다. 모멸감과 고통을 참기 어려워 언젠가 수갑만 풀리면 바로 목숨을 끊으려고 했지. 양손이 묶인 채 14개월 동안 밥 먹고, 잠자고, 옷 갈아입고, 화장실까지 이용한다는 것을 상상이나 할 수 있니? 우리는 무언가가 너무 과하거나 부족해서 이곳에 온 것이다. 나는 너보다 더 무거운 죄를 짓고 더 험난한 세월을 보냈지만 아직 이 자리에 있다. 그리고 지금 나는 이곳을 나의 천국이라고 생각한다. 재판을 받는 동안 종교인 여러 분이 나를 위해 찾아 주셨다. 나는 모두 거절했다. 나의 처참한 몰골을 누구에게도 보여 주기 싫었다. 그러던 어느 날, 밖에서 '오늘도 나이 드신 수녀님이 헛걸음하고 가시네! 도대체 몇 번째야, 참!' 하는 교도관의 말이 들렸다. 그렇게 그 수녀님을 만난 날, 나는 그냥 고개도 들지 못한 채 한없이 한없이 눈물을 흘렸다. 그리고 그날부터 성경을 미친 듯이 읽기 시작했다. 지금 생각해도 그 이유를 잘 모른다. 그런데 어떤 깨달음이 왔다. '나는 그저 포도나무의 가지일 뿐이다. 가지는 포도나무 뿌리의 양분 없이는 자랄 수 없고, 머지않아 떨어져 나가 썩어버릴 것이다.'라는 성경 구절이 마음에 들어왔다. 그러더니 곧이어 뿌리가 없는 가지로 홀로 있을 때와는 전혀 다른 세상이 펼쳐졌다. 전생에서도 만난 적이 없었을 봉사자분들이 기쁨과 사랑으로 날 찾아 주기 시작한 것이다. 그들은 무엇 하나 요구한 적도 없고, 대가를 바란 적도 없었다. 그렇게 20여 년이 흘렀다. 지금도 그들은 변함없이 날 찾아 주고 행복하다고 한다. 어린 시절 소풍 갈 때 설레게 한 도시락보다 맛있는 음식까지 싸 들고 말이다. 세상에서 가장 낮은 곳에 있는 이 나쁜 놈을 찾아서. 그들은 정녕 천사이다. 그래서 나는 천국에 있다. 나는 이 모두를 너에게 오롯이 전해 주고 싶다.

교정시설도 사람이 사는 세상입니다. 그러기에 그곳에서도 온갖 애환이 교차하며 세상의 한 부분을 이루지요. 그래서 한 분, 한 분 모두에게 할 일이 있어야 합니다. 낡은 타이어를 버리려는데 뜻밖에 그 속에서 새가 둥지를 틀고 있는 것을 발견했다는 글을 읽은 적이 있습니다. 저는 사형수 형제님들이 어두운 과거를 안고 처절하게 살아가지만 조개가 마침내 진주를 품어 내듯이 놀라운 기적이 일어날 수 있다고 믿습니다.

'묻지 마 범죄'

다음에서는 저와 종종 이야기했던 '묻지 마 범죄'와 소년 범죄에 대해 의견을 나눠 보겠습니다. 사실 저는 '묻지 마 범죄'라는 명칭이 적절한지에 대해 의문이 듭니다. 불특정 다수를 대상으로 납득할 만한 이유도 없이 시간과 장소를 가리지 않고 흉기를 마구 휘두르는 살상 범죄를 일컫는 말이지요.

최근 이른바 '묻지 마 범죄'라는 이름으로 흉악 범죄가 TV나 신문 등에 자주 등장하는 것을 보았습니다. 특히 비교적 젊은 나이라고 할 수 있는 20~30대에 의해 저질러진다는 점에서 우려의 목소리가 큰 것 같습니다. 저는 제 젊은 시절이 연상되어 관심을 두고 생각해 보았습니다. 공공장소에서 아무에게나 칼부림으로 난동을 부리는 것은 자기 자신에 대한 분노이자 자신을 알아주지 않는 사회에 대한 서운함이 잠재해 있다가 어느 순간 폭발한 것일 겁니다. 사회경제적인 양극화가 극심해지는 과정이니 사회 곳곳에 소외감과 열등감을 자극하는 소재가 널려 있겠지요. 언론 보도에 따르면, 불특정 다수를 대상으로 범죄를 저지른 어떤 자는 비정규직 아르바이트로 하루하루를 연명했고, 대출받은 돈으로 배달 음식을 시켜 먹고 며칠이고 게임으로 밤을 지새웠다고 하더군요. 그러니 존재감도 소속감도 느끼지 못했을 것이고 막다른

　　　　　　　　　　감옥이란 무엇인가 2

골목에서 이성을 잃고 몸부림친 것일 것입니다.

사회 현상 측면에서는 공감하는 부분도 있지만 그렇다고 이탈한 개인을 마냥 두둔할 수는 없지요. 이는 '국가는 뭐 하는 거야!' 혹은 '개인에게 정신 차려라!' 하고 비난해서 해결될 문제는 아닐 겁니다. 결국 국가 부의 크기가 커져야 하고, 이를 촘촘히 분배할 수 있는 체계가 갖추어져야 하며, 특히 이를 지원하는 풀뿌리 공동체가 작동해야 합니다. 국민소득이 높은 국가라고 하더라도 모두 소외 계층이나 양극화로 뒤쳐진 사회계층을 지원하는 데 총체적 합의가 이루어지는 것은 아니니까요. 더구나 지원 대상이 범법자라면 사회적 합의를 이루기가 더욱 어려울 것입니다. 그럼 방금 언급한 게임과 '묻지 마 범죄'를 연계해서 의견을 나눠 보지요. 형제님도 청소년 시절에 오락장에서 게임을 많이 하셨지요? 게임에 중독되면 학습된 게임 속 캐릭터의 행동이 언제든지 실생활에서 불현듯 재현될 수 있다고 합니다. 현실 세계에서 깊게 쌓인 불만, 좌절감, 열등감이 어떤 계기를 만나면 화산의 용암처럼 분출한다고 알려져 있습니다.

과거에는 중독이라고 하면 떠오르는 단어가 술이나 도박 정도였는데, 요즘은 마약, 게임, 섹스, 스마트폰 등 그 범위가 넓어진 것 같습니다. 중독은 삶의 일부에서 결핍이 있거나 욕구가 채워지지 않을 때 그에 대한 대체 욕구로 행해지는 경우가 많지요. 제 청소년 시기를 떠오르게 합니다.

그 시절 저는 고통스러운 현실에서 도망치는 수단으로 온갖 오락을 수없이 즐겼습니다. 술, 환각제, 폭력, 여자, 범죄에 빠져 살면서 비참함을 잊고 싶었던 겁니다. 그러나 극도의 쾌락을 만끽한 뒤에는 예외 없이 엄청난 피로가 쏟아졌습니다. 피로와 함께 우울감이 엄습했고 감당하기 어려운 공허함이 뒤따랐지요. 공허 속에서 도리를 찾지 못하고 그 헛헛함을 달래려고 다시 중독 행위를 반복합니다. 이런 삶을 사는 사람들은 막바지 곤경에 빠지고서야 자신이 어떤 사람인지를 스스로 깨닫게 됩니다. 자존감이 반복적으로 무너지는 것을 경험한 이후가 되겠지요.

미성년자를 포함한 수많은 여성의 성 착취물을 제작 유포한 혐의로 체포된 박사방 운영자가 경찰에서 이렇게 진술했다고 합니다. "멈출 수 없었던 악마의 삶을 멈추게 해 주셔서 감사합니다." 스스로는 도저히 악행을 멈출 수 없었다는 그의 말에서도 중독이 인간을 얼마나 피폐하게 만드는지 알 수 있습니다. 저도 똑같은 진술을 했을 것 같습니다.

술이든, 마약이든, 게임이든 모두 가상의 세계에서 노는 것입니다. 한순간의 선택이 중독이라는 결과를 만든다는 것은 틀린 말이 아닙니다. 그러나 누구나 중독이 되려고 중독 행위를 반복하는 것이 아닙니다. 고통을 잠시 잊기 위해, 쾌락을 잊지 못해 한 번 더 추구한 행위가 반복되어 중독이라는 피폐한 결말을 낳고 말지요. 중독성의 유희는 우리의 비참함을 잠시 위로해 주고 즐거움을 주지만 자신도 모르는 사이에 죽음으로 이끌기도 합니다. 더구나 자신을 피폐하게 만드는 것을 넘어 타인을 파괴하는 범죄로까지 발전한다는 데 그 심각성이 있다고 할 수 있습니다. "인간의 삶이 참으로 약하고 위태로운 지반 위에 서 있다."라는 말에 동의합니다.

사회경제적 양극화는 사람들 사이의 심리적 거리를 넓힙니다. 사람들 간의 심리적 괴리는 물리적 거리도 멀게 하고 사람들 간의 의미 있는 소통까지도 단절시킵니다. 그렇게 되면 인간성이 배제되는 행위들이 쉽게 행해질 것이고요. 이런 무차별 폭력이 잉태할 여건이 우리 이웃에 만들어지고 있다는 것은 걱정스러운 부분입니다. 그 결과로 나타난 '묻지 마 범죄'는 자신이 처한 운명에 대한 분노와 가진 자에 대한 증오의 감정을 비이성적인 폭력으로 표출한 것이겠지요.

거리의 흉기 난동 범행이 보도된 이후, 온라인에서 유행처럼 번졌던 '살인 예고' 역시 우리 사회가 안고 있는 잠재적 위험 징후가 아닐까요? 삶의 희망을 잃고 자신을 향하든 불특정한 상대를 향하든 폭력적이고 극단적인 선택을 하는 것은 교수님이 말씀하신 대로 사회적 유대가 단절된 환경에서 비롯된 바가 크다고 생각합니다. 도움을 청할 곳도, 사람도 찾지 못한 상태에서 물리적으로, 심리적으로 고립되어 있다가 어느 시점에 폭발했겠지요. 이들은 아마도 어쩌면 도움을 어떻게 청하는지 그 방법 자체를 몰랐다는 것이 맞을 것 같습니다.

불특정 다수를 향한 '묻지 마 범죄'를 사회 부적응자나 정신질환자의 이상행동으로 이해하는 경향이 있습니다. 어떻게 생각하십니까?

최근 흉기 난동을 저지른 범인들 상당수가 실제로 정신질환을 앓고 있거나 정신질환 전력이 있다고 알려져 있습니다. 따라서 조현병 등 정신질환자에 대한 지속적인 약물 치료, 반사회적 인격자나 현실불만형 주취자 등에 대한 관리 체계를 꼼꼼하게 제도화해야 한다고 봅니다. 들판의 잡초 뽑듯이 괴물이 출몰할 때마다 제거한다고 사회가 안전해지지는 않을 것입니다. 매번 흉악 범죄가 발생할 때마다 범인의 신상 정보를 공개할지 말지, 전과가 있는지 없는지, 사이코패스 점수가 얼마인지로 언론에서 설왕설래하다가 곧 잊히고 묻혀 버리지요. 예방 차원에서 해야 할 일은 평범한 이웃처럼 보이던 사람이 왜 그런 괴물로 돌변했는지를 함께 돌아보고, 우리 주변에 그와 비슷한 처지에 처한 고위험군이 없는지 확인하는 체제를 갖추는 것이라고 생각합니다.

들으면서 문득 어느 사형수의 외침이 생각납니다. 1997년 21세에 사

형되었던 어느 사형수의 편지와 일기를 엮은 책에 나오는 글입니다.[15] 그는 여의도 광장에서 훔친 차를 마구 휘몰고 다니다 다수의 희생자를 내기 직전에 홀로 수없이 넋두리를 합니다.

> 나는 왜 이렇게 힘들고 괴롭게 살까? 차라리 죽어 버리고 싶다. 아니다. 나만 죽기엔 너무 억울하니까 여의도 광장에 들어가서 거기 있는 것들을 모두 쓸어 버리고 나도 죽자! 엄마가 보고 싶다. 엄마는 왜 우리 삼형제와 가정을 버렸을까? 차라리 우리를 낳지 않았더라면 좋았을걸! 엄마도 죽이고 싶다. 아버지는 왜 자살했을까? 형은 왜 나에게 호적을 파 가라고 했을까? 정신병원에 있는 불쌍한 큰 형은 어떻게 하지? 이 세상은 내가 시력이 나쁘다고 받아 주지도 않아! 나 자신도 이 세상도 모두 싫고 원망스러워. 그래서 나는 죽고 싶어.

이 사형수가 자포자기 상태에서 누군가에게 도와 달라고 계속 외치고 있는 것 같지 않은가요? 그리고 절실히 답을 기다리고 있는 것처럼 보이고요.

저도 이 여의도 차량 질주 사건을 잘 알고 있습니다. 이 사건은 기구한 운명의 소유자가 비정한 사회에서 몸부림치다가 자폭한 전형적인 분노 표출 범죄입니다. 사회의 모든 병폐는 가정 교육에서 시작된다는 말이 생각납니다. 어려서 엄마에게 버림받고 장애인 아버지는 자살하고 큰형은 정신병원에 있는 상황에서 여러 공장을 전전하며 열심히 살아 보려고 했지만 나쁜 시력 때문에 매번 좌절했지요. 온갖 구박과 멸시와 조롱을 받아 온 그가 마침내 폭발하여 일을 저지르고야 만 사건입니다. 물론 어떤 상황에서도 무고한 생명을 해친 행위는 용서받을 수 없습니다. 그럼에도 아쉬운 점은 그때나 지금이나 우리 사회가 사회적 약자를 바라보는 시선이 여전히 차갑고 무심하다는 것입니다. "네가 무능하고 네 팔자가 그런 것을 우리 보고 어쩌라고." 이것이 가장 솔직한 표현일 것입니다.

특히 흉악 범죄의 경우, 흉악범 개인에게 책임을 돌리고 비난하는 것이 다반사이지만 그것으로 문제가 근본적으로 해결되는 것은 아닐 것입니다. '사회적 책임이 중요하다.'라는 말은 누구나 쉽게 할 수 있지만 구체적으로 어떻게 책임을 져야 하는가에 대해서는 알려고 하지 않기 때문에 매번 공염불로 끝나는 것 같습니다.

이 사형수의 일기에 나오는 꿈 이야기도 호소력이 있습니다.

꿈속에서는 사람들의 얼굴에서 웃음이 떠나지 않았으며, 찡그리거나 성내는 사람이 하나도 없었습니다. 약 올리는 사람도 없었고, 억울한 사람도 없었습니다. 여관비를 두 번 달라는 주인도 없었고, 자기 관할이 아니라고 나 몰라라 하는 경찰관도 없었습니다.

저도 이런 세상을 꿈꾼 적이 있었습니다. 이 친구가 의지할 곳 없는 이 세상을 정처 없이 외롭게 맴돌고 있을 때, 누군가 단 한 사람이라도 이 친구의 손을 따뜻하게 잡아 주었다면 상황이 달라지지 않았을까요?

최근 여러 명의 사상자를 낸 '묻지 마 사건'의 피의자 역시 무직으로 전과 3범에 소년부에 송치된 전력이 14건 있는 등 오랫동안 범죄의 길을 걸어왔고, 피해자들과는 일면식도 없는 것으로 알려져 있습니다. 그는 체포된 후 주저앉아 넋두리를 했다고 합니다. 이들의 외침에는 유사한 부분이 많다는 생각이 들었습니다.

살기 싫다. 살기가 힘들다. 열심히 살았는데도 되는 것이 없더라고. 나만 불행하게 살잖아! 남들도 불행하게 만들고 싶었다. 분노에 가득 차 범행을 저지른 거지.

충분히 공감합니다. 제 젊은 시절도 그랬으니까요. 그러나 이들의 행동은 결코 정답이 될 수 없습니다. 돌이켜 생각해 보면, 적어도 제 경우는 사회가 저에게 비정하지 않았다고 생각합니다. 오히려 제가 사회에 비정한 존재였지요. 가장의 부재 속에서 어린 시절에 겪어야 했던 시련과 고통이 제 삶을 불행하게 만든 것은 맞지만, 그것이 제 삶 전체를 망가뜨린 이유가 될 수는 없습니다. 신은 항상 공평하게 저에게 기회를 주셨습니다. 삶과 죽음, 행복과 불행, 선과 악의 양면을 제시했지만 매번 최악의 선택을 한 것은 저 자신이었습니다. 그러니 결과를 책임지는 것도 저 자신이어야 합니다. 환경 때문에 그럴 수밖에 없었다고 핑계를 대기에는 살면서 지은 죄와 허물이 너무 큽니다. 생의 끝자락에서 기적처럼 신앙인의 삶으로 덤으로 살고 있는 지금, 돌아보면 순간순간 육신의 욕망을 좇았던 수많은 선택이 너무나 무모하고 어리석은 것이었습니다. "불행은 언제나 잘못 보낸 시간의 보복"이라고 했던가요? 잠시 머물고 가는 세상! 이제는 제가 '삶에서 무엇을 기대할 수 있을까'를 묻기보다는 '삶이 저에게 기대하는 것이 무엇인가'를 스스로 묻고 싶습니다.

성장기에 상처받은 어린 영혼들이 바르게 자라는 데는 풀뿌리 복지와 이웃 공동체의 몫이 크다는 생각입니다. 어느 무기수에 관한 언론 기사가 떠오르는군요. 그는 초등학교 5학년 때 선생님에게서 "○○야,

돈 안 가지고 왔으면 뭐 하러 학교 와! 꺼져!"라는 말을 들으면서 자신의 마음속에 악마가 태어났다고 했답니다. 그는 "나 같은 놈이 태어나지 않는 방법이 있다. 초등학교 선생님이 '너 착한 놈이다'라고 하며 머리 한 번만 쓰다듬어 주었어도 여기까지 오지 않았을 것이다."라고 말했다고 전해집니다.

불우한 어린 시절을 보낸 많은 사람이 겪었을 법한 비정한 사회의 한 단면이지요. 보육원에서 어린 시절을 보낸 어느 수형자에게, 선물 보따리 몇 개 가지고 와서 왁자지껄하며 단체 사진만 찍고 돌아가는 어른들의 위선적 모습에 분노를 느꼈다는 이야기를 들은 적이 있습니다. 그러나 한편으로 세상에는 우리와 같은 범죄인만큼 어려운 환경에서 성장했지만 제대로 살아가는 사람도 많습니다. 멀리 가지도 말고 가장 가까이서 우리 같은 사람을 돌보고 관리하는 교도관 중에서도 열악한 환경을 이기고 주변을 희생적으로 돌보며 살아가는 분이 적지 않습니다. 아버지는 허구한 날 밖으로 나돌고 어머니는 종일 술독에 빠져, 부부가 만나면 싸우는 가정에서 학교 점심시간에 도시락도 못 가져갈 정도로 열악한 환경에서 성장했지만, 절도도 살인도 하지 않고 대학을 졸업하고 이 순간에도 충직하게 공무를 수행하고 있는 분도 있으니까요.

범죄인의 성장 배경에는 대개 조실부모, 부모 이혼, 빈곤, 학교 중퇴,

불량 친구 등 공통으로 발견되는 요인이 있지요. 흉악한 범죄를 보면 엄벌을 주장하다가도, 가해자가 살아온 배경을 알고 나면 그들의 기구한 운명에 대해 연민을 느끼고 교정 사목에 뛰어든 목회자가 적지 않습니다. 그러나 재범에 재범을 이어 가는 출소자들을 경험하면서 절망 속에서 갱생 사업을 포기하는 안타까운 사례도 종종 있습니다.

소년범죄

소년범죄에 대해서는 저와 여러 차례 의견을 나눈 적이 있었지요. 소년범죄는 그 정도를 불문하고 어느 시대에서나 사회의 심각한 문제로 인식되어 왔습니다. 그런데 오늘날 이 시점에서 특히 주목해야 할 점은 출산율 저조로 국가 비상사태라고 묘사될 정도로 심각한 우리나라 인구 절벽 상황을 고려할 때, 이미 출생해 성장 중인 소년들이 범죄소년으로 이탈하는 것은 국가적 손실을 의미하는 것이어서 결코 방치해서는 안 된다는 생각이 듭니다. 험난한 청소년 시기를 거친 형제님도 이에 대한 남다른 생각이 있을 것 같습니다.

이유 없이 방황하는 것처럼 보이는 위기의 소년들을 바라보는 어른들의 시선은 한없이 냉정합니다. 그렇게 되기까지 겪었을 아이들의 고통과 절망에 대한 연민과 책임감 없이 "저 녀석들은 세상을 마치 행복하지 않기로 작정하고 사는 것 같아!"라고 비난하는 어른이 많지요.

그러나 세상에서 행복해지고 싶지 않은 사람은 어디에도 없을 것입니다. 가정과 사회로부터 일탈한 아이들은 대부분 무관심, 무기력, 무의미, 소외감 등으로 깊은 상처를 안고 있습니다. 가족과 사회구성원으로부터 소외되고 혼자가 되었다는 고독감은 자신의 존재가 이제 아무런 의미가 없고 주위 사람에게 아무 도움이 되지 않는다는 자괴감에 빠지게 하고 이는 곧 폭력성으로 이어지지요. 그러나 그 폭력성 이면에는 자신의 존재를 알아봐 주고 인정해 달라는 간절함이 있습니다. 만일 이런 불안정한 위기감이 장기간 지속한다면 거친 삶의 방식이 굳어져 영영 돌아올 수 없는 길로 들어서고 말 것입니다.

공감합니다. 그렇지만 어떤 이유에서든 요즘 10대 소년들의 폭력성에 대해 우려하는 목소리가 적지 않습니다. 우리 사회는 위기의 소년들을 어떻게 대해야 할까요?

돌아보면, 10대 때 큰 도시에 올라와 친구들과 어울렸던 방황의 시기가 고작 1년 남짓이었지만 그때의 경험이 제 생애 전체를 망가뜨리고 말았습니다. 소년범죄는 아직 인생관이 제대로 잡히지 않은 아이들의 행위가 대부분이지요. 섣부르게 그들을 낙오자로 취급해서는 안 된다고 생각합니다. 어른들에게는 상식으로 정리된 삶의 방식을 문제의 소년들은 지금 무방비 상태에서 경험하고 있을 뿐입니다. 커다란 백지 위에 그저 작은 점 하나를 찍는 것입니다. 나머지 훨씬 더 넓은 면의 여백에 아이들의 꿈을 채워 나갈 수 있도록 어른들의 관심과 배려가 있어야 합니다.

아이들은 자기가 보고 배운 대로 살아가는 존재입니다. 농사 짓는 법을 배우면 농부로, 물고기 잡는 법을 배우면 어부로 살아갈 것입니다. 그리고 어쩌다 범죄의 유혹에 빠져 평생 동안 감옥을 들락거리며 전과자로 살아가는 사람도 적지 않습니다. 저 또한 질풍노도의 10대를 보낸 인생 선배로서 위기의 아이들이 어떤 심정일지 잘 압니다. 그 시절에는 어른들의 섣부른 참견과 잔소리가 오히려 반항적 기질만 부채질할 뿐이지요. 그들에게 필요한 것은 자기들의 어긋난 심성을 이해하고 공감하며 믿어 주는 것입니다.

이 순간에도 보호관찰을 받거나 소년원과 같은 보호시설에 수용된 위기의 청소년이 많이 있을 것입니다. 이들을 위해 어떤 조치가 필요하다고 생각하는지요?

제 경험으로 미루어 보면, 지금 그 아이들은 인생에서 아주 중요한 갈림길에 서 있다고 봐야 합니다. 첫 단추가 잘못 끼워졌을 때 바로 알아차리고 바로잡으면 좋겠지만 이미 끼워진 단추로 틀어지면 옷을 바로잡기는 쉽지 않습니다. 이미 전과가 생긴 그곳 아이들의 위험성은 더욱 커진 셈이지요. 가족과 사회에서 소외될 위험성이 커졌다는 뜻입니다. 부디 그다음 단계인 교도소 단계로 넘어가지 않도록 보호관찰이나 소년원 단계에서 끊어 주지 않으면 자칫 영적인 파괴로 이어져 심하면 자신과 상대는 물론이고 불특정 다수를 공격하는 극단적 행동을 보일 수도 있습니다. 실제로 사회에 큰 충격을 주는 사건 가해자들의 배경에 결손가정과 전과 경력이 많다는 것은 교수님께서 더 잘 아실 것입니다.

저도 소년원이나 보호관찰소에서 진행하는 인문 교육 프로그램을 진행한 적이 있었습니다. 그런데 소년들은 교육 자체에 아예 관심이 없었습니다. 수업 중에 잠자는 아이들이 태반이었고요. 참으로 당황스러웠고 참담한 기분이었습니다.

소년원생들이나 보호관찰 대상 소년들을 대상으로 하는 강의를 종종 준비하신다는 이야기를 들었습니다. 어른들의 말과 세상을 순순히 받아들이지 않는 친구들을 상대로 한 강의에 다녀오면 매번 실망스럽고 의욕도 사라지겠지요. 이 친구들 대부분은 성장 과정에서 부모, 선생님, 자신이 경험한 사회의 기성세대에 대해 강한 불신감을 품고 있을 것이고, 또 대개는 정규 교육 과정에 몰입해 본 적이 없었기 때문에 어떤 강제적 형태의 수업에 관심 자체가 없고 본능적으로 거부감을 보인다고 생각합니다.

이때의 소년들은 자신들이 하는 행동이 옳지 않다는 것을 알면서도 아랑곳하지 않고 저지릅니다. 그들은 자신이 걷는 길이 잘못된 일탈임을 알면서도 기어이 부딪치고 깨지는 과정을 겪어 왔으니까요. 수업을 거부하는 것은 공부를 제대로 해 본 적도 없고 싫어하는 것이니까 하지 않겠다는 극히 자연스러운 태도의 반영일 뿐입니다. 아직 어린 나이에도 불구하고 교실에서의 배움과 그들의 실제 삶에는 이미 그들이 감당하기에는 너무 큰 괴리가 만들어졌을지도 모릅니다.

안타깝게도 소년원생들이 퇴원한 후에도 다시 범법 행위를 저지르는 가능성은 여전하다는 생각이 듭니다만, 어떻게 생각하시나요?

사회성을 배워야 할 청소년기에 소년원과 교도소에서 겪는 고립된 경험은 온전한 사회구성원이 되는 데 큰 걸림돌로 작용합니다. 전과자를 바라보는 사회적 시선을 견뎌야 하고요. 예민한 청소년 시기에 전과자라는 꼬리표가 붙으면 사회생활에 제대로 적응하지 못하고 낙오되어 또다시 범죄의 길로 빠지기 쉽습니다. 자신의 삶을 주체적으로 이끌어 갈 능력이 부족한 위기 가족 청소년 같은 경우는 만성적 범죄자가 될 가능성이 높습니다. 개인의 의지가 약한 탓도 크지만 주변 환경에 절대적으로 영향을 받기 때문에 한번 범죄 소굴에 빠지면 스스로 빠져나오기가 어렵습니다. 문제의 청소년들이 시설에서 사회로 돌아올 때 마음의 준비를 단단히 해도 이상과 현실 사이의 괴리를 느낄 수밖에 없습니다. 특히 돌아갈 곳이 없는 청소년들에게 사회의 냉대 속에서 스스로 모든 것을 극복하고 헤쳐 나가길 기대하는 것은 그들을 방치하는 것이나 다름없습니다. 비정한 세태의 단면이지요. 아직 비행 청소년이고 초범일 때 사회가 손을 놔 버리면 결과적으로 범죄자를 양산하게 되고, 머지않아 괴물로 변한 흉악범으로 그를 다시 만나게 될지 모릅니다.

일탈 소년들에게 시급한 일은 그들이 그다음 단계인 교도소로 직행하지 않도록 급하고 절제되지 않은 에너지를 긍정적인 에너지로 전환하도록 도와주는 것입니다. 예수님이 십자가 곁에 있던 강도들에게도 천국의 문을 스스로 걷어차지 않도록 기회를 주었듯이 단죄하기 전에 먼저 이해와 관용의 시선으로 돌보아야 할 것입니다. 인내하고 관용한다는 것은 제2의 기회를 제공하여 스스로 삶의 의미를 찾을 수 있도록 지원한다는 의미입니다. 안타깝게도 제게도 그런 기회가 주어지지 않았지요. 사형 선고를 받은 이후에서야 신앙 공동체를 통해서 이웃의 도움이 무엇인지 깨달았습니다.

성경에도 이와 관련한 사례가 나옵니다. 유산 중 자기 몫을 미리 달라는 작은아들의 당돌한 요구에 아버지가 묵묵히 받아 주는 장면이 나옵니다. 말려도 소용없다는 것을 익히 알고 있었겠지요. 세상이 만만치 않다는 것을 몸으로 직접 배우라는 아버지의 숨은 뜻일 수도 있었을 것이고요. 미리 재산을 받아 타지로 떠났을 때는 자식이 부모와 절연을 선언한 것이지만, 아버지는 그 순간에 이미 자식을 용서한 것입니다. 그래서 훗날 탕자가 되어 돌아온 아들을 즉시 따뜻하게 받아 줄 수 있었을 것입니다. 그래도 이 사례는 기댈 수 있는 아버지라는 든든한 언덕이 있는 경우이지만 이 시간에도 돌아갈 안식처를 찾지 못하고 수많은 청소년이 밤거리를 헤매고 있을 것입니다. 새삼스러운 이야기이지만 가정의 소중함은 아무리 강조해도 지나치지 않다고 생각합니다.

범죄 원인론

학술적인 관점에서 범죄의 원인은 일반적으로 생물학적 요인, 심리학적 요인, 사회학적 요인으로 구분한다. 그런데 이는 이론적 이해를 위한 편의적 구분일 뿐, 실제 범죄 행위는 결코 세 가지로 각각 독립하여 설명할 수 없으며 다양한 요인이 복합적으로 작용하여 이루어진다. 일반인에게는 차라리 빈곤, 결손가정, 피학대 경험, 약물 중독, 계층의 양극화 등과 같은 일반적인 용어가 더 쉽게 다가올 것이다. 사형수와 공동으로 저술을 하면서 생각한 것은 그가 회고하기도 하고 고백하기도 하고 설명하기도 하는 범죄 이야기들이 바로 수많은 학자와 전문가가 100여 년에 걸쳐 만든 범죄 이론에 거의 망라되어 있다는 것이다.

그가 겪은 과거의 모든 행적—부모와의 결별, 가정 불화, 빈곤, 학업 중단, 또래 비행집단과의 교우, 약물 남용, 성적 문란, 폭력문화, 조폭 생활, 구금 전과 등—은 범죄학 교과서에서 나열된 전형적인 범죄 유발 요인이다. 바람나 새살림을 차려 가출한 아버지, 과로로 타지에서 숨져 시체로 돌아온 어머니, 나머지 식구마저 모두 뿔뿔이 흩어져 해체된 가정에서 고아처럼 자란 그는 학업 중단, 또래 비행소년 집단과의 공생, 그리고 소년원을 시작으로 전과자로서 경력이 쌓이고 마침내 조폭 세계에 발을 담그면서 청부 폭력과 살인 사건의 주범이 되어 사형수가 되고 만다.

그런데 따지고 보면 그는 자신의 실패한 인생을 가정 해체와 빈곤 탓으로 돌릴 법도 한데, 위기의 상황 때마다 매번 선의 길을 걷지 않고 탐욕과 쾌락을 좇아 악의 길을 택한 것은 모두 자신이며 자신의 유약한 의지 탓이었다고 말하고 있다. 이는 유아기에 결정된 성격 구조나 양극화된 계층과 같은 사회 구조적 요인이 범죄 행위를 결정한다는 '결정론'에 책임을 전가하는 것이 아니라, 행위에 따른 쾌락과 고통, 이익과 손해를 계산하는 사고 과정을 거친 후 자유 의지에 따라 행위를 결정한다는 '자유의사론'을 따른 것이다. 범죄 행위의 책임을 자기 잘못으로 인정한 것이다. 그렇다면 이는 자유 의지에 따라 결정했는데 그 결과가 범죄 행위였다는 것인데, 이를 어떻게 이해해야 할까? 보편적인 가정 환경에서 성장한 사람들은 공교육, 가정 교육, 독서, 문화적 체험, 종교 등을 통해 선과 악, 옳고 그름 등에 대해 사고하는 과정을 거친다. 이 과정에서 가상적으로 선택 연습을 반복적으로 하고 그 결과로 분별력이 습득된다. 그러나 이렇게 연습할 기회를 누리지 못한 이 사형수와 같은 사람들은 실전에서 행위를 하면서 선택하며 그 결과를 배워 나간다. 이 때문에 범죄 행위를 사전에 제어할 기제를 갖추지 못한 채 스스로 자신을 이해하지 못하는 공황 상태에서 계속 수렁에 빠져든다고 볼 수 있다.

그는 적어도 회고하는 과정에서는 일관되게 자기 책임을 인정하고 있다. 과거에 범한 무수한 범죄들은 결코 최종 범죄였던 살인 사건보다 가볍지 않은 범죄였으며, 수많은 피해자에게 씻을 수 없는 고통을 안겼을 뿐만 아니라 자신의 영혼에도 쓰라린 상처를 남겼다고 술회한다. 그리고 무엇보다도 세상을 파괴적으로 헛되이 낭비하며 살아온 죄가 크다고 고백한다. 이는 이런 삶이 과거지사로 끝나지 않고, 시지프 신화에서처럼 기를 쓰고 살아도 피할 수 없는 무한반복적 운명이 이 순간에도 되풀이되는 진행형 숙명이라는 그의 슬픈 고백이기도 하다.

과거 때문에 변화의 변곡점을 살리지 못한 아쉬운 대목도 있었다. 그의 삶에서 소년원 전력 때문에 군대 입대가 거부된 것은, 이 사형수의 운명을 바꾼 사건이었을 수 있다. 군에 입대함으로써 비행소년으로서 삶이 끝났을 수도 있었고, 그 후에 바로 이어진 자살 시도나 조폭 세계로의 진입까지 이어지지 않았을 수도 있었다. 결국 성장기에 물든 폭력적, 퇴폐적 패거리 문화가 결국 성인이 되면서 조폭 세계의 삶으로 연계되었고 최종적으로는 살인범으로 사형수로 마감되고 만 것이라는 가정을 부정하기 어렵다. 그러나 비행소년, 전과자, 조폭, 사형수 등으로 이어지는 제2의, 제3의 정체성은 외부 세계의 관점으로 칭해지는 결과물이라고 하더라도 그와 동시에 그 정체성 안에서 파괴적이지만 달콤한 삶을 누린 것은 본인 스스로 선택한 것이라는 사실 또한 간과하기 어렵다는 것을 보여 준다.

1900년대 초중반에 제시된 최초의 종합적인 범죄 이론으로 평가받는 '차별적 접촉 이론' 역시 그의 범죄 경력에서 시사하는 바가 크다.[16] 이 이론은 범죄는 학습되는 것이며, 학습은 범죄를 긍정적으로 수용하는 문화와 접촉으로 이루어진다고 본다. 접촉의 성격을 네 가지로 구분했는데 자주 접촉할수록, 이른 나이에 접촉할수록, 장기간 접촉할수록, 상대가 자신에게 중요하고 의미 있는 사람일수록 더 쉽게 학습된다고 한다. 공동 저자인 이 사형수는 네 가지 조건을 정확하게 충족하는 사례이다. 어린 나이부터, 오랫동안, 누구보다도 자주 범죄문화와 접촉했으며, 세상에 나와 처음 만난 멘토이자 보스가 조폭 두목이었으니 그렇다. 조폭 보스와의 관계는 사형을 코앞에 둔 상황에서도 주저 없이 그를 보호하기 위해 의리를 지키는 모습에서 드러난다.

1990년대 당시 교정시설의 과밀 수용 실태는 심각했습니다. 수용자들은 거실 면적에 따른 수용 인원의 기준이 있는지도 몰랐습니다. 징역살이하면 당연히 칼잠을 자야 하는 것으로 알았습니다. 지금 생각하면 4~5명이 수용되어야 할 방에 8명씩 수용했으니 기준보다 두 배 정도 더 많이 수용한 셈이지요. 겨울에는 마룻바닥에서 올라오는 냉기 때문에 다닥다닥 붙어 자도 견딜 만하지만, 여름에는 끈적거리는 옆 사람의 살과 부대끼며 자야 하니 한밤중에 주먹질이 오가는 것이 다반사였습니다.

— 본문 중에서

3장

사형수가 말하는
우리나라 감옥

우리나라의 교정은 2000년대 초 '국가인권위원회'가 설립된 시기를 기점으로 큰 변화가 있었다는 것이 일반적인 인식입니다. 이후 법무부 산하에 인권국, 각종 권리구제 및 정보공개제도, 교도관 근무 4교대,[17] 화상 면회, 원격의료, 자동개폐장치, 전문 치료센터 등이 등장했습니다. 이는 인권 친화적 교정, 첨단과학의 도입이 중시되었음을 의미하지요. 저는 형제님이 30여 년을 교정시설에서 보냈으니 교정의 역사를 직접 몸으로 체험한 산증인 중 한 사람이라는 생각이 듭니다. 더구나 전국에 분산해 있는 소년원, 소년교도소, 교도소, 구치소 등 다양한 시설에서 생활한 경험이 있어 과거 우리나라의 교정이 어떤 모습이었는지, 그리고 지금은 어떠한지를 이 기회에 회고하는 시간을 갖는 것도 의미가 있다고 봅니다. 형제님의 실제 경험과 기억 위주로 기술될 것이기 때문에 체계적이지는 않겠으나, 생생한 당시의 실정을 엿볼 기회가 되겠지요.

지난 30년 동안 감옥의 변천을 지켜본 한 사람으로서 실로 격세지감을 느낍니다. 말씀하신 대로 김대중 대통령 정부가 시작된 1997년 이후부터 변화의 바람이 불기 시작했습니다. 인권이 살아나기 시작하면서 수용자 처우도 빠르게 개선되었지요. 가장 혁신적인 변화를 꼽는다면 신문 구독과 TV 시청일 것입니다. 그것은 단절되었던 사회와의 소통이 다시 열린 것으로 볼 수 있습니다.

인간의 기본권이 보장되는 순간이기도 했고요. 요즘 젊은 분

감옥이란 무엇인가 2

들은 처음 듣는 이야기일지 모르겠는데 과거에는 멀쩡한 사람도 감옥에 들어가면 까막눈이 된다고 해서 감옥이 '까막소'라고 불린 적이 있었습니다.

그렇군요. 신문도 TV도 없었던 세상이었다면 다른 어떤 것도 없었다는 이야기겠지요. 그런데 없던 것이 갑자기 한꺼번에 나타났으니 수용자들이 어떻게 그 변화를 느꼈을지 짐작이 됩니다.

1998년이었을 것입니다. 영치금으로 신문을 구독해 볼 수 있게 되었습니다. 그때는 정말 반가운 손님을 기다리는 사람처럼 설레는 마음으로 아침을 기다렸습니다. 물론 검열은 여전했지요. 가끔 신문이 오후나 저녁에 배달되는 날도 있었는데 이런 때는 대개 민감한 기사가 실린 경우로 해당 기사를 매직펜으로 시커멓게 지우거나 칼로 오린 채로 건네졌습니다. 이제는 외부 소식도 쉴 새 없이 안으로 들어오지만, 옛날 같으면 쉬쉬하고 담장 밖으로 나가지 못하도록 틀어막았을 은밀한 내부 사건도 순식간에 뉴스로 도배되는 세상이 되었지요. TV는 2000년 8월에 설치되었습니다. 방마다 1.5미터 높이로 짠 벽걸이 받침대 위에 12인치 브라운관 TV를 올려놓았죠. 신문물이 들어오니까 갑자기 부자가 된 기분이었습니다. 채널은 하나로 뉴스를 제외한 드라마, 예능, 영화 등을 녹화했다가 틀어 주는 방식으로 운영했습니다. 영화는 한 달에 두 차례 틀어 주었는데, 처음 본 영화는 〈글래디에이터〉였습니다. 정말 재미있고 잘 만든 영화라는 생각이 들었습니다. TV가 설치된 이후 가장 큰 변화는 수용자 간에 다툼이 확연히 줄었다는 것입니다. 무료함도 달래고 스트레스도 해소하는 특효약이었으니까요. 저처럼 독방에 있는 사람들도 TV 덕분에 외로움에서 벗어날 수 있었습니다. 한꺼번에 많은 식구가 생긴 기분이랄까요? 수용자의 삶의 질이 향상되면서 생활 태도도 안정을 찾아가는 듯이 보였습니다. 5~6년 전부터는 녹화 방송을 대폭 줄이고 실시간 생방송을 볼 수 있는 채널 네 개가 열렸습니다. 이는 상당한 의미를 부여할 수 있는 변화라고 생각합니다. 채널이 하나일 때는 싫든 좋든 자기 의사와 관계없이 무조건 그것만 봐야 했지만, 이후부터는 자신이 선호하는 채널을 선택할 수 있었으니까요. 최근에 〈강철부대〉라는 프로그램을 즐겨 봤습니다.

TV가 독서를 방해한다는 이야기도 있지만 전반적으로 좋은 방향으로 크게 개선되고 있다고 봅니다. 집필, 서신 교환, 전화 사용 등은 과거와 비교하면 어떻습니까?

처우 등급에 따라 차이는 있지만 집필, 서신, 전화, 도서 등에 대한 제한이 크게 완화되었습니다. 제한은 있지만 책도 도서관에서 필요한 만큼 빌려 볼 수 있고, 집필도 사실상 자유롭게 할 수 있지요. 1990년대까지만 해도 감방 안에서 무료함을 달랠 수 있는 오락이라고는 바둑과 장기가 다였습니다. 편지, 항소 이유서, 반성문 등을 쓰는 것도 하루 이틀 전에 허가받아야 지정된 장소에서 쓸 수 있었습니다. 볼펜은 소지할 수 없었기 때문에 공용으로 쓰고 반납해야 했고요. 어쩌다 볼펜 하나를 '범치기'[18]로 구하면 심만 남겨 종이에 말아서 숨겨 두었다가 몰래 서류 초안을 작성하는 데 사용했습니다. 당시에는 검방 때 방에서 필기도구가 나오면 큰 사건이었습니다. 교정시설 내에서 은밀하게 발생하는 문제가 기록되어 출소자나 변호사를 통해 밖으로 유출될 수 있었기 때문에 민감한 사안이었지요. 당시에는 신문도 구하기 어려워 주로 경비교도대[19]들과 범치기를 해서 구해 읽었습니다. 경비교도대들이 주로 야간에 사동 외곽을 순찰했는데, 바깥 창틀에 닭 훈제, 빵, 과자 등 먹을 것을 올려놓으면 날짜가 지난 신문을 올려놓고 갑니다. 신문이 너덜너덜해질 때까지 몰래몰래 돌려보았지요. 감옥이 외부와 철저히 차단되었던 시절이라 바깥세상에 대한 그리움과 궁금증이 컸던 것 같습니다.

전화도 횟수 제한이 있고 녹음이 되지만 필요시 지인과 소통할 정도는 됩니다. 2022년에 교정시설 몇 군데를 지정하여 공중전화 사용을 시범적으로 운영했습니다. 가족이나 지인으로 등록된 사람들에 한하여 통화가 가능했고 급수별로 통화 횟수가 정해졌지요. 사형수는 한 달에 10회까지 전화할 수 있었는데, 시범 운영 기간에 크고 작은 부작용이 발생하여 사용 횟수가 3회로 줄었습니다. 좋은 취지로 시행한 것인데 일부 수용자의 부정행위로 전체 수용자에게 불이익이 돌아가서 아쉬웠지요. 예전에는 하루 전에 통화 대상, 관계, 사유 등을 써서 제출하고 허가를 받으면 사무실에 배치된 공중전화를 이용했고 통화 내용은 교도관이 청취했습니다. 지금은 야외 운동장에 공중전화 부스가 설치되어 있어 운동시간에 1일 1회 통화가 가능합니다. 물론 통화 내용은 자동으로 녹음됩니다.

가족이 함께 만날 수 있는 가족 접견제도가 있지요? 그 제도를 통해 가족을 만나 본 적이 있습니까?

저만의 생각은 아니겠지만 죽기 전에 사랑하는 가족들의 손이라도 한번 잡아 보는 것이 소원이던 때가 있었습니다. 2015년 연말에 거짓말처럼 소원이 이루어졌습니다. 장기 수형자들의 심리적 안정과 가족관계 회복을 목적으로 시행된 것이었지요. 보통 일반 면회는 영화에서 보는 것처럼 아크릴 가림막이 있는 방에서 마주 보며 만납니다. 짧게는 7분 길게는 10분 정도 주어집니다. 지방에서 접견 오는 사람들은 그 10분 남짓을 위해 꼬박 하루를 비워야 합니다. 매번 아쉽게 돌아서는 발걸음이 무거울 수밖에요. 사형수의 경우는 1년에 1~2회 정도 아크릴 가림막이 없는 별도의 공간에서 가족과 만날 기회가 주어집니다.

첫 가족 접견이 있던 날, 떨렸던 마음이 지금도 생생합니다. 30년 가까이 못난 막냇동생을 옥바라지하느라 고생한 누님들을 안아 주면서 고맙다는 인사를 전하는데 이게 꿈인가 생시인가 싶더라고요. 살해 가해자의 가족으로 살아오면서 죄인처럼 내내 무거운 십자가를 지고 견뎌 온 누님들에게 늘 죄송한 마음이었습니다. 엄마 같은 큰 누님은 제 옆자리에 앉아 손을 꼭 잡고 "살다 보니 이런 날도 오네." 하면서 연신 눈물을 흘렸습니다. 그때 누님들과 30년 동안 켜켜이 쌓였던 이야기를 하면서 북받치는 치유의 시간을 보냈습니다. 그리고 30년간 연락이 끊겼던 친조카와도 만날 수 있었습니다. 1987년에 있었던 형님의 장례식 때 다섯 살이던 조카가 결혼을 해서 질부와 태어난 지 6개월 된 아기를 안고 찾아왔습니다. 꼬물거리는 아기를 안고 가족들과 한자리에 있다 보니 불현듯 살고 싶다는 생각이 들었습니다. 죽음을 벗 삼아 살아온 수십 년 동안 잊고 살았던 가족의 끈끈함이 느껴지면서 살고 싶다는 욕심이 생긴 것이지요. 한순간이나마 오금이 저릴 정도로 행복을 느꼈습니다. 그러나 곧 부질없는 욕심임을 깨닫고 살아 있는 것만이라도 감사하고 잘 살다 가야겠다고 다시 마음을 추슬렀습니다. 아쉽게도 코로나19 이후로 저희 시설에서는 가족 접견이 사실상 중단되었습니다. 그날이 다시 오기를 간절히 고대하고 있습니다.

그 밖에 기억에 남는 인상적인 변화가 있습니까?

교정시설에서 손목시계 구매가 가능해진 해는 2005년으로 기억합니다. 그 이전에는 배꼽시계와 감에 의지해 살았지요. 시계를 갖게 되니 좀 더 세련되고 계획적인 생활을 할 수 있게 된 것 같습니다. 제가 전해 듣기로는 어느 원로 국회의원이 구속되었을 때, 밤에 수시로 잠에서 깼는데 몇 시인지 몰라 답답해하다가 당시 법무부 장관에게 건의해서 허가된 것이라고 하더군요. 제가 혼거실에서 생활할 때, 방바닥에다가 일종의 해시계를 만들어 시간을 어림하며 산 적이 있었습니다. 바닥에 시계 모형을 긁어서 그리고 가운데에 젓가락을 세우면 대충 시간을 짐작할 수 있었거든요. 원래 도박장에는 창문과 시계가 없습니다. 밤인지 낮인지 모르고 시간 개념 없이 오직 도박에만 집중하도록 환경을 만든 것이지요. 감옥도 비슷했습니다. 때 되면 주는 밥을 먹고 딴생각하지 말고 살라는 대로 살라는 뜻이 아니었을까요? 커피를 팔기 시작한 것도 그 무렵이었습니다. 커피의 인기는 가히 폭발적이었습니다. 식후에 방 식구들이 둘러앉아 커피를 즐기는 여유가 생기면서 방 분위기가 한층 좋아지고 친분 형성에도 도움이 되었습니다.

정치인들이 대거 감옥에 들어오면서 형편이 여러 면에서 개선된 측면이 있습니다. 아무리 끈 떨어진 신세라고 하더라도 교도관들이 정치인을 잡범 대하듯이 하지는 않고 어지간한 요구는 들어주는 편입니다. 더 많은 정치인이 들어오면 수용자 처우가 더 빨리 개선되지 않을까 하는 생각도 해 보았습니다.

농담인지 진담인지 모르겠지만 정치인의 구속에도 긍정적인 측면이 있군요. 많은 사람이 궁금해할 것 같습니다. 구치소에서 하루의 일과 는 시간별로 어떻게 진행됩니까?

과거 사형수들은 하루의 일과가 시작되는 오전 9시 이전까지는 긴장을 풀지 못했습니다. 일과가 정상적으로 시작하면 그제야 오 늘은 사형 집행이 없다는 것을 알게 되니까요. 사실상 사형폐지 국이 된 이후에는 사정이 많이 달라졌지만 여전히 잠재의식에는 불안감이 남아 있습니다.

거의 모든 수용자는 정해진 천편일률적인 일정과 규칙에 따라 살아갑니다. 코로나19 같은 감염병 사태나 천재지변이 없다면 오 늘과 내일의 차이가 없다고 보면 됩니다. 아침 6시면 기상하고 6시 40분에 식사가 시작되며, 인원 점검이 끝나면 8시 반부터 모 든 일과가 시작됩니다. 일과라고 하면 각자의 선택이나 사정에 따라 작업장 출력, 직업훈련, 교육, 의무과 진료, 면회, 운동, 종교 집회 등이 이루어지는 것입니다. TV 시청은 오전 9시 반부터 오 후 9시까지 제한된 채널이지만 뉴스, 연예, 스포츠, 드라마 등을 시청할 수 있습니다. 오전 11시 40분부터 오후 1시까지는 점심시간이고 오후 일과는 오후 1시부터 오전과 동일하게 진행됩니다. 오후 4시 20분이면 모든 일과가 끝나고 폐방합니다. 동시에 다시 인원을 점검합니다. 저녁 식사는 4시 50분에 시작되고 9시 취침 시간 전까지는 자유 시간입니다. 물론 9시 이후에는 일률적으로 소등되지요. 소년원, 구치소, 교도소가 각각 성격과 기능에서 차이가 있지만 큰 틀에서 보면 하루 일상은 크게 차이가 없다고 보면 됩니다. 물론 구치소는 형이 아직 결정되지 않은 사람들이 수용되는 곳이기 때문에 직업훈련 혹은 교도 작업을 위한 시설이나 프로그램은 거의 존재하지 않습니다.

일반인도 요즘에는 TV 드라마 등을 통해서 구치소의 모습을 짐작하고 있을 텐데 운동장이나 생활 공간은 어떠한가요? 사형수는 독거실에서 지내지요? 독방이라고 불리기도 하더군요.

네, 사형수는 독방을 씁니다. 보호가 필요한 수용자나 사회 저명인사 등도 독방을 사용합니다. 물론 교정사고를 일으킨 수용자가 수용되는 징벌방이나 주요 관심 대상자들이 수용되는 곳도 CCTV로 감시가 가능한 독방 구조로 되어 있지요. 기본적으로 생활하는 공간은 독거실과 혼거실이 있습니다. 전자는 화장실을 빼고 1.5평 정도이고, 후자는 4인, 6인, 8인, 그 이상의 인원에 따라 크기 차이가 있습니다. 운동장 시설도 대, 소, 실내 등으로 구분되

감옥이란 무엇인가 2

는데 건강, 스트레스 해소, 사회화 등에 필수적인 매우 중요한 공간입니다. 하루 1시간 정도 주어지는 운동 시간은 모든 수용자에게 바깥 공기를 쐬고 흙을 밟을 수 있고 동료 수용자와 한담할 수 있는 시간이기도 합니다. 교도 작업이나 직업훈련이 가능한 전문 시설은 따로 정해져 있지요. 구색 갖추기나 형식적으로 운영되는 경향이 있었지만 근래에는 상당 부분 개선되어 일부 수용자의 경우는 금전을 모으거나 유용한 기술을 배우는 데 도움을 받기도 합니다.

과잉 수용 등 열악한 구금 환경이 종종 언론에 보도되기도 하는데 실제로 어떤가요?

제가 지금 수용된 곳이 구치소이고 최대 규모 시설이라 당연히 과잉 수용입니다만, 다른 시설도 특히 구치소의 경우는 과다 인원이 수용된 것으로 압니다. 최근에는 500명 정도를 수용하는 중규모 시설을 주로 짓는 것으로 알고 있는데 관리 측면이나 수용자 생활 측면에서 모두 이로울 것 같습니다. 그럼에도 수용 인원이 많고 수용 공간 자체가 절대적으로 좁고 부족하면 당연히 과잉 수용을 피할 길이 없고, 그러면 어떤 교정 효과도 기대할 수 없다는 것은 잘 알려진 사실이지요. 더구나 앞으로 기후 변화로 끓는 날씨가 일상화되면 가장 고통을 받는 사람 중 하나가 교정시설 수용자일 겁니다. 평상시에도 폭행은 다반사이고, 각종 크고 작은 사고가 끊이지 않는 곳입니다. 불편, 불안, 짜증, 불면으로 수년을 지낸 전과자가 출소하면 사회에 무슨 도움이 되겠습니까? 수용자의 인권 차원이 아니라 사회의 안전을 위해서도 수용 환경은 개선되어야 한다고 생각합니다.

평소의 제 생각과 일치하는 의견입니다. 시설의 소규모화는 혁신 교정의 시작이라고 해도 과언이 아닙니다. 규모는 물론이고 시설 설계나 구조 또한 중요하지요. 신축 시설이라고 하더라도 설계나 구조 면에서 기존 시설과 차이가 없다면 그 효과는 반감될 수밖에 없습니다. 여하튼 수용자에게는 하루 1시간가량 주어지는 운동 시간이 아마도 가장 기다려지는 시간이겠지요. 어떻게 보냅니까?

사형수들은 부채꼴 모양의 10평 정도 되는 폐쇄된 개별 소운동장을 사용합니다. 영화에서 볼 수 있는 일반 수용자가 사용하는 큰 운동장과는 구분됩니다. 가벼운 운동도 하고 담 너머 동료들과 이야기도 나누고 작은 텃밭을 일궈 화초를 기르기도 합니다. 원래는 운동장에 텃밭을 만들 수 없지만 사형수들의 심리적 정서 안정에 도움이 된다는 점을 고려하여 기관장의 재량으로 일정 범위 내에서 허용하고 있습니다. 어느 기관장은 각 방에 작은 화분을 하나씩 선물한 적도 있었지요. 작은 배려로 적지 않은 효과를 얻었다고 생각합니다.

그렇군요. 운동도 하고 화초도 기르고 동료와 대화도 나누는군요. 숨통이 트이는 시간이라는 생각이 듭니다. 규칙을 바꿔서라도 텃밭을 공식적으로 허용하는 것이 여러 면에서 좋을 것 같습니다. 텃밭 가꾸는 것과 개인 종교집회에 나오는 것만 제한하지 않으면 군말 없이 수형생활을 잘할 수 있을 것 같다는 어느 사형수의 말이 생각나는군요. 화제를 바꿔 물어보겠습니다. 입소하기 전에 휴대전화나 컴퓨터를 사용해 본 적이 있으신가요? 그리고 인터넷으로 소통하거나 물건을 사 본적이 있었는지요?

사형수로서는 제가 1994년에 입소했는데 당시에는 6.25 전쟁 영화에서 나오는 무전기 크기의 휴대전화를 사용했습니다. 그러니까 스마트폰은 사용한 적이 없고 TV에서 처음 보았습니다. 물론 인터넷으로 물건을 사고파는 행위도 제가 옥살이하기 전에는 없었습니다. 요즘은 교도소에서는 수용자에게 출소 후 사회 적응을 돕는 컴퓨터 교육 프로그램을 시행하고 있지만 저는 참여한 적이 없습니다.

요즘은 언론에서 초등학생도 스마트폰을 사용한다고 들었습니다. 그 작은 전화기 속에 무슨 기능이 있기에 없으면 일상생활이 어렵다고 하는지 궁금하기도 했습니다. 저는 스마트폰이 하도 신기해 보여서 마치 요술램프 같다는 생각도 종종 합니다. 그런데 초등학생도 그것을 만지기 시작하면 불량한 정보에 노출될 수 있어 부작용 또한 적지 않을 것 같습니다. 장기적으로는 충동적인 폭력이나 성범죄에도 영향을 줄 수 있지 않을까요? 저희 사동의 소년범 중 한 명도 스마트폰으로 가출한 여중생에게 성매매를 알선하고 상대 남자를 모텔에 유인한 뒤에 친구들과 성매매 현장을 덮쳐 협박하여 돈을 뜯어내다 들어왔는데 전혀 죄의식이 없더군요. 여자아이의 동의하에 했으니 문제가 없다는 식이었지요. 그녀석을 보니까 제 어릴 때 모습이 생각났습니다. 어른들 말을 귓등으로도 안 듣고 제멋대로 살았으니까요.

세상의 변화와 단절되어 산다는 것을 상징적으로 보여 주는 이야기이네요. 휴대전화는 사람이 아니라 인류가 사용한다고 표현할 정도로 필수품이 되었습니다. 신조어로 현 인류를 스마트폰이 낳은 신인류라는 의미에서 포노 사피엔스 Phono Sapiens**라고 명명할 정도입니다. 혹 바깥세상으로 나갈 수 있다면 가장 먼저 무엇을 해 보고 싶으신가요?**

너무 신앙적으로 답하는 것 같지만 실제로 지금의 제 마음입니다. 알폰소 로드리게스 성인[20]을 아시는지요? 저는 《세상 한복판에서 그 분과 함께》라는 책에서 그분을 만났습니다.[21] 그는 결혼해서 행복한 가정을 이루고 살던 중 사랑하는 가족을 모두 잃고 맙니다. 남은 생을 하느님께 의탁하고자 40세에 예수회에 입회하여 수련기를 거친 다음 처음으로 받은 소임이 문지기였습니다. 그는 스페인 팔마에 있는 예수회 대학교 문지기로서 37년 동안 그 일만을 했습니다. 단순하기 짝이 없는 문지기 역할이었지만 최선을 다하고자 다음과 같은 행동 원칙을 정하고 실천했습니다. "나 로드리게스는 정문 벨이 울리면 곧바로 하느님께 마음을 들어 올려 이렇게 말씀드린다. '주님, 저는 당신이 행한 지극한 사랑으로 지금 즉시 문을 열어 드리겠습니다.'" 그리고 즉시 예수님이 문 앞에서 기다리고 있는 것처럼 달려 나갔습니다. 이런 자세로 37년을 한결같이 문지기로 살았던 그를 교회에서 성인품에 올린 것입니다. 로드리게스가 평범한 월급쟁이로 살았다면 이런 자세로 일할 수 있었을까요? 지긋지긋한 문지기 자리를 박차고 더 좋은 자리를 찾아 벌써 떠났겠지요. 하느님께 이런 사랑을 바치며 여생을 보낸 그의 모습을 상상하면, 지금도 복받치는 마음을 가누기가 힘듭니다. 저도 알폰소 로드리게스처럼 여생을 하느님을 위해 바치고 싶습니다.

그렇군요. 병자를 고치지도 기적을 일으키지도 않은 행적인데도 듣는 저에게 큰 울림으로 다가옵니다. 평소 혹시 버킷리스트를 생각해 본 적이 있으신가요?

몇 년 전에 영화 〈해바라기〉를 보고 버킷리스트를 적어 본 적이 있습니다. 주인공 오태식은 조폭 생활을 하다 살인죄를 짓고 감옥살이하지요. 형기를 마치고 출소해서 친구였던 피해자 어머니가 운영하는 허름한 식당을 찾아가 용서를 구합니다. 친구 어머니는 식당 일을 돕는 그의 진정한 태도에 감동하여 그를 용서하고 아들로 삼지요. 그 와중에 오태식이 틈틈이 감옥에 있을 때 수첩에 적어 두었던 버킷리스트(호두과자 사 먹기, 공중목욕탕 가기 등)를 하나씩 체험한 뒤 만족한 얼굴로 가위표를 하는 장면이 흥미로웠습니다. 저 역시 제 발로 걸어서 가게에 들어가 내 돈으로 호두과자를 사 먹고, 공중목욕탕에 들어가 뜨거운 물에 시원하게 몸을 담그는 꿈을 꾸어 봤습니다.

불 끄고 잠자기,[22] '소맥' 하고 축구경기 보기, 겨울 바다 보러 가기, 캠핑 가서 별 보기도 희망해 봅니다. 누군가에게는 그저 평범한 일상의 한부분이겠지만요. 최근에는 두 가지가 추가되었습니다. 스마트폰으로 셀카를 찍는 것과 영상 통화를 해 보는 것입니다. 제가 사회에 있을때는 상상도 하지 못했던 일입니다. 스마트폰에 부착된 작은 렌즈로 달나라까지도 사진을 찍을 수 있다는 것이 놀랍고, 서로 얼굴을 보면서 통화하는 것도 신기합니다. 30년 동안 문명과 담 쌓고 살아온 저에게는 이 세상이 공상과학 영화에서나 나오는 장면으로 비칠지도 모른다는 생각이 듭니다. 그리고 끝으로 죽기 전에 웅장하고 천장이 높은 큰 성당에 가서 힘찬 성

가대 합창을 들으며 미사 한번 볼 수 있기를 소망합니다.

제가 군대에 있을 때는 짜장면과 짬뽕이 그렇게 먹고 싶었습니다. 교도소의 음식은 어떤가요? 어떤 음식이 주로 나옵니까?

메뉴 구성은 10~20년 전과 크게 달라진 것이 없는 것 같습니다. 계절에 따라 식단표가 바뀌고요. 수용자 하루 식비로 책정된 예산이 지난 10년간 1인당 3,000원 대에서 4,000원 대로 늘어났습니다. 현재는 4,800원 정도이니 한 끼당 1,600원인 셈이지요. 금액에 비하면 음식은 꽤 짜임새 있게 잘 나오는 편입니다. 밥, 국, 김치 세 가지는 기본으로 나오고, 거기에 계절별로 다른 반찬 몇 가지가 더 나옵니다. 일주일에 두세 번은 고기 반찬(닭볶음, 제육볶음 등)이 나오고 채소가 금값이 아닐 때면 고기 반찬이 나오는 날 상추, 고추, 양파 등도 같이 나옵니다. 그리고 일주일에 세 번 정도 조식으로 빵, 시리얼, 죽 같은 간편식이 나옵니다. 식빵이 나오는 날은 치즈 한 장에 채소 샐러드, 수프도 같이 나옵니다. 이 날은 구매해서 보관 중인 소시지에 케첩을 뿌려 샌드위치를 만들어 먹기도 하지요. 아침밥을 거르는 사람이 많아서 남는 잔반 절약 차원에서 간편식으로 배식하는 것으로 알고 있습니다.

그런데 감히 한 가지 지적한다면, 사실 잔반이 많아 나오는 이유는 음식량이 많아서가 아니라 조리가 잘못되었거나 질이 낮기 때문인데 취사장에서는 잔반량이 많으면 정량을 줄이려고 합니다. 그러다 보니 방 사람들은 잔반을 밖으로 내지 않고 화장실 변기에 버립니다. 그러면 종종 변기가 막히고 가끔은 음식물 쓰레기가 역류해 정화조가 넘쳐 온 사동이 썩은 냄새로 진동하기도 하지요. 방 사람이 잔반을 변기에 버리는 또 다른 이유가 있습니다. 원래 배식이 끝나면 사소들이 잔반을 수거하여 취사장에 옮겨야 하는데 이게 귀찮은 작업이라 눈치를 주거나 음식량을 줄일 것이라고 엄포를 놓기 때문입니다. 실제로 감옥의 급식은 남아서 버릴 만큼 양이 풍족한 것은 아닙니다. 오히려 양이 부족하여 빵, 과자, 라면 등을 구매하여 주전부리하는 사람이 더 많습니다. 물론 음식 수준에 대한 평가는 사람마다 제각각이어서 일률적으로 말하기는 어렵겠지요.

교도소 음식에 대한 형제님의 평가는 어떻습니까?

저 같은 경우는 30년째 이곳의 음식에 길들어진 탓인지 입에 잘 맞는 편입니다. 코로나19 때 취사장이 폐쇄되어 한동안 외부 도시락 업체에서 만든 도시락을 먹은 적이 있었습니다. 물론 사람마다 생각이 다르겠지만, 그때 이곳 음식보다 외부 도시락의 질이 높지 않다고 생각했습니다. 그 금액으로 단가를 맞출 수가 없었겠지요. 그때 알았습니다. 집밥이 최고인 것을요(?). 이곳에 처음 들어와 적응하지 못한 친구들은 음식 때문에 고생하기도 합니다. 그런데 자꾸 바깥세상과 비교하면 자기 처지만 더 비참해질 뿐 누구도 도와줄 수 없습니다.

저녁을 들고 취침하기까지 분위기는 어떤가요? 수용자에게는 가장 자유로운 시간일 것 같은데, 아주 시끄러운가요?

매일 때가 되면 어김없이 시작됩니다. TV 전원이 꺼지고 취침등으로 바뀌는 9시가 되면 기다렸다는 듯이 어디선가 욕쟁이가 등장합니다. 딱히 대상도 없습니다. 창밖에 대고 냅다 욕을 해 댑니다. 그러면 누군가가 반응합니다. 처음에는 "시끄럽다!", "조용히 해라!" 하며 욕쟁이를 비난하지만 나중에는 서로 맞받아치며 '욕 배틀'이 시작되지요. 가만 놔두면 제풀에 지쳐 그만둘 텐데 받아주는 상대가 있어 싸움이 길어지는 겁니다. 자기들이 아는 욕을 모두 뱉고 나면 한 사람이 "잘 자라!" 하는 인사와 함께 퇴장하며 끝이 납니다. 가슴에 맺힌 응어리를 욕으로 해소하는 것 같기도 하고, 감방 동료들에 대한 불편한 감정을 에둘러 표현하는 것 같기도 합니다. 어떤 시기에는 밤마다 노래자랑이 열립니다. 복도 쪽 창문에 서서 목청껏 소리를 지르며 노래를 부르지요. 그러면 건너편 감방에서 답가를 부르고요. 박수에, 앙코르에, 왁자지껄한 소동이 한동안 이어집니다. 욕 배틀, 노래자랑, 때로는 늑대 울음소리까지 감옥의 밤은 하루도 조용할 날이 없습니다.

구금 환경에서 발생할 만한 일종의 하위문화로 볼 수 있겠습니다. 하늘에서 누군가가 이곳을 내려본다면 어떤 모습으로 비칠까요? 범죄인 수천 명이 큰 울타리 안에 갇힌 채 아웅다웅 부딪치며 살아가는 모습이 자연스럽게 보이지는 않을 것 같습니다.

이런저런 상황이 어디에선가는 웃고 넘어갈 영화의 한 꼭지가 될 수도 있겠다는 생각도 하지요. 《침묵을 위한 시간》이라는 책에서 본 내용입니다.[23] 해 질 녘이면 사탄이 더러운 앞잡이를 곳곳으로 파견하는데, 환락가가 밀집해 있는 대도시에는 하급 악령을 한 놈만 파견한다고 합니다. 그런데 이 외톨이 악령은 그곳에서 잠만 잔다고 합니다. 대도시에서는 사람들이 스스로 잘 알아서 타락의 길을 걸어서 악령이 할 일이 딱히 없기 때문입니다. 문득 감옥에는 과연 몇 등급의 악령이 몇 명이나 파견되어 있을까 궁금했습니다. 알아서 잘들 노니 잠잘 놈도 올 필요가 없을지 아니면 악령이 맨발에 땀이 나도록 바쁘게 뛰고 있을지 말입니다.

재미있는 상상입니다. 악령 이야기를 하니 꿈이 생각나는군요. 밤에 꿈을 자주 꾸시나요? 어떤 꿈이 자주 나타나나요?

기나긴 세월 동안 수많은 꿈을 꾸었겠지만 거의 기억하지 못합니다. 그런데 아직도 생생한 꿈이 하나 있습니다. 세례를 받고 3년쯤 지난 무렵입니다. 최후의 심판을 연상하게 하는 살벌한 광경이 펼쳐지더니 심판자의 목소리가 천둥처럼 우렁차게 울리고 두려움에 떠는 사람들의 비명으로 세상은 아수라장으로 변했지요. 한 치 앞도 볼 수 없는 암흑 속에서 피할 곳도 숨을 곳도 없었습니다. 심판대에서 사람들의 숨은 행실이 차례로 적나라하게 드러나고 있었습니다. 지척에 지옥이 아른거리는 아비규환 속에서 제 차례가 다가오자 정말 무서웠습니다. 제 몸을 스스로 가눌 수 없는 무방비 상태에서 심판대에 오르는 순간, '악' 하는 소리를 지르며 꿈에서 깨었습니다. 온몸이 식은땀에 젖어 있었죠. 바로 "하느님, 감사합니다!"라는 말이 절로 나왔습니다. 한 번의 기회가 더 주어진 것이라는 생각에 가슴이 메었습니다. 이런 무서운 꿈을 가끔 꿉니다.

세속적 심판이야 받았지만 그것만으로 죄의식까지 해결될 수 없었겠지요. 아마도 꿈속에서 하느님의 심판을 받으신 모양입니다. 누구에게나 흘려 버릴 흔한 개꿈도 있지만 한 번쯤은 삶의 이정표가 꿈을 통해 나타나기도 합니다.

그러고 보니 영화 〈빠삐용〉이 생각납니다. 살인범 죄명으로 이곳저곳 감옥을 옮겨 다니며 온갖 고초를 다 겪던 빠삐용이 징벌방에서 꿈을 꾸지요. 꿈속에서 빨간색 망토를 입은 심판관 앞에서 자신은 사람을 죽이지 않았다고 무죄를 주장합니다. 그의 말을 전혀 귀담아듣지 않던 심판관은 새로운 죄를 선고하며 그 죗값은 죽음이라고 선언합니다. 생뚱맞게도 그의 죄는 '인생을 허비한 죄'였습니다. 심판관은 인생을 허비한 죄야말로 인간이 저지를 수 있는 최악의 죄라고 지적합니다. 그러자 그토록 자신의 무죄를 주장하던 그도 그 판결 앞에서 순순히 자신의 유죄를 받아들입니다.

저는 빠삐용의 모습에서 한때 저의 자화상을 발견했습니다. 살인을 저지르고 사형 선고를 받은 후에도 피해자인 죽은 친구를 원망했습니다. 그가 배신해서 원인 제공을 하지 않았다면 제가 살인으로 인생 종 치진 않았을 것이라고 억울해했지요. 그러나 신앙생활을 하면서 제 과거를 성찰하는 과정에서 살인죄는 제가 저지른 수많은 죄 중에서 극히 일부에 지나지 않는다는 것을 알게 되었습니다. 하나의 죄로 억울하게 사형 선고를 받았다고 하소연하기에는 인생을 너무나 함부로 허비하며 살았고, 그 죄 속에서 살면서 수없이 많은 사람에게 크고 작은 못된 행위로 씻을 수 없는 상처와 고통을 안겨 주었습니다. 그런 죄들도 살인죄와 비교해서 결코 가볍지 않은 것이었습니다.

공감합니다. 영화 <빠삐용>에서 큰 영감을 받으셨군요. 화제를 바꾸어 교정 사고에 대해 물어보겠습니다. 난동, 폭력, 자해, 자살, 도주 등이 떠오릅니다.

신문에 보도될 만한 사건은 아니더라도 크고 작은 교정 사고는 다반사로 일어납니다. 폭력적 성향이 있는 사람들이 속박된 공간에 밀집되어 살다 보면, 사고가 없는 것이 비정상이겠지요. 사소한 난동이나 다툼은 물론이고 칫솔이나 숟가락과 같은 이물질을 삼킨다든가 신체를 자해하는 등의 행위도 종종 발생합니다. 미수에 그치는 경우가 훨씬 많지만 자살 시도도 조용하다 싶으면 한 건씩 발생하더군요. 제가 복역하는 동안 사형수 중에서도 두 명이 자살했습니다. 도주의 경우는 구치소든 교도소든 영화에 나오는 것처럼 땅굴을 파서 탈옥하거나 담벼락을 넘는 것은 사실상 불가능합니다. 다만 법원 출정 때나 외부 병원 진료 때 등에서는 교도관들이 계호하게 되어 있는데 교도관도 사람이라 실수나 허점이 발생할 수 있어서 도주의 여지는 항시 있다고 봐야겠지요. 최근에는 전자 발찌를 착용시켜 도주 가능성을 차단하는 것으로 알고 있습니다.

사실 아무래도 싸움이나 다툼으로 볼 수 있는 폭력이 가장 자주 발생합니다. 이미 언급한 대로 원래 감옥이라는 환경이 다툼이 많은 곳입니다. 성격, 학력, 나이, 직업이 다른 사람들이 좁은 공간에서 24시간 부대끼며 지내는데 조용하다면 그것이 더 이상한 일이겠지요. 그나마 다툼과 갈등을 최소화하려고 감방마다 규칙을 정해서 생활하는 겁니다. 가장 민감한 돈 문제부터 청소 당번, 씻는 순서, 기상 시간과 취침 시간 등을 정해 상호 피해를 최소화합니다. 그래도 꼭 방 질서를 무시하고 제멋대로인 사람이 있지요. 사소한 것부터 다양합니다. 새벽 시간에 화장실 사용한다든가, 취침 시간에 수면을 방해한다든가, 배식할 때 음식 분량에 시비를 건다거나, 화장지, 비누, 치약과 같은 공동물품 구매에 참여하지 않는다든가 등이 모두 다툼의 소지가 됩니다.

개인적 울분이 폭발하는 사례도 흔히 볼 수 있습니다. 입소한 지 얼마 만에 이혼 서류를 받는 경우가 의외로 많습니다. 상당 기간 아내의 배신에 치를 떨며 화를 거두지 못하지요. 엎친 데 덮친 격으로 믿던 동료들이 배신하고 목돈을 몽땅 챙겨서 잠수를 타 버리는 상황도 발생합니다. 감옥에 들어온 것만으로도 죽을 맛인데 믿었던 사람들까지 하나둘 떠나고 감옥에 고립되면 정신적으로도 무너져 무기력한 상태에 빠집니다. 평정심을 유지하기 어렵고 면도날처럼 신경이 곤두서서 상대에게 상처를 주고 그것이 화근이 되어 폭력으로 이어집니다. 그 좌절이 안으로 향하면 자살과 같은 극단적 행동이 나오기도 합니다.

가끔은 황당한 일도 발생합니다. 재판받고 나갈 것을 믿고 있다가 실형을 선고받아 다시 방으로 돌아오는 경우입니다. 무조건

나간다는 변호사의 말만 믿고 개인 물품까지 방 사람들에게 나눠 주고 작별 인사까지 하고 재판에 나갔다가 실형을 받고 다시 돌아왔으니 하늘이 무너지는 기분일 겁니다. 식음을 전폐하고 송장처럼 기어다니는 경우를 본 적도 있습니다. 이렇게 매시간 위태위태한 상황이 발생하는 곳이 교정시설입니다.

오래도록 기억하는 특별한 사례가 있나요?

제가 수용되었던 1980년대에는 소년원에서 도주 사건을 몇 차례 목격했습니다. 교수님은 소년원부터 교도소, 구치소까지 자주 다녀 보셔서 잘 아시겠지만 감옥은 거실에서 담장까지 도달하려면 적어도 문을 10개는 통과해야 합니다. 운 좋게 마지막 외벽까지 도달해도 외벽은 슈퍼맨이 아니고서는 뛰어넘을 수 없는 5미터 높이입니다. 그런데 당시 소년원은 일반 교도소와는 달리 담장 높이가 일반 가정집 정도였습니다. 생활관의 문 하나만 지나면 뻥 뚫려 있어서 달리기만 잘한다면 담까지 도달해서 뛰어넘는 것이 그리 어려운 일은 아니었습니다.

제가 소년원에 있는 10개월 동안에도 도주 사건이 발생했지요. 지금도 한 번에 네 명이 동시에 달아난 사건이 생생하게 기억납니다. 식사 시간이 되면 생활관에서 10미터 떨어진 식당으로 줄지어 이동해야 합니다. 어느 날 저녁 배식 시간에 갑자기 원생 네 명이 감시하는 선생님과 반장들 사이를 뚫고 100미터 달리기를 하듯이 내달리기 시작한 겁니다. 작정하고 도망친 녀석들을 붙잡는 것은 쉽지 않았습니다. 한 명은 철조망을 넘다 붙잡혔지만 나머지 세 명은 모두 도주에 성공했지요. 그 사건이 있기 두 달쯤 전에도 기막힌 도주 사건이 있었습니다. 한밤중에 원생 한 명이 재래식 화장실 구멍을 통과해 정화조를 거쳐 맨홀 뚜껑을 열고 나가려다가 갇혀 죽을 뻔한 상황에서 구조된 사건이었지요. 학과 반에서 검정고시를 준비하던 녀석이었는데 선임자들의 괴롭힘을 참다못해 목숨을 걸고 탈출을 시도한 것이었습니다. 그날 밤 내내 혼나고 며칠을 징벌방에 갇혀 지내야 했습니다. 이런 혹독한 결과를 알면서도 계속 도주를 시도한 이유가 있었습니다. 아이들이 10개월만 잡히지 않으면 된다고 믿었기 때문입니다. 당시에는 원생들이 도주해서 10개월 만기 날까지만 잡히지 않으면 그냥 만기로 퇴원한 것처럼 정리된다고 알려져 있었으니까요. 지금 같으면 상상도 할 수 없는 일이지만 업무가 전산화되기 전이라 가능했던 일이었습니다.

그런데 이상한 것은 녀석들이 도주하면 사흘을 못 버티고 잡혀 오는 것입니다. 충동적으로 도주는 했지만 10대 아이들이 갈 곳이 살던 동네 근처로 뻔했기 때문입니다. 한꺼번에 도주에 성공했던 녀석들 세 명도 모두 일주일도 안 되어 잡혀 왔습니다. 지금 생각해 보면 1980년대 교정은 시스템이 전산화되기 전이라 행정적 오류가 많았던 것 같습니다. 그때는 본인 확인도 제대로 안 되던 시절이어서 20대 중반인 사람도 다른 사람의 주민등록번호를 대고 소년원이나 소년교도소에서 복역하는 경우가 종종 있었습니다. 전과가 있는 사람은 누범으로 가중 처벌을 받으니까 전과가 없는 나이 어린 사람의 주민등록번호를 기억해 두었다가 혹 잡히면 그 번호를 사용하여 소년범으로 살았다는 것이지요. 코미디 같은 에피소드로 회자되고 있지만 1980년대 우리나라 소년 교정에는 실제로 이런 일이 있었습니다.

수용자와 교도관이 함께 생활하는 공간

일반인에게 수용자도 그렇지만 교도관에 대해서는 더더욱 알려진 바가 거의 없습니다. 교도관의 근무 환경은 어떤가요? 어떤 어려움이 있다고 보십니까?

어느 교도관이 쓴 저서에서 5년 징역형을 받은 수용자를 위로하는 교도관에게 수용자가 말합니다. "전 괜찮아요. 5년 후면 나가지만 교도관님은 이곳에 30년은 더 있어야 하잖아요."[24] 이는 수용자가 보기에도 교도관의 근무 환경이 매우 열악하다는 것을 말해 주는 대목이지요.

특히 2000년대 이전까지는 교도관의 근무 환경은 매우 열악했습니다. 당시에는 하루 쉬고 하루 근무하는 2부제여서 피로도와 스트레스가 상당했습니다. 사동에 담당실도 따로 없어서 근무자 책상이 수용 사동 복도 중앙에 놓여 있었습니다. 여름에는 덥고 겨울에는 추위에 떨었지요. 여름에는 너무 더우니까 체면이고 뭐고 러닝셔츠 차림으로 근무를 서기도 하고, 겨울에는 책상 옆에 있는 연탄 난로로 추위를 견뎠습니다. 기온이 떨어지는 야간에는 수용자들이 관에서 지급받은 담요를 교도관에게 건네주기도 할 정도였습니다. 자동화 설비가 갖추어지기 전에는 교도관이 카빈총 총구처럼 생긴 열쇠 뭉치를 들고 다니며 사동의 온 방문을 여닫고 했습니다.

물론 지금은 사동마다 냉온방 시설, 컴퓨터, 프린터 등을 갖춘 근무자실이 따로 있고, 그곳에서 인터폰으로 각 방에 연락 사항을 알릴 수 있습니다. 거실문 역시 버튼으로 자동 개폐가 가능합니다.

노후화된 시설, 부족한 인력, 불규칙한 근무 형태 등 교도관의 근무 환경 개선이 시급하다고 알려져 있습니다. 교도관 한 명이 감시, 관리, 계호할 인원이 한계치를 넘어갔다는 보도도 있었고요. 과잉 수용이 일반화되어 있어서 규모가 큰 시설의 경우에는 한 사동에 70여 명씩 수용되는 곳도 있더군요. 교도관 한 명이 관리하기에는 업무 부담이 너

무 크겠지요. 특히 응급 환자가 발생하기라도 하면 여러 명이 외부 호송 및 24시간 진료 계호를 해야 하니 인력 배치에 어려움이 클 것입니다. 경찰관이나 소방관은 언론매체에서 관심을 보이고 드라마에서도 관련 주제로 자주 등장하지만 교도관의 인력이나 애환 문제는 심도 있게 다루지 않는 것 같습니다. 나아가서 뭇사람의 인권을 짓밟은 범법자가 교정시설에 들어오면 그 순간부터 인권을 보호받는 수용자로 위상이 바뀌지요. 장기 복역했거나 시설의 사정을 잘 아는 일부 수용자는 이를 이용하여 각종 민원을 제기하고 알권리 등을 주장하며 정보 공개, 진정, 청원, 형사 고소·고발, 행정 심판, 헌법 소원 등을 남발한다는 언론의 보도를 본 적이 있습니다. 최근에는 〈칫값보다 인권이 먼저? 툭하면 교도관 고소·진정... 범죄자 인권의 황금기〉라는 제목의 신문기사도 있었더군요.[25] 교도관 4명 중 1명이 수용자에게 협박, 위협, 폭력의 고통을 당하고 있다는 조사 결과[26]도 있습니다.

교도관들이 매번 적절한 판단이나 결정을 한다고 생각하지는 않습니다. 그러나 예나 지금이나 말도 안 되는 요구 사항을 들어달라고 생떼를 부리거나 무리한 사안으로 각종 권리구제 수단을 악용하는 수용자가 있지요. 일선의 교도관들이 이들을 모두 상대해야 합니다. 요즘은 세상이 좋아져서 다들 인권을 부르짖으니 교도관들이 절차를 지키면서 조심하는 것 같습니다. 말씀하신 정보 공개, 국가인권위원회 진정, 청원, 행정 심판 등은 소수의 수용자가 여러 건을 습관적으로 제기하는 경우가 많은데 거의 각하되거나 기각된다고 들었습니다. 평상시에 일반적으로 가장 많이 요구하는 사항은 독방 배정일 것입니다. 그리고 불만과 민원이 제일 많은 곳이 '의료과'일 것이고요. 코골이 때문에 잠을 못 잔다거나 영치금이 없어 왕따 당했다거나 등의 하찮은 이유로 독방 생활을 하겠다는 것입니다. 의료과는 의사 한 명이 환자 1,000여 명을 담당해야 하는 곳도 있으니 기계적인 처리로 이어질 수밖에 없어서 불평과 불만이 끊이질 않습니다. 이곳 의사들은 환자를 환자로 대하는 것이 아니라 교도관이 수용자를 대하는 것처럼 딱딱한 인상을 준다는 말을 많이 합니다. 그러다 보니 의료과에 진료받으러 갔다가 몇 시간을 기다렸는데 의사의 막말과 불친절로 화병까지 달고 왔다고 험한 말을 쏟아 내는 수용자도 많지요.

수용자가 당할 수 있는 부당한 권리 침해를 구제하기 위한 다양한 제도가 잘 갖춰져 있고, 실제로 수용자들이 이를 활용하고 있는 것을 보면 우리나라 교정 행정이 상당한 수준에 이르렀다고 볼 수 있습니다. 물론 이를 남용하는 일부 수용자의 부적절한 행위들은 불필요하게 교도관의 업무 부담을 가중하고 정상적인 교정 행정을 왜곡하는 측면이 있지요. 이는 급격한 수용자의 인권 신장과 교정 행정의 질적 수준이 제고되는 과정에서 수반된 부작용이라는 측면도 있어, 제도의 순기능이 훼손되지 않는 범위에서 문제점을 보완해 나가야겠습니다. 교정시

설의 열악한 의료 처우 역시 국가가 단기간에 해결해 줄 수 있는 문제는 아닌 듯합니다. 또한 의사 개인의 인격에만 의존해서 해결할 수 있는 사안도 아니고요. 최근 전반적인 공공 의료 체계의 개선이 시급한 국정 과제로 대두하고 있는 만큼 점진적으로 교정시설의 의료 여건에도 긍정적인 영향을 미칠 것으로 기대하고 있습니다. 다음에는 교도관에 대해 물어보겠습니다. 어려운 여건에서도 교도관의 역할을 충실히 다하는 분도 곳곳에 계실 텐데 어떻게 생각하십니까?

얼마 전 친분이 있는 교도관 한 분이 이런 말씀을 하시더군요. "교도관은 마지막 필터 역할을 하는 사람들이다. 교도관이 수용자를 포기하는 순간이 곧 또 다른 범죄자가 잉태하는 순간이 될 수 있다." 저는 이 말씀에서 큰 위로를 받았습니다. 평생 교도관을 하면서 수감자 한 명만 교화해도 성공한 교도관이라는 말이 있는데, 이런 마음가짐을 지닌 교도관을 만날 수 있다는 것은 수용자 누구에게나 행운일 것입니다.

제가 ○○교도소에서 항소심 재판을 받을 때입니다. 하루가 멀다 하고 찾아 준 교도관 한 분이 있었습니다. 그때마다 성경 몇 쪽을 복사해 와서 읽어 주고 구절을 설명해 주었습니다. 관심도 없고 이해할 수도 없는 성경 이야기에 죽을 맛이었지만 찾아 준 성의 때문에 들어 주었습니다. 그런데 가장 참을 수 없이 황당했던 것은 사형수를 앞에 앉혀 놓고 하는 이야기가 "예수님을 믿으면 영원히 살 수 있다."라는 것이었습니다. 그때부터 저는 그를 사이비로 여기고 만나지 않았습니다. 그런데도 그는 성경 읽어 주기를 그치지 않았습니다. 항소가 기각되어 ○○구치소로 이송되는 날, 호송차까지 찾아와 포승줄에 묶인 저에게 신앙을 가지라고 권면했지요. 차후에 알게 되었지만 그는 종교 담당 직원으로 근무하면서 사형수 교화에 힘쓰기도 했고, 교정 행정으로 수용자를 교화하기보다는 종교를 통해 스스로 깨달을 수 있도록 인도하는 분으로 알려져 있었습니다. 오랜 교도관 생활에서 얻은 지혜와 경험을 통해 수용자에게 무엇이 가장 필요한지를 체득한 것이지요. 제가 천주교에 입교해서 세례받고 성경을 읽기 시작할 때 놀라운 경험을 했습니다. 분명 성경을 처음 읽는데 왠지 낯설지 않은 구절이 계속 나오는 것입니다. 가만히 생각해 보니 ○○교도소에 있을 때 그분이 난롯가에 앉아 읽어 준 성경 구절이었습니다. 관심이 없어 한 귀로 듣고 한 귀로 흘려보냈던 구절들이 제 안에 복음의 씨앗으로 남아 있었던 것입니다. 사람들이 왜 복음을 살아 있는 말씀이라고 표현하는지 그때 이해하게 되었지요.

수용자들 사이에서는 폭력이 당연히 발생하겠지만 수용자와 교도관 사이에서도 폭력이 발생합니까?

정신질환성 문제나 심각한 개인사 문제로 폭발하여 폭력으로 이어지는 경우가 종종 발생합니다. 특히 분노조절장애나 조현병 증세 등이 있는 사람들이 크고 작은 문제를 자주 일으키는 것 같습니다. 감옥에서는 아무래도 적절한 진료나 상담이 어렵기 때문에 고장 난 자동차 브레이크처럼 분노가 불쑥불쑥 튀어나와 수용자에게는 물론이고 때로는 교도관에게 향하기도 합니다. 교도관을 향한 폭력과 폭언에는 반드시 대가가 따릅니다. 자체 징벌은 물론이고 미결수인 경우에는 해당 재판부에 폭행 사실이 통보되어 양형에 불이익을 받기도 하고, 나아가서 형사고발로 이어져 형이 추가될 수도 있지요. 분노조절장애가 있는 사람의 특징은 상대에 대한 모욕적인 언행을 수시로 하면서도 자신이 받은 모욕에 대해서는 크게 분노합니다. 자신을 얕잡아 본다는 느낌을 받으면 어떻게 하든 앙갚음을 하려고 하지요. 이런 부류의 수용자들은 공권력에 굴복하는 것을 체질적으로 싫어하는 반항적 기질을 지닌 경우도 많아 교도관과 자주 부딪치는 경향이 있습니다.

교도소의 하위문화

교도소든 구치소든 일종의 문화 체계가 존재한다고 봅니다. 대학이나 군대나 가정에 저마다 나름의 독특한 문화가 존재하듯이 말이죠. 교정시설만이 갖는 독특한 특징이 있겠지요?

그렇다고 생각합니다. 감옥에 들어오면 독특한 과정으로 누구나 '죄수화' 과정을 거칩니다. 교수님의 책에서는 '교도소화'라고 일컫더군요. 이는 수용자가 교정시설에 입소하여 적응해 가는 과정을 말합니다. 이 시점부터 막장 드라마가 시작되고 새로운 세상에 적응해 가야 합니다. 이 과정을 거치면서 자아가 부정되고 정체성이 박탈되는 경험을 합니다. 아마도 초범들이나 사회지도층에 속한 사람들이 충격과 수치심을 더 느낄 것입니다. 수용자는 누구나 입소하자마자 곧 신체검사를 받아야 하는데, 알몸 상태로 확대경 위에 쪼그리고 앉게 하고 밑 부분을 벌려 보여 주는 절차가 있습니다. 특히 이 순간이 수치심과 모멸감으로 가장 견디기 어려웠다고 경험자들은 한결같이 말합니다. 이어 소지품을 모두 압수당하고 관에서 지급하는 속옷과 수의로 갈아입으면 출소할 때까지 이름 대신 불릴 수인번호가 부여됩니다.

이렇게 구금 생활이 시작되면 이제껏 살면서 한 번도 경험하지 못한 엄격한 통제를 받게 됩니다. 기상, 점검, 배식, 취침 등 획일적인 규율에 따라 생활해야 하고 투박하고 무감정한 교도관의 지시에 따르는 자신을 발견할 때마다 문득 하찮은 노예나 개처럼 취급당하고 있다는 생각에 절망하게 되지요. 그러나 어느 순간이되면 감옥 안 일상에 자연스럽게 녹아 들어가 숨을 쉬고 있는 자신을 만납니다. 이 '죄수화' 과정은 과거에 이미 겪어 봤다고 해서 느끼는 수치심의 강도가 약해지지 않습니다. 오히려 트라우마 때문에 거부감이 더 크게 느껴지기도 합니다.

수용자가 낯설고 새로운 환경에 적응해 가는 과정에서 독특한 형태의 하위문화가 형성된다는 주장과 일치하는군요. 한편으로 또 다른 관점에서 보는 주장도 있습니다. 수용자들이 척박한 환경에서 살아남기 위해 취해진 여러 행위와 관습 등이 모여 자연발생적으로 만들어졌다는 설과, 외부 세계의 저급한 뒷골목 문화가 전과자 등을 통해 유입되었다는 설입니다. 어떻게 생각하십니까?

저는 '내부에서의 자연발생적 현상'과 '외부 세계의 뒷골목 문화'가 합쳐진 복합적 결과라고 생각합니다. 물론 하위문화도 종류가 많으니 각각의 종류에 따라 발생 원인을 다르게 설명할 수도 있겠지요. 일반적으로 이야기하면 하위문화는 주로 빵잽이[27]들에 의해 대물림됩니다. 과거 감방에서 한 경험을 자신의 존재를 과시하려고 소환하는 것이죠. 그중에서도 눈에 띄게 하위문화를 주도하는 세력이 조폭입니다. 조폭들은 감옥에 들어와도 환경만 바뀌었을 뿐 감옥도 조폭 생활의 연장이라고 생각합니다. 따라서 감옥 안에도 조폭 특유의 패거리 문화가 존재하는데, 예컨대 형님들에게 90도로 인사하는 것이 여전합니다. 타 지역의 건달하고도 꾸준히 유대를 쌓아 갑니다. 개인적으로는 자신의 이름도 알리고, 자신이 몸담은 조직의 세력도 넓히는 효과도 있으니까요.

그리고 조폭들은 사회에서처럼 감옥 안에서도 사회적 지위가 높거나 재력이 있는 사람에게는 굉장히 친절합니다. 그들에게 필요한 것을 줄 수 있는 사람이니까요. 반면에 잡범하고는 잘 어울리지 않습니다. 우리는 너희 같은 잡범과는 다른 우월한 존재라며 과시합니다. 그런 인식이 자연스럽게 상대를 억압하고 굴복시키는 행동으로 이어집니다.

그렇군요. 교도소 하위문화의 기능에 대해서도 다양한 주장이 있습니다. 하위문화가 과도하게 확산되면 법 집행기관으로서 기강이 무너지는 부작용이 있겠지만, 엄격한 질서와 규칙만을 강조하는 기관이 반드시 효율적으로 관리되는 것은 아니라는 연구 결과도 있지요. 실제 현장에서도 하위문화가 일정 범위 내에서 허용되고 규율도 탄력적으로 적용되고 있는지요? 역기능도 있고 순기능도 있다는 이야기입니다. 통상적으로 어떤 사례가 있나요?

네, 그렇습니다. 엄격한 질서와 규칙만을 강조하여 숨 쉴 틈을 주지 않으면 오히려 사고가 더 나는 경향이 있습니다. 이는 30년 구금 생활에서 지켜본 살아 있는 지식입니다. 보안 부서에서 사고 예방이라는 명분으로 지나치게 세세한 부분까지 통제하고 규정을 따지면, 수용자의 삶이 고달파지고 신경이 날카로워지고 이는 담당 직원들의 업무 스트레스 가중으로 연결됩니다. 수용자와 교도관 두 집단 간의 갈등이 고조되면서 전체 교정시설의 분위기가 긴장 상태로 장기화하면 반드시 사고가 터지게 됩니다. 심약한 수용자는 자살로, 거친 수용자는 폭력으로 보답합니다. 그래서 1980~1990년대에는 수용자 간에 폭행, 도박, 범치기 등의 부조리가 행해지는 것을 교도관들이 암묵적으로 묵인했던 적이 있었습니다. 위법적이고 저급한 하위문화 자체는 정상적인 교정 행정을 위해 바람직하지 않지만, 일정한 범위 내에서 하위문화를 묵인함으로써 수용자들의 숨통을 틔워 준 것입니다. 이를 통해 수용자들과의 관계를 원만하게 유지할 수 있고, 대형 사고의 예방이나 교정시설 내 분위기의 안정에 도움을 줄 수 있다는 관례에 따른 것입니다. 교수님 말씀대로 하위문화의 순기능이라고 할 수 있습니다.

최근에는 많은 변화가 있었습니다. 하위문화의 부조리를 근절하기 위해 잠자리 지정제, 식기 당번제, 공동 구매 강요 금지 등이 시행되고 있습니다. 잠자리 지정제는 잠자리에 번호를 매겨 거실에 들어온 고참 순서대로 상석인 맨 윗자리부터 맨 끝 화장실 앞자리까지를 정해 주는 것을 말합니다. 좋은 잠자리를 차지하려고 다투다 보니 관에서 아예 순번을 정해 준 것입니다. 식기 당번제는 설거지도 누구나 열외 없이 요일별로 순번을 정해 돌아가며 하라는 것입니다. 그리고 물품 구매 시에도 공동 구매라는 명목으로 본인에게 필요하지 않은 물품을 사도록 강요하지 못하게 되어 있습니다.

그런데 이 방식은 의도는 좋으나 문제가 있습니다. 얼핏 생각하면 부조리를 예방하고 공평한 공동체 생활을 할 수 있을 것 같지만 꼭 그렇지만은 않습니다. 감옥에도 엄연히 빈부의 격차가 있습니다. 영치금 한 푼 없이 간식도 못 사 먹고 생필품도 살 수 없는 사람들은 거실 동료들에게 의존해서 살아갈 수밖에 없습니다. 그런데 각자도생하라고 하면 없는 친구들은 더 큰 박탈감을 느낄 것입니다. 모두 똑같이 설거지하고 청소하고 화장실 앞에서 자라고 하면, 돈 많은 사람이 자기 돈을 써 가며 다른 사람을 위해 구매를 빵빵하게 할 이유가 없어지니까요.

범털과 개털[28]이 한 공간에서 공생하려면 그 나름의 규칙이 필요합니다. 예컨대 범털은 개털에게 먹을 것과 입을 것을 제공하고, 개털은 범털에게 노동력을 제공하는 것이지요. 슬기로운 감방 생활을 위해서는 누군가는 돈을 지불하는 가장 역할을, 누군가는 살림을 챙기는 살림꾼 역할을, 누군가는 맏이처럼 싫은 소리를 하는 역할을 해야 하는 것입니다. 모든 거실마다 그 나름의 규칙이 있고, 규칙은 강요나 폭력으로 지켜지는 것이 아니라 먼저 들어온 고참들의 생활 방식을 보면서 자연스럽게 익히게 됩니다. 기본적인 위계질서가 잡혀 있지 않은 방에서 가장 많이 흘러나오는 말이 있습니다. "네가 뭔데 나한테 이래라저래라 하는 거야!"입니다. 이렇게 되면 타인이 지옥이요, 하루하루가 곱징역[29]이지요.

그렇군요. 그야말로 다양한 인간군이 좁은 공간에 강제로 모여 사니 독특한 문화가 만들어진 것이군요. 일반인은 주로 영화나 드라마를 통해서 보고 듣는데 실제로는 어떤지 궁금합니다.

감옥은 대통령이나 재벌 총수부터 오갈 데가 없는 거리의 부랑자까지 다양한 사람들이 좁디좁은 공간에서 함께 벌을 받는 곳입니다. 그러니 당연히 감옥만이 갖는 문화가 있고 일부는 하위문화라고 부를 수 있겠습니다. 바깥세상의 감옥 판 하위문화가 있는가 하면, 감옥에서만 볼 수 있는 문화나 현상도 있다고 봅니다. 가장 먼저 돈이 생각나는군요. 감옥에도 보이지 않는 계급이 존재합니다. 돈 많은 사람이 제일 높은 곳에 있지요. 외부 사회같이 감옥에서도 돈이 가장 큰 힘을 발휘합니다. 어쩌다 돈 많은 사람이 들어오면 그 주변에 파리 떼처럼 사람들이 모여듭니다. 돈으로 사람을 부려 본 사람은 다른 사람이 자신에게 뭘 원하는지 잘 알기에 그런 상황에서 자연스럽게 서로 간에 공생관계가 만들어집니다.

어떤 식으로 공생관계가 만들어지는지 예를 들어 설명해 주십시오.

다양한 공생관계가 있겠지만 수용자와 변호사의 관계가 대표적일 것입니다. 미결 수용자에게 변호사의 존재는 절대적입니다.

변호사의 역할에 따라 생사의 갈림길에서 살아남기도 하고, 형량이 대폭 줄어들거나 석방되기도 하니까요. 일반 수용자의 경우 변호사 선임은 감방 동료의 소개로 이루어지는 경우가 의외로 많습니다. 성공 사례가 있거나 실력 있는 변호사로 입소문이 나면 찾는 사람이 많아집니다. 수용자들은 공소가 제기되고 재판부가 정해지면 담당 판사들의 이력과 성향을 파악해 어떤 식으로든 그 재판부와 학연, 지연 등으로 연줄이 닿는 변호사를 찾습니다. 그럴 때 구치소 생활을 오래 한 고참 수용자들에게서 필요한 정보를 얻습니다. 제가 혼거실에 있을 때, 친분이 있는 변호사에게 사건을 물어다 주고 건당 얼마씩 받는 수용자를 본 적이 있습니다. 사람들이 그를 '사무장님'이라고 부르곤 했는데 그제야 그 이유를 알게 되었지요.

최근 언론에도 몇 번 보도된 적이 있는데, 이른바 '집사 변호사'가 공생의 사례로 적합하다고 봅니다. 주로 범털들이 접견용으로 집사 변호사를 선임해 놓고 회사 일을 보거나 개인 심부름을 시키는 것이지요. 구치소 내에서도 집사 변호사에 대한 논란이 많지만 2022년 대법원의 결정문을 보면 "개인 업무 처리나 심부름 목적으로 집사 변호사를 반복적으로 접견한 미결 수용자에 대해 공무 집행 방해죄로 처벌할 수 없다."라고 했습니다. 접견 횟수가 과도했더라도 그 자체로 위계에 해당한다든가 교도관의 직무 집행이 방해되었다고 보기 어렵다는 판결이었습니다. 범털들이 집사 변호사까지 선임해서 하루도 빠짐없이 접견을 나가는 이유는 비좁고 북적대는 거실을 벗어나 편하게 쉬고 싶기 때문일 것입니다. 변호사 접견실은 냉난방 장치가 갖춰져 있어서 혹서기와 혹한기에 완벽한 도피처이자 쉼터입니다. 그리고 변호사 접견실은 범털들에게 인맥을 넓히는 사교장이 되기도 합니다. 흩어져 있는 수용자들이 어떤 식으로든 접촉할 수 있는 장소가 될 수 있지요.

일반 수용자들 사이에서는 어떤 식으로 공생관계가 만들어집니까?

제가 소년원이나 교도소에서 경험한 공생관계는 거의 결말이 좋지 않았습니다. 보통 감방 경험이 없는 초범들이 감옥에서 만난 인연에 특별한 의미를 부여하는 경우가 많습니다. 징역살이가 힘들다 보니 자신에게 조금만 잘해 줘도 쉽게 마음을 열지요. 방에서 친하게 지내던 사람과 전방이나 이감, 출소 등으로 헤어지는 상황이 오면 서로 연락처를 주고받으며 나중에 밖에서 만나자고 약속도 합니다. 그러나 그 결과는 거의 뻔합니다. 감방에서는 자신의 단점은 숨기고 장점만 내세우기 때문에 초범들은 서로 취향이 비슷하다 싶으면 급속도로 친해져 친구가 되거나 형 동생 하는 사이로 발전합니다. 보이스피싱 전력이 있는 사람이 동료 수용자들을 끌어모은다면 그 의도가 분명하고, 마약쟁이들이 나가서 뭉쳐본들 온갖 추문만 풍성해지면서 누가 먼저 잡혀 들어가느냐에서 순서만 다를 뿐입니다. 또 건달들끼리 나가서 뭉쳐 봐야 주먹질이나 해댈 게 뻔하고요. 사회적으로 검증된 사람이거나 신앙적으로 특별한 관계가 아니면 밖에서 다시 만나본들 거의 밤이슬 맞고 다닐 가능성이 높습니다.

유명 정치인이나 기업인에게서 볼 수 있는 특징이나 독특한 현상이 있습니까?

그들에게서는 권위의식과 선민의식이 잘 드러납니다. 특히 정치인이 더 그렇습니다. 돌아보면, 제가 사형수로 30년간 복역하면서 전직 대통령 세 분과 같은 구치소에서 지냈습니다. 일반 정치인들이야 기억이 안 날 정도로 많고요. 그들에게는 한결같은 특징이 있습니다. 대부분 부패 범죄로 구속되어 징역형을 받아도 혐의를 극구 부인합니다. 그리고 정치적 보복이나 사법부의 무능으로 몰아가며 당당해한다는 것입니다. 그들로서는 그럴 만한 것이 유명 정치인이나 기업 총수들은 형기를 끝까지 채우는 법이 거의 없었으니까요. 그래서인지 징역형을 받아도 크게 걱정하지 않더군요. 언제쯤 어떻게 나갈지에 대해서만 이야기합니다. 정부에서 사면할 때마다 기업인이나 정치인은 대국민 화합 차원에서 그 대상에 포함된다는 것을 알아서겠지요. 대국민 화합과 이들의 사면이 어떤 연관이 있는지는 잘 모르겠습니다만 계속 그래 왔으니까요. 그래서 이런 사면이 단행될 때마다 일반 사범들은 상대적 박탈감을 느낀다고 이구동성으로 수군거리기도 하지만 잠시 그러다 맙니다. 일반 사범에게는 바늘구멍만큼이나 통과하기 어려운 사면이라는 문이 특정한 누군가에게는 대문짝만큼 활짝 열려 있으니 법 앞에서 누구나 공평하다는 말은 그저 공염불에 지나지 않는다고 생각하는 것 같습니다. 우리나라 국민은 하층계급의 범죄자에 대해서는 극도로 혐오의 시선을 보내면서도 정치인의 범죄에 대해서는 기이하게도 매우 관대하다는 생각도 해 본 적이 있습니다.

많은 사람이 동의하리라는 생각이 듭니다. 한편으로 정치적 고려나 경제적 상황에 따른 사면도 국정 운영에 필요할 수도 있겠습니다. 일반 범죄자는 어떻습니까? 유형에 따라 어떤 차이가 납니까? 요즘 조폭, 마약사범, 사기꾼 등이 영화나 드라마에 자주 등장하더군요.

유유상종이라고 수용자들은 대부분 끼리끼리 어울립니다. 조폭은 조폭끼리, 마약사범은 마약사범끼리, 사기꾼은 사기꾼끼리 어울려 지냅니다. 서로 공감하는 부분이 많아 잘 통하고 인맥을 넓히려는 목적도 있을 겁니다. 예전부터 조폭은 징역 한두 번 살고 나오면 전국구 건달이 된다는 말이 있습니다. 교도소 안에서는 전국 건달들이 자연스럽게 만나 친분을 쌓을 수 있으니까요.

마약사범도 비슷합니다. 처음에는 호기심에 단순 투약으로 들어왔다가 같은 방에서 만난 마약사범들에게서 고급 기술과 관련 정보를 습득해 판매나 밀반입 쪽에 눈을 뜨기도 합니다. 보통 마약사범은 중독성이 주요 원인이기도 하지만, 징역에서 만난 인연 때문에 더 깊은 수렁에 빠지는 경우도 허다합니다. 그러다 구속되기라도 하면 자신이 살기 위해 윗선을 제보하기도 해서 물고 물리는 악순환이 반복되는 경우도 흔하지요. 서로 이해관계가 틀어져 앙금이 생기면 상대를 던지기 수법으로 함정에 빠뜨려 감방에 보내기도 합니다. 서로 작업을 당하니 이 안에서 만나 으르렁거리는 경우도 종종 발생하고요. 따라서 특히 초범인 마약사범의 경우는 반드시 상습적인 마약사범들과 격리 수용하고, 치료프로그램에 적극 참여하도록 하여 마약과의 연계 가능성을 철저히 차단해야 합니다.

성폭력사범도 5,000명 넘게 수용된 것으로 알고 있습니다만.[30]

옛날에는 강간이나 간통으로 들어오면 하등동물처럼 취급당하면서 곤욕을 치렀습니다. 근친상간으로 들어온 사람들은 죽지 않을 만큼 얻어맞았습니다. 개인택시를 하던 사람이었는데 친딸을 중학생 때부터 대학생이 될 때까지 성폭행해 오다가 딸이 남자친구가 생기면서 들통난 경우였지요. 또 재혼한 여성의 초등학생

딸을 성폭행한 막노동자도 있었는데 방에서 생활하는 동안 내내 인간 취급을 못 받고 괴롭힘을 엄청나게 당했습니다. 지존파 두목이었던 ○○○도 여중생 강간치상죄로 구속되어 있을 때 같은 방에 있던 조폭에게 엄청나게 맞았다고 합니다. 그가 구타당할 때마다 "형님, 나중에 출소하면 저의 아지트로 한번 놀러 오십시오!"라는 뼈 있는 말을 했다고 하더군요. 지금은 지방의 시설에서도 성폭력 치료 센터가 운영되고 있으니 사적인 처벌에서 공적인 치료로 바뀐 것이라고 봐야겠지요.

최근 마약사범이 급증하는 추세를 보이는데 이를 피부로 느낄 수 있습니까?

제가 ○○구치소에 이감 왔을 때만 해도 마약사범은 어쩌다 눈에 띌 정도로 소수였습니다. 그런데 요즘은 자주 보이는 것으로 볼 때 그 증가세가 매우 빨라 보입니다. 제가 이곳에 있는 동안 마약으로 4~5번 들어온 사람도 여럿 보았습니다. 20~30대에 들어왔던 사람이 40~50대에 다시 들어오는 것을 보면 마약에 한 번 중독되면 얼마나 벗어나기 어려운지를 알 수 있습니다. 사례를 하나 들어 보겠습니다. 제가 밖에 있을 때부터 친분이 있던 건달 형님이 한 분 있었는데 2005년에 이 안에서 우연히 만났습니다. 그런데 형님의 수인번호 색깔이 마약사범이 다는 파란색이더라고요. 어쩌다 마약에 손대서 우두머리에게 크게 꾸지람을 듣고 두 번 다시 마약에 손대지 않겠다는 다짐을 하며 손가락 하나를 잘랐다고 합니다. 제게 잘려 나간 손을 보여 주더라고요. 그런데 이 형님이 출소해서 다시 마약을 했고 2년 뒤 스스로 목숨을 끊었습니다. 저도 전혀 예상치 못한 충격적인 일이었습니다. 강남에서 술집을 하면서 잘나가던 형님이었는데 마약에 빠져 모든 것을 잃고 말았습니다.

그런 일이 있었군요. 그런데 경제가 어려운 탓일까요? 최근 우리나라에 사기 범죄 역시 급증하고 있습니다. 이들은 어떤 특징을 보입니까?

사기꾼은 감옥에서도 꾸준히 작업을 합니다. 감옥은 사기꾼에게 물 반 고기 반인 곳입니다. 먹잇감을 귀신같이 알아보고 접근해 친분을 쌓고 본색을 드러내지요. 사기꾼에게도 등급이 있습니다. 거짓 학연과 지연을 내세워 친해진 뒤 영치금, 우표, 책 등을 빼먹는 잔챙이부터, 특유의 말재주로 상대를 홀려 거액의 투자금을 가로채는 통 큰 사기꾼까지 다양합니다. 같이 생활하는 동료들이 보내는 편지에서 지인들의 주소를 적어 두었다가 출소해 찾아가서 대신 합의를 봐주겠다고 돈을 갈취하는 사례도 있습니다. 대개 사기꾼에게는 공통점이 있습니다. 다른 수용자들의 혀를 내두르게 하는 3척—있는 척, 잘난 척, 아는 척—기술입니다. 그릇

감옥이란 무엇인가 2

이 큰 사기꾼일수록 이 3척 기술에 능수능란합니다. 엄청난 자산이나 정보가 있는 듯이 과시하며 허세를 부리거나 먹잇감을 찾기도 합니다. 물론 문제는 있습니다. 실체가 금방 들통난다는 것입니다. 감옥에 올 정도면 선수들인데 두 번은 속지 않겠지요. 그런데 사기꾼들은 자기 가면이 벗겨진 줄도 모르고 계속 작업을 겁니다. 입소문이 빨라 정체가 탄로 나면 순식간에 퍼지기 때문에 한번 낙인이 찍히면 모두가 피하는 대상이 되지요. 누구에게든 틈만 보이면 공략하는 본색을 드러내니까요. 오만한 마음으로 상대를 부정적으로 판단해서는 안 되지만 적당한 거리를 유지하는 것이 원만한 관계를 유지하는 비결이라고 생각합니다.

3척이라니 흥미롭습니다. 꼭 사기꾼이 아니라도 사람들에게는 그런 성향이 있지요. 수형자들 중에서도 자신을 숨기고 위선적인 생활을 하는 사람이 많으리라 생각합니다.

감옥에서 말이 많은 사람은 뭔가를 숨기고 있을 가능성이 높습니다. 진짜 모습을 들키지 않으려고 온갖 잡다한 지식과 과거를 자랑하여 주의를 흐트러뜨리지요. 한번 척하면 그것을 포장하기 위해 계속 척해야 하므로 가장 피곤한 사람은 바로 자신일 것입니다. 이 좁은 무대에서 살다 보면 줄거리 어딘가가 어긋날 수밖에 없는데 본인만 모른 채 계속 바보 노릇을 하는 셈입니다. 내면에

깊이 도사리고 있는 창피한 감정, 고약한 충동, 부정적 성격 등이 드러나 척으로 만들어진 현재를 한순간에 잃어버릴지 모른다는 두려움이 상존하겠지요. 거짓과 허영의 늪에서 벗어나 현실을 인정할 기회를 놓치면 바로잡기가 점점 어려워져 세월이 흘러도 제대로 된 마음의 평화를 누릴 수 없게 됩니다.

저도 그런 부류의 수형자를 접한 적이 있습니다. 형제님은 어떠십니까? 숨기고 있는 어두운 그림자가 있으신가요?

저는 죽음을 앞두고 남은 3년을 어떻게 살까를 고민했던 사형수입니다. 죄를 숨기는 방법을 찾았던 것이 아니라 제가 저지른 온갖 죄과를 씻고 갈 수 있는 방법을 찾고 있었습니다. 그리고 이 순간에도 부끄러운 제 과거사를 고백하고 있지 않습니까? 유치하게 들리실지 모르겠습니다만 저도 자신을 과장하여 인정받으려고 했던 적이 있었습니다.

20여 년 전, 8~9명이 함께 혼거했던 시절에 수형자 중에 노숙자 출신의 고약한 친구가 있었지요. 먹고 자는 것 외에는 아무것도 하지 않고 씻지도 않아 머리는 떡이 지고 악취가 진동했습니다. 험상궂은 생김새에 식탐도 대단했고 거짓말도 밥 먹듯이 해서 모두에게 혐오와 경멸의 대상이었지요. 어떻게든 처리해야 했습니다. 저도 미움이 증오로 바뀌어 인내심이 한계에 다다른 어느 날, 저도 모르게 기도했습니다. "주님, 이대로 가다가는 세례 때 한 약속을 지키지 못할지도 모르겠습니다. 어찌해야 합니까?" 라고 기도하고 성경책을 펼쳤는데 예수님이 최후의 만찬 때 차례로 제자들의 발을 씻어 주는 대목이 나왔습니다. 그것만은 도저히 못할 것 같아 재빨리 성경책을 덮었습니다. 그런데 "너희는 이 작은 이들 가운데 하나라도 업신여기지 않도록 주의하여라"[31]라는 말씀이 자꾸 아른거렸습니다. 결국 오후에 온수 한 통을 받아 수건 한 장을 들고 화장실에 앉아서 그 친구를 불렀습니다. 그 친구는 무서워서인지 꼼짝도 하지 않아 달래고 달래서 화장실에 앉히고 양말을 벗겼습니다. 발이 쩍쩍 갈라져 코끼리 발 같았지요. 세숫대야에 그의 발을 담그고 닦기 시작했습니다. 그 순간이었습니다. 저도 모르게 울컥하면서 한없이 눈물이 흘러나오기 시작했습니다. 그의 발을 씻는 동안 제 안에 가득했던 분노와 증오심이 눈 녹듯이 사라지고 용서와 사랑의 감정이 솟아올랐습니다. 자신의 허물을 보지 못하면 역설적으로 남의 허물에 손가락질한다고 했던가요? 그 친구는 저에게 악의 힘에 대처하는 강력한 힘은 증오나 폭력이 아니라 사랑이라는 것을 가르쳐 준 스승이었습니다. 그때 흘린 눈물이 저를 치유했다고 생각합니다.

쉽지 않은 행동이었을 텐데 그 행동으로 인해 스스로 치유하는 경험을 하신 거군요.

그때가 마침 사순 시기 무렵이었습니다. 생애 처음으로 겁도 없이 40일 금식을 하고 있었습니다. 기도한답시고 경험도 없이 물과 음료만 먹고 버티다 보니 후유증이 엄청났습니다. 단식기도의 은총보다는 그 노숙자 친구로 인해 악마의 시험을 더 세게 받고 말았습니다. 결국 모두 '척'하다 만난 일이기도 합니다. 징역을 많이 산 것이 자랑인 듯 으스댔고, 사형수라고 대우받고 싶은 마음도 있었고, 천주교 신자랍시고 믿음을 증명해 보이겠다고 40일 단식을 시도한 것 모두가 '척'에서 나온 것이었지요. 그러다 감방에서도 가장 낮은 자리에 있었던 악취 나는 노숙자 친구를 통해 큰 깨우침을 얻은 것입니다. 그 일 이후 방 분위기가 한결 좋아졌습니다. 그 친구가 목욕도 하고 양치질도 하고 방 청소도 거들기 시작했으니까요. 방 식구들 모두가 편견과 옹졸함을 씻고 서로 하나가 되었다고 할까요?

교정시설에서 통용되는 은어가 있다고 들었습니다. 대표적으로 어떤 은어가 있는지요?

요즘은 인터넷을 검색하면 뭐든지 찾을 수 있다고 하더군요. 가장 흔히 통용되는 은어 중 사회적 의미를 갖는 세 가지와 지금까지 잘 알려지지 않았으면서 수용자 관리에 시사하는 바가 있는 은어 하나를 소개합니다.

법자

'법자'는 '법무부의 자식'의 준말입니다. 초(소년원), 중(소년교도소), 고(교도소)를 모두 법무부 학교(?)를 졸업하고 법무부에서 성장기를 보낸 진골 중의 진골이라고 해야 할까요? 법자들은 어려서부터 감옥을 제 집처럼 드나들며 살았기 때문에 사회관계가 약하고 가족관계도 단절된 이들이 대부분입니다. 출소해도 마땅히 갈 곳도 없고 받아 줄 곳도 없기 때문에 오래 버티지 못하고 다시 돌아옵니다. 그래서 안에서 다시 만나면 "귀휴 잘 다녀왔냐?", "집 나가면 개고생이지?" 하고 농담을 던지기도 하지요. 처음에는 잡범으로 시작해 갈수록 대범해져서 강력범죄로 이어지는 경우가 많습니다. 바늘 도둑이 소도둑 된다고, 감방 동기끼리 뭉치기라도 하면 큰 범죄로 이어질 수 있습니다. 이들은 악의 구렁텅이에서 구해 줄 진정한 구원자를 만나지 못하면 법무부의 자식답게 감옥에서 인생을 종쳐야 합니다.

범털

'범털'은 주로 감옥 안에서 돈이 많은 사람을 칭하는 말입니다. 그러나 돈만 많다고 무조건 범털로 불리는 것은 아닙니다. 보통 범털은 방에서 자기 영치금 카드를 알아서 쓰라고 방 식구들에게 맡기기도 합니다. 구매 신청은 한 달에 10회 할 수 있고, 한 번에 시킬 수 있는 한도 금액은 식품 위주로 4만 원까지입니다. 운동화, 침구류, 내의류, 세면도구 같은 생필품 구매에는 한도 금액이 없습니다. 외부에서 사들이는 책이나 약, 신문 구독 등을 합치면 한 달에 평균 70~80만 원, 많게는 100만 원 정도 들어갑니다. 영치금이 만 원도 안 되는 사람도 수두룩한데 한 달에 그 정도 금액을 껌값처럼 쓸 수 있다면 범털 소리를 들을 만하겠지요. 거기에 매일 접견 물품으로 들어오는 것까지 포함하면 상당한 금액이 됩니다.

지난 30년간 돈 많은 사람은 많이 보았지만 진짜 범털은 몇 명 만나 보지 못했습니다. 오히려 범털 행세를 하면서 대우받으려는 사기꾼이 넘칩니다. 감옥에 들어온 사람 중에 십중팔구는 돈 때문에 들어옵니다. 그래서인지 사정이 어려운 사람에게 측은지심을 느껴서 도움을 주는 사람을 별로 본 적이 없습니다. 사기를 쳐서 남의 돈을 가로채는 데는 익숙해도 살면서 남을 도와준 경험이 없으니 당연한 일이겠지요. 오히려 틈만 나면 사람을 홀려 돈을 뜯어낼 궁리만 하는 사기꾼이 득실댑니다. 그런데 지금까지도 기억에 남는 진정한 범털 한 분이 있습니다. 15년쯤 전에 만난 어느 중소기업 회장님이었습니다. 주변의 법자들에게 자기 구매물과 접견물을 나눠 주고, 겨울에는 내복도 사 주고, 몸이 아픈 사람에게는 약도 구매해 주기도 했습니다. 벌금을 내지 못해 들어온 노숙자에게 벌금을 대신 내주고 나가게 하는 것도 보았습니다. 이분이 꼭 재기하셔서 사회에서도 진정한 범털로 사셨으면 좋겠습니다. 또 기억나는 한 사례는 동료 사형수가 실제 겪은 일입니다. 대범하다고 입소문이 난 어느 그룹의 회장님과 옆 방에서 지내면서 인연을 맺었는데, 그분이 사형수가 평소 사랑하는 아들의 장래를 걱정하는 부정을 안타깝게 여겼다고 합니다. 그 회장님이 출소한 이후 어느 날, 그 회사의 높은 임원 한 분이 면회를 와서 노란 봉투를 내밀었다고 합니다. 그 안에는 그의 아들과 가족의 교육보험과 건강보험 증서가 들어 있었지요. 사형수의 아들은 올곧게 성장하여 대학을 졸업하고 당당한 사회인으로 잘 살아가고 있습니다. 이 이야기는 아직도 저희 주변에서 아름다운 미담으로 회자되고 있습니다.

개털

'개털'은 쥐뿔도 없으면서 있는 척하는 허영심만 가득한 사람을 칭하는 말입니다. 이런 부류의 사람들은 자기도 밖에 있을 때는 잘나갔던 시절이 있었다는 것을 자주 강조합니다. 강남의 고급 빌라에 살면서 외제 차를 타고 다니며 돈을 물 쓰듯 했다며 과시하려고 들죠. 면회를 오는 사람이 없는 것도 어쩌다 재수가 없어서 감방에 들어온 것이라 창피해서 아무한테도 연락하지 않았기 때문이라며 뻔한 거짓말을 늘어놓습니다. 인생에서 죽는 것 다음으로 불행한 것이 징역살이라고 하는데, 가장 힘든 시기에 찾아 주는 가족도, 친구도 없다는 것은 이들의 과거를 충분히 짐작하게 합니다. 계속 척만 하며 현실을 부정한 모습을 보면 안타깝기도 합니다.

제비집

대체로 수용자 거실에는 벽에 선반이 설치되어 있어 관물대로 사용했습니다. 그런데 언젠가 선반이 목매달아 자살하는 데 사용된다는 이유로 모두 철거되었습니다. 그 이후 사물함으로 사용이 가능한 상자가 제공되었으나 숫자가 많아지다 보니 공간이 비좁아지고 높이 쌓인 상자가 넘어지기도 하여 역시 모두 회수되었습니다. 이 와중에 잡동사니를 보관할 방법을 찾지 못한 수용자들이 만들어 낸 것이 '제비집'입니다. 종이 상자를 구해 작은 상자를 만들어 벽에 부착하면 작은 관물대가 되는데 마치 제비집처럼 보여서 붙은 이름입니다. 문제는 외관상 볼썽사납다는 이유로 검방 때마다 철거 지시가 떨어지고, 검방이 끝나면 다시 제비집이 등장하는 웃지 못할 촌극이 계속 발생한다는 것입니다. 이는 관의 명령 체계와 신뢰를 떨어뜨리는 데 한몫하고 있습니다. 물건이 많은데 보관할 곳을 없애라는 것은 물건을 없애라는 이야기나 다름없습니다. 감방문화를 이해하지 못하고 질서를 세우는 방법에 대한 지혜가 부족해서 나온 것입니다. 대안이 없는 일방적인 지시는 제대로 된 행정의 모습이 아니라고 생각합니다. 물론 근본적으로는 수용 공간의 문제이니 공간을 더 확보하거나 수용 인원

감옥이란 무엇인가 2

을 줄여야 할 것입니다.

흥미롭군요. '제비집'은 저도 처음 들어 본 은어입니다. 다음에서는 사형수만이 겪는 특이한 규칙이나 이에 따른 하위문화에 대해 알고 싶습니다. 예컨대 '전방'이라고 거실을 주기적으로 옮기는 규정이 있다는데 어떠신가요?

사형수들은 1년 주기로 모두 일시에 방을 옮깁니다. 보안 때문인지 주기적으로 긴장이 필요하다고 생각한 것인지 모르지만 저희들이야 무조건 따라야 할 규칙입니다. 그런데 작년에는 제가 머물던 사동에서 배관 공사를 하는 바람에 2개월 동안 다른 사동으로 전방을 했다가 돌아왔는데 곧바로 1년 주기가 되어 다시 전방을 하게 되었습니다. 이럴 때는 참 곤혹스럽습니다. 사람이 사는 곳이니 살림살이가 있고, 한동안 살아야 하는 곳이니 옮길 때마다 살 만한 곳으로 만들어야 합니다. 그런데 좁은 공간이라 더럽게 쓴 수용자 방으로 배정되면 벽과 바닥, 변기, 하수구 모든 곳에서 수년 동안 찌들은 온갖 때와 곰팡이로 악취가 진동합니다. 모두 뜯어내고 종이를 구해 풀칠해서 도배하고 말리고 악취를 제거하는 데 며칠이 걸리지요. 추운 겨울날에도 악취 때문에 문을 열고 자야 할 정도입니다. 세상의 누가 이런 사정을 알겠습니까? 이젠 어떤 배려도 기대하지 않습니다. 그저 체념하고 살지요.

그렇군요. 바깥세상 사람들은 전방이 무엇인지 그리고 수용자에게 어떤 의미가 있는지 전혀 알지 못합니다.

하나의 사례를 말씀드리자면, 코로나19 사태로 거의 3년간 외부와 완전히 단절되었던 시기에 있었던 일입니다. 연말에 갑자기 사형수 전방이 있었습니다. 전방을 한 이유는 교도관 인터넷 게시판에 올라온 익명의 글 때문이었습니다. 어느 사형수가 교도관에게 무례한 언행을 할 뿐만이 아니라 평소 수용 생활의 태도도 좋지 않다는 내용이었다고 합니다. 사형수에 대한 비판의 글이 올라오자 상부에서 곧바로 징벌적 전방 지시가 떨어진 것입니다. 그때는 저도 너무 황당하고 화가 났습니다. 30년 동안 수없이 전방을 다녀 봤지만 이런 이유로 전방을 가는 것은 처음이었지요. 교도관이 모욕감을 느낄 정도로 수용자의 언행이 불량했다면 징계하거나 즉시 바로잡으면 될 일입니다. 그런데 그런 내용을 뒤에서 익명으로 게시판에 올린 것도, 사형수 전체에게 책임을 물어 전방을 보내는 것도 이해하기 어려웠습니다. 더구나 그때는 수용자 모두가 팬데믹의 긴 터널 끝에서 심신이 지치고 심경이 복잡한 시기였기도 해서 보복성 전방 조치에 대해 불만과 절망감이 더 컸습니다. 물론 세상 사람들은 사형수가 감히 무슨 불평이냐고 비난할지도 모르겠습니다만, 그 당시에는 이런 상황에서 살아 뭐하나 싶을 만큼 제 처지가 비참하게 느껴졌습니다. 안정적인 생활을 하다가도 속이 뒤집히는 일을 겪으면, 힘겹게 겨우 밀어 올린 바위가 도로 산 밑으로 굴러떨어지는 것을 지켜봐야 하는 시지프의 고통스러운 운명이 바로 내 운명이라는 생각이 들어 우울해지곤 합니다.

전방이라는 조치가 수용자 관리상 필요하겠지만 부정적인 측면을 유발할 수도 있다는 생각이 드는군요.

감옥은 평상시에도 스트레스가 쌓여 있고 평정심을 유지하며 살아가기가 버거운 곳입니다. 그럼에도 공동 책임이라는 덫을 씌워서 잘 지내고 있는 수용자의 일상까지 무너뜨리는 것은 감옥 문화에 대한 이해가 부족한 관리들의 부적절한 조치입니다. 회복탄력성이 낮은 수용자들은 교정 행정에 대한 반항심이 생길 수도 있고, 문제를 일으킨 동료 사형수에게 적대감이 커지면 안정적인 수용 분위기를 해칠 수도 있습니다.

구치소의 사형수는 모두 독방에 수용되어 있습니다. 그래서 종교가 다른 경우에는 몇 년 동안 얼굴 한 번 보기도 힘듭니다. 누가 어떻게 지내는지 자세히 알 수 없지요. 사실 이곳에서는 어떤 소식도 들리지 않는 것이 곧 잘 지내고 있다는 신호이기도 합니다. 종종 발생하는 사고로 근황을 알게 되는 것이 썩 유쾌한 일은 아니니까요. 그런 상황에서 모두에게 공동 책임으로 징벌성 조치를 내리는 것은 얻는 것보다는 잃는 것이 더 많을 것입니다. 이렇게 공동 책임을 묻는 조치가 큰 효과를 발휘하지 못하는 이유가 또 있습니다. 정작 문제를 일으킨 사람이 문제인데, 원인을 제공한 사람은 자신의 책임을 부인하고 위선적 행태를 보이기 일쑤이기 때문입니다. 동료에게 불이익이 돌아가도 정작 자신은 미안해하지 않고 문제의 언행도 바꾸지 않으며 같은 일을 계속 되풀이합니다.

수용자에게는 어느 방에 배정되어 어떤 사람과 살아야 하는지가 가장 큰 걱정거리라고들 하더군요. 사형수도 마찬가지입니까?

제가 1996년 봄에 ○○구치소로 이감 왔을 시절에는 혼거실에서 생활했는데 그때는 전방을 3개월에 한 번씩 다녔습니다. 1년 내내 짐을 쌌다가 풀었다가 하는 것이 일이었지요. 방 사람들과 친해질 만하면 전방을 가고, 새로운 환경에 적응할 만하면 다시 전방을 가다 보니 도무지 마음이 안정되지 않아 늘 면도날처럼 날이 선 채로 살았습니다. 구치소에서는 사형수를 배려한다고 사기범이나 절도범이 수용된 경제 방에 넣어 줍니다. 경제적으로 여유가 있는 방에 가서 굶지 말고 지내다 가라는 것이었지요. 그런데 가끔 접견 갔던 사형수가 입방을 거부당하는 경우가 있었습니다. 사형수와는 같은 방에 무서워서 못 있겠으니 다른 방으로 옮겨 가라고 입방을 거부한 것입니다. 좀도둑으로 들어온 초범들에게는 사형수라는 존재가 부담스러웠다는 이야기입니다. 어떤 거실에서는 자기들끼리 뭉쳐서 사형수의 전방 자체를 거부하는 사례도 있었습니다. 사형수의 전방이 있는 날은 보통 아침에 사동 담당 직원이 거실 사람들에게 귀띔해 줍니다. 그러면 자기들끼리 마음의 준비도 하고 자리를 비워 놓고 기다리는데 가끔은 역공을 펴기도 합니다.

이 일은 먼저 세상을 떠난 어느 사형수 형제가 겪은 일입니다. 저의 방 옆 사동으로 전방을 갔는데 어찌 된 일인지 그가 사동에 들어가지 못하고 출입문 앞 복도에 뻘쭘하게 서 있었습니다. 알고 보니 사형수가 자기들 방에 온다는 말을 듣고 수용자들이 단체 행동으로 막아선 겁니다. 저도 그 이야기를 듣고 화가 나서 그에게 물러서지 말고 꼭 그 방으로 들어가라고 했지요. 그럴 때마다 사형수가 휘둘려서 이리저리 쫓겨 다니면 꼴이 우스워지고 좋지 않은 선례가 될 것이라고 말해 주었습니다. 그 형제가 감옥에 온 지 얼마 되지 않아 감옥 문화에 서툰 때였거든요. 결국 그 방은 깨졌습니다. 자신들이 불편하다는 이유로 관에서 지시한 전방을 단체로 거부했으니 거실 전체 인원이 해체된 것입니다. 결국에는 그 형제가 그 방에 들어갈 수 있었습니다.

사회에서만 집단이기주의가 횡행하는 줄 알았는데 교정시설의 수용자 간에도 이해를 같이하는 사람들끼리 집단행동을 하기도 하는군요.

새삼 감옥이 우리 사회의 축소판이라는 생각이 듭니다.

갇혀 있다 뿐이지 감옥에서 지내는 시간도 엄연한 사회생활의 연장입니다. 새로운 미래를 꿈꾸고 자기 계발서나 성경 등을 읽으며 마음을 다지는 공부를 열심히 하는 친구들도 있지만, 보통은 유유상종이라고 서로 잘 통하고 공유할 게 많은 이들끼리 어울리며 지냅니다. 감옥에 갇혔다고 모든 범죄자가 범죄에 대한 상념이나 몰입도가 줄어드는 것은 아니니까요.

원래 감옥에는 오래전부터 '신분 피라미드'라는 것이 존재해 왔습니다. 꼭대기에는 교도소나 구치소 소장이 있고, 그 아래로 간부들과 현장 교도관들이 있습니다. 물론 수용자들이 맨 하위층을 형성하지요. 과거에는 최하위층 수용자들을 가리켜 '불가촉천민不可觸賤民'이라고 부르기도 했습니다. 당연히 신분 상승이 불가능한 수용자들은 위에서 내려오는 명령에 복종해야 합니다. 상위층에 있는 사람들(교도관들)은 불가촉천민들(수용자들)과 절대 친하게 지내서는 안 된다는 그들 나름의 원칙이 있습니다. 지금도 그런 인식은 여전히 유지되고 있고요. 문제는 불가촉천민 취급을 당하는 수용자들 사이에도 그들만의 신분 피라미드가 존재한다는 것입니다. 척박한 감옥살이 환경에서 살아남기 위해 자생적으로 형성된 하위문화의 병폐라고 볼 수 있지요.

요즘에는 과학적 분류심사라고 해서 다양한 요인을 고려하여 수형자의 특성에 따라 방 배정을 하고 있는 것으로 압니다만….

요즘은 죄명과 범수 등 다양한 요인을 고려하여 분리해서 수용합니다. 예컨대 강력범죄, 경제범죄, 마약범죄, 고령자 등으로 구분하고 초범과 누범도 분리해서 수용합니다. 그러나 이런 분리수용은 큰 효과를 낼 수 없다고 생각합니다. 방만 다를 뿐이지 모두 같은 사동에 뒤섞여 있고, 운동도 같은 시간에 동일한 공간에서 함께 하는 경우가 많기 때문입니다. 물론 1980~1990년대보다는 크게 개선되었습니다. 그때는 특이하게 운전기사들만 따로 수용하는 방이 있었고, 사기죄로 들어온 사람들도 따로 수용되었습니다. 그리고 나머지 살인, 강도, 성범죄, 절도 등은 모두 한 방에 뒤섞여 있었지요. 운전기사는 생계형 과실범으로 이해했던 것 같고, 사기범은 대부분 남을 등쳐 먹고 들어온 것이 아니라 사업하다 부도가 나서 어쩔 수 없이 들어온 딱한 사장님으로 대우해 준 것 같습니다. 지금과는 인식이 많이 달랐습니다. 요즘 전세 사기나 보이스피싱 같은 사기 범죄는 서민을 등쳐 먹는 중대범죄로 보니까요. 카드와 관련된 신종 범죄들은 1990년대 후반부터 각 은행에서 카드를 대거 발급하기 시작하면서 주머니에 현찰을 들고 다니는 사람들이 급격히 줄다 보니 소매치기로 먹고살던 사람들이 카드 속에 숨은 돈을 빼낼 궁리를 하다가 탄생한 것이 아닌가

하는 생각이 들었습니다.

다음에서는 거실 내 하위문화에 관해서 물어보겠습니다. 수용자 간에 서열이 있고 당연히 여러 면에서 갈등이 있겠지요. 아직까지도 혹독한 신입식 이야기가 종종 회자되기도 합니다. 실제는 어떤가요?

앞서 말씀드린 대로 요즘은 잠자리 지정제가 시행되어 자리다툼으로 인한 분란은 확실히 줄었습니다. 그런데 과거에는 각 거실에 상석이라고 불리는 자리가 있었고 보통 방장이라는 사람이 그 자리에 앉았습니다. 힘이 세거나 돈이 많은 자가 방장 노릇을 했습니다. 잠자리, TV, 배식, 보급 등에서 작은 이익이나 편리함을 차지하는 것을 권력으로 여기고 거기서 자기 정체성을 찾는 것으로 볼 수 있습니다. 방 식구들 역시 살아남기 위해 그렇게 인식하고 살게 됩니다. 그런데 사형수가 오면 상석을 비워 주는 것이 상례인데 간혹 어떻게 하든 그 자리를 사수하려고 기 싸움을 하기도 합니다. 그럴 때 저 같은 경우에는 힘으로 뺏기보다는 스스로 화장실 앞 맨 아래 사람의 자리에 앉아 기다립니다. 그렇게 하루 이틀 지나면 방장이 슬그머니 자리를 양보해 줍니다. 그게 설익은 빵잽이를 다루는 기술이지요.

최근에는 교도소의 신입식 문화가 사실상 사라졌지만 교도소의 본질적 성격을 생각하면 폭력은 어떤 형태로든 화약고처럼 언제든지 발생할 수 있습니다. 사회에서도 대학 신입생 환영식, 운동선수 합숙소, 심지어 대학병원 의사들 사이에서도 폭력 등 저급한 하위문화가 존재한다는 보도가 종종 나옵니다. 지금은 현저히 개선되었지만 1980~1990년대 우리나라 교정시설의 신입식은 실제로 장난이 아니었습니다.

그렇군요. 이런 행위는 국가가 공식적으로 부과하는 형벌 외에 부수적으로 받는 제2의 형벌이라는 점에서 일종의 적폐라고 할 수 있습니다. 어떻게 진행되었습니까?

신입이 방에 들어오면 저녁 때까지 말 한마디 없이 서열이 가장 낮은 자리인 화장실 앞에 차려 자세로 앉혀 둡니다. 종이 한 장을 주고 이름, 생년월일, 죄명, 가족관계 등을 적게 하고 외우라고 시킵니다. 누구도 말을 걸지 않고 유령 인간으로 취급하지요. 질서정연한 분위기를 만들어 군기가 바짝 들게 합니다. 위에서부터 서열 1위인 대장급인 방장이 있고, 2위인 규율 반장, 3위인 구매품과 접견물을 관리하며 살림을 책임지는 구매 반장이 있지요. 사실상 세 사람만이 자유롭게 말할 수 있고, 나머지는 엄격한 통제 속에 바둑이나 장기를 두거나 독서를 하면서 조용히 시간을 보내야 합니다. 화장실도 보고하고 허락을 받아야 갈 수 있습니다. 저녁 배식 후, 일과가 끝나면 본격적인 신입식이 시작됩니다. 방장의 지시에 따라 규율 반장이 식을 진행합니다. 신입은 생판 처음 본 범죄자들 앞에서 사건과 신상은 물론이고 가족관계까지 모두 까발려야 합니다. 조금이라도 버벅거리면 바로 주먹과 발차기가 날아갔습니다. 1990년대까지만 해도 신입식이 암묵적으로 용인되던 시기여서 퍽퍽 소리가 나고 비명이 들려도 교도관은 못 본 척 지나갑니다. 자기들끼리 규율을 잡아 주니 관리에 편한 점도 있어서 사고가 나지 않는 선에서 묵인했습니다. 신고식을 무사히 넘긴 경우에도 안심하면 안 됩니다. 2차 검증 단계가 있기 때문입니다. 구속되고 2주 정도 지나면 공소장이 날아옵니다. 이때 방장이 먼저 읽어 보고 피드백과 함께 돌려주는 게 관례였습니다. 만약 신입식 때 설명했던 사건 내용과 공소장 내용이 다르면 방 식구들을 기만한 죄로 엄청나게 맞습니다. 대부분 초범이 공소장이 곧 온다는 사실을 모르고 적당히 위기를 넘기려다가 된통 당하는 것이지요.

한편으로 공소장이나 판결문을 먼저 본 경험 많은 방장이 다양한 정보를 주기도 해서 거의 하늘과 같은 존재로 군림하기도 합니다. 어떻게 해야 빨리 나갈 수 있는지, 합의를 봐야 하는지, 반성문은 어떻게 써야 하는지, 탄원서는 누구에게 받아야 효과적인지, 최후 진술은 어떻게 해야 재판장에게 잘 보일 수 있는지 등 사실상 일타 강사급 행세를 한다고 봐야 합니다. 죄명별로 보면 강간이나 간통과 같은 성 관련 범죄로 들어온 사람들이 사실을 숨겼

다가 봉변당하는 일이 가장 많았습니다. 특히 간통은 사연도 많고 흥미도 있었겠고, 가정파괴범이라는 안 좋은 인식도 있어서 더 가혹했던 것 같습니다. 지금 생각해 보면 그 시절에는 왜 그렇게 재소자들끼리 서열을 정해 괴롭히고 학대하는 저급 하위문화가 기승을 부렸는지 잘 모르겠습니다. 사실 줄줄이 이어지는 폭력의 악순환일 뿐인데 말이죠.

요즘은 과거처럼 신입식을 하거나 타 수용자를 특정해서 괴롭히면 바로 징벌방에 갑니다. 신입식 과정에서 사고가 자주 발생하니 예방 차원에서 엄격하게 제재하기 시작하면서 지금은 신입식이 거의 사라졌습니다. 또 요즘은 신입이라고 얻어맞을 사람도 없고요. 성범죄로 들어오는 사람이 많아서인지 이젠 성범죄가 과거만큼 부끄럽고 단죄받는 범죄는 아니고 수많은 범죄 중 하나 정도로 변하고 있는 것 같습니다. 한편으로 이런 변화를 바깥세상의 사람들은 어떻게 인식하는지 궁금하기도 합니다.

여러 차례 복역했으니 신입식 경험이 있었겠지요?

물론 저도 어린 시절에 신입식 피해자인 적이 있었습니다. 1982년 ○○가정법원에서 5호 처분을 받고 소년원으로 넘어갔을 때였습니다. 첫날, 먼저 옷을 홀딱 벗기더니 쪼그려 앉혀 놓고 삭발시키고, 작은 성냥갑 크기의 세숫비누 한 개와 낡은 수건 한 장을 나눠 주고는 목욕탕에 밀어 넣었습니다. 신입생 4명을 샤워 꼭지 하나마다 한 명씩 세우더니, "지금부터 3분 준다. 목욕 실시!" 하는 구령과 함께 샤워기에서 찬물이 쏟아졌습니다.

샤워를 하는 둥 마는 둥 끝내자 생활복인 운동복으로 갈아입히더니 신입방으로 집어넣었습니다. 신입방은 본방에 배정받기 전에 2주 정도 머물며 기초 교육을 받는 곳입니다. 신입방에 들어서자 20명 정도 되는 아이들이 질서정연하게 3열 종대로 줄을 맞춰 차려 자세로 앉아 있었습니다. 표정 없는 로봇 같다는 인상을 받았습니다. 그런데 감별소에서 넘어온 아이들이라 대부분 낯이 익었지만 감별소와는 사뭇 다른 분위기가 감지되어 저는 눈치껏 대열 맨 뒤쪽에 가서 앉았습니다.

그런데 반장 녀석 둘이 슬그머니 제 뒤로 오더니 갑자기 옆구리를 걷어찼습니다. 무방비 상태에서 얻어맞으니 숨이 턱 막혀 그대로 고꾸라졌습니다. "이 ××가 군기가 빠졌나. 어디서 이빨을 보이고 ××이야!" 하면서 계속 짓밟기 시작했습니다. 이대로 맞다가는 죽겠다 싶어 벌떡 일어나 방 앞쪽 유리창을 주먹으로 깨고 유리 조각으로 제 배를 몇 번 그었더니 움찔했습니다. 복도를 사이에 두고 신입방 바로 옆에 근무자실이 있었는데, 그렇게 심하게 구타당할 때는 꼼짝도 하지 않더니 유리창이 깨지는 소리가 나니까 그제야 담당 선생님들이 나와서 마포 자루로 휘둘러 저를 제압했습니다. 그러고는 피가 흐르는데도 웃통을 벗긴 상태로 진정실에 가둬 버렸습니다. 진정실은 사무실과 연결된 길쭉한 독방이 었는데, 사무실에서 창문으로 24시간 감시가 가능한 구조였습니다. 추운 날씨에 담요도 한 장 없는 독방에서 맨발에 반나체로 밤새 떨다가 하루 반나절 만에 나올 수 있었습니다. 교대 근무를 들어온 선생님이 제 머리를 몇 대 후려치더니 "상처는 깊지 않네." 하면서 샤워하게 했습니다. 그리고는 "한 번 더 사고 치면 그땐 정식으로 징계 처리 할 테니 각오해라!" 하면서 신입방으로 다시 집어넣는 겁니다. 반장들한테 집단 폭행을 당하고 유리창까지 깨면서 자해까지 했는데 가해자와 피해자를 다시 한 방에 있게 하다니 어이가 없는 일이었지요. 하지만 그때는 그게 당연했습니다. 다행히 반장들의 태도가 한결 부드러워져 있었고 더 이상 구타는 없었습니다. 단체 얼차려를 받을 때도 "너는 이쪽에 빠져 있어!" 하면서 열외를 해 주더군요. 신입 방에서 한바탕하고 났더니 원생들 사이에서 꼴통이 한 놈 왔다고 소문이 나서 배관 방에 배정받아 갔을 때도 심하게 다루지 않았습니다. 운이 좋게 배관방 반장이 알고 지내던 선배 형이어서 밑바닥 생활을 거치지 않고 편하게 지낼 수 있었습니다.

과거에는 수갑을 찬 채로 구금 생활을 하신 적이 있었지요? 당시 상황을 이야기해 주십시오.

1990년대 후반까지는 20년 이상 실형을 선고받거나, 무기나 사형이 선고될 만한 중범죄 수용자에 대해서는 시설 내에서도 24시간 수갑을 채웠습니다. 그 시기에 저도 2년 동안 수갑을 찬 상태로 수용 생활을 했습니다. 수갑 세 개를 차고 재판받은 적도 있었습니다. 중범죄자인 데다가 조직 사범이라는 이유로 검사의 명령에 따라 수갑 하나가 추가되어 두 개를 채우더니, 재판을 위해 법원으로 출정할 때도 출정 규정상 수갑을 채워야 한다고 해서 매번 수갑 세 개를 차고 재판을 받았습니다. 다 지난 일이지만 이것이 엄중한 수용자 관리를 위한 조치라고 하더라도 적절한 것이었는지 한 번쯤 묻고 싶기도 합니다.

1990년대 후반에 우리나라의 수용자 인권 상황을 짐작하게 하는 사례 같습니다. 나쁜 자들에 대한 혐오이자 관료적 규제 행정의 경우로 보입니다.

수갑을 찬 채로 먹고, 자고, 싸고, 씻으려니 하루하루가 생지옥 같았습니다. 특히 여름에는 더 힘들었지요. 옷을 갈아입을 수 없으니 상의는 아예 다 벗고 살았습니다. 당시 ○○교도소는 구건물이라 물 사정도 좋지 않아서 하루 1인당 패트 병 두 개씩 배당받았고 그것으로 머리를 감고 샤워까지 모두 해결해야 했습니다. 물이 귀하니 수용자끼리 장기나 윷놀이로 물 따먹기를 하곤 했습니다. 겨울에는 그나마 땀이 나지 않으니 사정이 좀 나았습니다. 주 1회 10분 정도 온수 목욕을 했는데, 그때만은 수갑을 잠시 풀어 줘서 전체 사동 목욕이 끝날 때까지 한 시간 정도는 자유를 만끽할 수 있었습니다. 이때 주어진 한 시간 동안의 자유와 해방감은 이루 말로 표현할 수 없을 정도로 달콤하고 짜릿했습니다. 묶여서 하루 24시간을 몇 년 살아 본 사람만이 느낄 수 있는 특별한 행복일 것입니다.

수갑을 찬 사람이 있으면 같은 방의 수용자들에게도 매우 부담되는 상황이 왕왕 발생했을 것 같은데 어떠셨나요?

1990년대 당시 교정시설의 과밀 수용 실태는 심각했습니다. 수용자들은 거실 면적에 따른 수용 인원의 기준이 있는지도 몰랐습니다. 징역살이하면 당연히 칼잠을 자야 하는 것으로 알았습니다. 지금 생각하면 4~5명이 수용되어야 할 방에 8명씩 수용했으니 기준보다 두 배 정도 더 많이 수용한 셈이지요. 겨울에는 마룻바닥에서 올라오는 냉기 때문에 다닥다닥 붙어 자도 견딜 만하지만, 여름에는 끈적거리는 옆 사람의 살과 부대끼며 자야 하니 한밤중에 주먹질이 오가는 것이 다반사였습니다. 콩나물시루 같은 비좁은 공간에서 어떻게든 공간을 만들어야 하니 어떤 사람은 화장실 바닥에 신문지를 깔고 유자형으로 몸을 구기고 잠을 청하기도 했습니다. 또 어떤 사람은 높이 1미터, 너비 60센티미터 정도의 관물대 위에 올라가 자다가 떨어져 아랫사람을 덮치기도 하는 등 그야말로 난리였습니다. 그래서 취침 시간이 되면 두 사람씩 순번을 정해 창문 쪽에 서서 부채질하도록 했습니다. 그러면 나머지 사람들은 자리를 그럭저럭 잡고 모기에게 물리지 않고 꿀잠을 잘 수 있었습니다. 저는 옆 사람에게 피해를 주지 않기 위해 방 한구석에서 수갑 찬 손을 만세 부르듯이 올리고 자야 했습니다. 그렇게 수갑을 찬 상태로 보낸 2년은 돌아보면 생지옥이었습니다. 지옥에서 고통받는 죄인을 묘사한 영화의 한 장면과 다름이 없었다는 생각이 듭니다.

오늘날에는 자살 시도나 폭력적인 사고를 범한 위험 인물이 아니라면 수갑을 채우는 일이 없습니다. 우리나라 수용자 인권은 2000년대에 들어와서야 비로소 향상되기 시작했다고 하던데, 형제님 말을 듣고 보니 그 이전의 상황이 짐작되는군요.

장기 징역형을 받으면 심리적 불안으로 자살 시도를 하거나 보안 사고를 일으킬 위험이 있어 사고 예방 차원에서 수갑을 채웠습니다. 그런데 실상은 사고 예방은커녕 도리어 사람의 심리를 자극해 사고를 유발했습니다. 여러 사람이 수용된 혼거실에서 혼자만 수갑을 차고 철거덕거리고 다니면 주변에 위화감을 주었을 뿐 아니라 당사자 역시 스트레스로 더 난폭해질 수밖에 없습니다. 지금 생각해 보면, 수갑을 차고 생활한 2년은 단 하루도 마음이 안정된 날이 없었고, 과민한 상태로 있다 보니 주변 사람만 더 힘들게 했던 것 같습니다.

사형수 몇몇만이 참석하는 개인 교회 시간도 수갑을 찬 상태로 진행되었습니다. 1996년 12월에 있었던 성탄 미사 때 세례를 받았는데 그날 한 번 잠시 수갑을 풀어 준 적이 있었을 뿐이었습니다. 사실 그때도 세례식은 성스럽게 진행되어야 한다는 봉사자 자매님들의 거센 항의로 겨우 허락될 정도였지요. 1990년대 후반까지만 해도 교정 행정은 실로 야멸차고 삭막하기 그지없었습니다. 대법원에서 최종형이 확정되고 1년쯤 지나서야 수갑이 풀렸는데, 그때부터 조금씩 날 섰던 마음이 자연스럽게 잦아들기 시작했던 것으로 기억합니다.

세상이 정말 많이 변하고 있습니다. 교정 영역도 많이 변했고 앞으로도 더 변하겠지요. 최근 과밀 수용에 대해 국가가 배상하라는 대법원 판결까지 나왔더군요. 수용 여건이 쉽게 개선되긴 어렵겠지만, 전반적인 사회 여건의 질적 변화에 따라 인간의 존엄성이 지켜질 수준에서 1인당 공간의 기준이 재조정되는 과정이라고 생각합니다.

현재 국가의 공식적인 기준이 수용자 1인당 2.58제곱미터이지만, 공유면적이나 거실 내에 관물대 등의 공간을 제외하면 기준에 훨씬 못 미칠 것입니다. 우리나라 교정시설은 침대 구조가 아니고 온돌 구조이기 때문에 잠자고, 밥 먹고, TV 보고, 장기 두는 것 등이 모두 같은 공간에서 이루어집니다. 더구나 모든 행위가 과밀 수용된 상태에서 이루어지기 때문에 개선이 꼭 필요한 부분입니다. 중범죄자나 위험 인물은 제외하더라도 식사 용도의 공동식당이 운영되고, TV 시청이나 여가 시간을 보내는 공유 공간과 침실 용도의 거실이 구분되는 것이 이상적이라고 생각합니다. 혼거실에서 성인 남자 여러 명이 방바닥에 누워 잠을 잘 때, 하늘에서 누군가가 내려본다면 히말라야 등반대 텐트 안을 연상하지 않을까요?

그런데 다행스럽게도 최근 새로 신축된 국군교도소가 북유럽 교도소 모델을 참조했다는 보도를 보았습니다. 제가 평소 주장해 온 소규모 시설, 독거실 확대, 커뮤니티 룸, 공동식당 운영이 모두 이루어졌더군요. 놀라운 변화입니다. 100명 정도 수용하는 소규모 시설이고, 2층 구조로 1인 1실 독거실의 비율이 76%이고, 1층 중앙에 공용휴게실 역할을 하는 '데이룸 day room'이 있습니다. 따로 1인 샤워실과 공동식당도 마련되어 있고요.[32] 문제는 이제부터입니다. 시설 개선도 중요하지만 앞으로 어떻게 운용하느냐가 더 중요하겠지요. 일반 교도소에서 아직도 이루지 못한 혁신을 군에서 먼저 이루었다는 사실은 두고두고 생각해 볼 문제입니다. 변화는 이미 시작되었습니다. 군 조직의 특성이 장애 요인이 아니라 적극적 혁신의 촉진 요인으로 작용할 수 있다면 다양하고 실험적인 시도를 해 볼 수 있다고 생각합니다.

구금형의 궁극적 목적

지금부터는 더 근본적인 이슈로 형벌에 대해 의견을 나눠 보겠습니다. 우리가 형벌을 이야기할 때 흔히 "눈에는 눈, 이에는 이"라는 말이 자주 거론됩니다. 이 말을 들으면 어떤 생각이 드시나요?

이는 구약성경의 모세오경에도 나오는 응보의 원칙입니다. 처벌 기준이 정교하지 않았던 부족 국가 시대에는 받는 만큼 돌려준다는 단순성이 형벌로서 유효한 효과를 발휘했을 법합니다. 지나치게 과도한 형벌을 막는다는 취지도 있다고 들었습니다. 그런데 저는 오늘날에도 이 원칙이 우리 사회는 물론이고 검찰의 구형이나 법원의 판결 과정에서 여전히 살아 작동하는 이념이라고 생각합니다. 민감한 사건이 터져 언론에서 '국민 정서'니 '여론의 악화' 등의 말이 나오기 시작하면 '눈에는 눈'이 아니라 '특정'이나 '가중'이라는 수식어가 붙어 처벌이 배가되지요. 그렇게 되면, 형벌 인플레이션 현상이 나타나고 교수님이 종종 말씀하신 '형벌

포플리즘'으로 이어질 것입니다. 과학적인 근거가 없다는 것을 알면서도 형벌을 강화하면 범죄가 약화될 것이라는 막연한 기대를 사법부가 반복하고 있다고 생각합니다. 사실 이는 조폭 세계 싸움판의 특징이기도 합니다. 국가에서는 조폭과는 다르게 한두 단계 앞을 내다보는 형벌 정책을 구현해야 하지 않을까요?

근세 이전까지 형벌은 채찍질하기, 곤장 치기는 물론이고 신체를 잔인하게 훼손하는 신체형이 주를 이루었습니다. 자유를 속박하는 것을 형으로 하는 소위 자유형은 1700년대 후반에서야 등장했고요. 자유를 속박하는 형벌이 형벌로서 효과가 있다고 생각하십니까?

교수님의 책에도 나와 있듯이 과거에는 구금 자체가 형벌이 아니라 판결까지 사람을 잡아 두는 조치였고, 이후 구금이 형벌의 방식으로 정착하면서 교정 교화도 하나의 기능으로 자리 잡았습니다. 갇히는 것이 싫어서든 사람이 변해서든 구금의 효과는 재범률 통계로 나타날 텐데, 제 몸으로 느끼는 체감 효과로 말하더라도 부정적입니다. 감옥의 본질적 구조와 환경은 구금 횟수가 많을수록, 구금 기간이 길수록 교정 교화의 가능성이 줄어드는 것을 체험적으로 느낍니다. 제 경험으로는 범죄자가 감옥에서 조금이나마 후회하고 뉘우치는 마음이 생길 때는 미결로서 재판받는 기간입니다. 그러나 재판이 끝나고 집행유예든 실형이든 형이 확정되는 순간에 바로 그것으로 죗값을 다 치렀다고 생각합니다. 피해자에 대한 미안함도 사라지고 죄의식을 가질 이유도 없어지는 것입니다. 이런 본질적인 문제가 해결되지 않는 한, 여타 문제는 곁가지에 불과하다고 생각합니다.

제가 30년간 감옥살이를 하면서 느낀 것은, 감옥 자체의 구조와 본질이 변하지 않은 상태에서 학교나 군대에서처럼 반복적인 훈련 혹은 모종의 몇 가지 조치로 사람을 변화시킬 수 있다는 것이 환상에 가깝다는 것입니다. 이것이 교수님이 자주 말씀하신 새로운 형벌 제도가 탄생해야 하는 이유이기도 합니다.

조금 결이 다른 이야기입니다만, 또 한 가지 문제점은 범죄는 배운 것 없고 가진 것 없는 사람들이 열등감과 피해의식에 사로잡혀 저지르는 반항 같은 것이라는 인식이 있습니다. 그래서 학벌이 높거나 사회적 지위가 있는 사람들이 주로 저지르는 범죄를 화이트칼라 범죄라고 칭합니다. 아직도 사회적 약자들이 저지르는 범죄는 손가락질하고, 상류층이 저지르는 범죄는 실수겠지 하며 이중 잣대로 평가하는 경향이 있습니다.

아주 근본적인 관점에서 문제를 잘 지적해 주셨습니다. 감옥은 기본적으로 수용자에게 고통을 주는 곳입니다. 그 이유로 형벌 기능을 하는 것이고요. 구금 생활을 하면서 가장 고통스러운 순간은 언제였습니까?

제게 가장 고통스러운 순간은 제가 감옥에 있다는 사실입니다. 감옥은 주관적으로 선택해서 행동할 수 있는 곳이 아닙니다. 남이 살리는 대로 사는 삶이 얼마나 참담한 일인지 겪어 보지 않은 사람은 모를 겁니다. 더 이상 나의 운명을 스스로 통제할 수 없다는 것은 죽어 가는 화분에 하릴없이 물을 주는 것과 같습니다. 죽어야만 끝나는 사형이라는 형벌의 무게입니다. 30년이란 세월이 흘렀지만 처음과 똑같은 신분과 처우에 묶여 살아야 하는 것이 사형수의 운명이지요.

사람들은 선했던 사람의 악해진 모습은 금방 받아들이면서, 악했던 사람의 선해진 모습은 선뜻 받아들이지 못합니다. 교도소의 사형수에 대한 인식도 그렇습니다. 30년이 지난 지금도 과거에 끔찍한 범행을 저지른 흉악범일 뿐이고, 매년 정기적으로 방을 옮겨야 하고, 2주마다 방 점검을 실시합니다. 이런 교도관들의 불신과 경계심이 저를 비참하게 하지만 한편으로는 적절한 긴장감을 유지하게 하는 기능도 한다고 위로하며 살아갑니다.

30년 전이나 후나 신분과 처우가 똑같다는 말을 들으니 안타깝군요. 형제님은 누구보다도 감옥에 대해 진지하게 생각해 보셨을 것입니다. 감옥은 어떤 곳입니까?

저에게 감옥은 삭막한 광야이면서 배움과 깨달음의 장소입니

감옥이란 무엇인가 2

다. '정진의 도량'이라는 말이 있지요. 밑으로는 더 이상 내려갈 곳이 없고 인생에서 몰락한 이들이 아귀다툼을 벌이는 곳이라는 뜻입니다. 자기를 내려놓지 않으면 하루하루가 지옥입니다. 사람들이 감옥에서 제일 먼저 깨닫는 것은, 과거의 평범한 일상이 주었던 행복일 겁니다. 그런데 갑자기 당연하게 해 왔던 사소한 행동마저도 금지당해 처참한 신세로 전락한 것은 물론이고 그 처지를 벗어날 길도 없습니다. 그나마 마주해야 하는 사람들은 어리석었던 자신의 과거를 거울처럼 비춰 주는 역할만을 할 뿐입니다. 저는 그들을 '바보 동료'라고 칭합니다. 그들은 동료인 동시에 저 같은 바보니까요. 살던 집, 사랑하는 가족과 친구, 익숙한 소지품, 취미는 물론이고 존엄성과 판단력까지 모두 잃고 고통과 욕구만 남은 빈 껍데기로 살아가는 (제 자신의 모습이기도 한) 그들을 바라보는 심정은 참담하기 그지없습니다. 자유로웠던 날의 순간과 기억들이 희미해지고 미래에 대한 희망마저 사라져 버린 현실을 마주할 때마다 이대로 삶을 지속하는 것이 과연 무슨 소용이 있을까 싶을 때도 있습니다.

자의든 타의든 사람은 누구나 자유와 기회, 나아가서 인생 자체를 송두리째 잃어버릴 위기에 처할 수 있을 것입니다. 그런데 그 시점과 장소에 희망 자체가 아예 존재하지 않는다면 그저 속절없이 무너질 수밖에 없겠지요. '희망은 인간의 모든 행위를 움직이는 진정한 동력'이라는 말이 있습니다. 그런데 희망이 보이지 않는 곳, 그곳이 감옥입니다. 감옥에서 자살을 시도하는 이들이 많은 데는 다 이유가 있습니다.

저는 젊은 날 세상에 대한 절망과 반항심에 고삐 풀린 망아지처럼 살면서 달콤한 파멸의 유혹을 뿌리치지 못했습니다. 그래서 불의의 고랑에 씨를 뿌린 대가를 지금 치르고 있습니다. 지난 30년 동안 감옥에서 이기심, 집착, 열등감, 피해의식 등 부정적인 마음 상태로 살아온 결과가 얼마나 고통스러운지를 절실하게 깨닫고 있습니다.

그래서 한편으로 감옥은 저에게 연옥이기도 합니다. 여기에서 마저 지은 죄를 씻지 못하고 이기적인 자아로 미망의 삶을 고집한다면 30년 동안 힘겹게 견뎌 온 고통은 그야말로 모래성이 되어 버릴 것이고, 저를 위해 십자가에 매달린 예수님의 희생 역시 무의미해질 것입니다. 덤으로 살고 있는 두 번째 인생마저 실패한 인생으로 되풀이할 수는 없으니, 어둠 속에 있는 새벽을 깨우기 위해 수탉이 힘차게 울 듯이 제 안에 있는 죄악의 그림자를 빛의 강력함으로 말끔히 씻어 내기 위해 굳건히 깨어 있어야 합니다.

샌프란시스코만 앞바다에 떠 있는 바위섬에 위치한 한때 악명 높았던 앨커트래즈 교도소를 배경으로 한 영화의 한 대사입니다. 젊은 교도관이 갓 도착한 신입 수용자들을 상대로 말합니다. "이 감옥은 나쁜 사람을 위한 나쁜 곳이다." 이는 범죄자는 나쁜 사람이니 감옥은 나쁜

곳이어야 한다는 말로 들렸습니다.

　감옥에 들어온 범죄자들이 모두는 아니겠지만 대부분 나쁜 짓을 저지르고 온갖 사연을 안고 들어옵니다. 그런데 감옥이 꼭 나쁜 곳이어야 하는가, 그리고 얼마만큼 나쁜 곳이어야 하는가에 대해서는 여러 의견이 있겠습니다. 사회구성원은 물론이고 교정 종사자 대부분이 감옥에 들어간 사람에 대해 부정적으로 인식하고 있습니다. 사회는 범죄자를 감옥에 보내면서 위험 요소를 안전하게 없앴다고 생각할 것입니다. 그리고 사회는 범죄자가 감옥에서 선하게 개조되어 나오길 기대합니다. 그러나 그들이 '범죄학교'라고 불리는 감옥에서 어떤 대우를 받고 살다가 나왔는지를 알게 된다면 절망할지도 모릅니다.

　감옥의 존재 목적이 무엇인지, 어떤 역할을 하는지, 그 기능이 제대로 작동하고 있는지를 냉정하게 살펴봐야 합니다. 흔히들 교정 교화니 사회 복귀니 사회 재통합이니 하는 말을 수없이 열거하지만, 구체적으로 어떻게 작동되어 어떤 목표가 달성되는지에 대해서 아는 사람은 없는 것 같습니다. 결과적으로 입소와 함께 인격이 무너지고 정서가 피폐해진 상태에서 정화와 갱생의 단계 없이 그대로 사회로 내보내지면 어떤 일이 벌어질까요? 누범자가 되어 다시 감옥에서 만나는 데는 오랜 시간이 걸리지 않을 겁니다. 사회는 공동체의 안전을 위해 범죄자를 추방할 준비가 되어 있고, 감옥은 사회에서 추방되어 전과자가 된 범죄자를 받아, 배 속의 아기를 새 생명으로 탄생시키는 것이 아니라 온갖 소화기관을 거치면서 몸체를 분해한 뒤 나머지를 배설물로 내보내는 것과 같습니다. 이는 정비소에 들어온 고장 난 차를 한쪽 구석에 두었다가 수리 없이 다시 도로로 내보내는 것과 다름없습니다. 악순환이 이어질 수밖에 없습니다. 그러고 보니 우리나라에도 사실 앨커트래즈 교도소와 같은 사례가 있었습니다. 과거 군사 정권 시절에 동네 불량배, 전과자, 조폭 등을 모두 삼청교육대로 보내서 대대적인 정화 교육을 시행했습니다. 물론 그 결과에 대해서는 이미 잘 알려져 있고요.

30년 동안 누구보다도 많은 수용자를 지켜본 당사자의 말이니 가볍게 들리지 않는군요. 그럼에도 교도소는 교정 교화 기능을 해내기 위해 이런저런 시도를 하고 있기는 합니다.

이미 말씀드린 대로, 저는 징역형이 교정 교화라는 측면에서 보면 큰 효과를 보지 못하고 있다고 생각합니다. 공권력이 잘 작동하고 치안 환경이 양호하다는 우리나라에서도 출소자의 반 이상이 재범하고, 4명 중 1명이 다시 구금형을 받는 것으로 알고 있습니다. 물론 제3세계 국가의 상황은 훨씬 열악하고, 선진국인 미국과 같은 국가에서도 재복역률이 60~70%가 넘는 상황을 개선할 마땅한 방안을 찾지 못하고 있다고 교수님께서 말씀하셨지요.

징역형이 효과가 있다는 의미는 간단하게 말해서 범죄자가 복역하는 동안 진심으로 뉘우쳐 출소 후에는 재범하지 않고 올바르게 살아가는 것입니다. 그런데 현실은 시작부터 쉽지 않습니다. 물론 오래전에 유행한 말이었지만 감옥 안의 은어 중에 "잡아 조지고, 미뤄 조지고, 때려 조진다."라는 말이 있었습니다. 경찰이 범인을 마구 잡아들이고, 검사는 부인하는 피의자에게 괘씸죄로 이른바 '불러 뽕'을 시키며 조사를 계속 미루고, 판사는 형을 때린다는 뜻입니다. 요즘은 크게 개선되었지만 과거에는 자기 죄를 인정하지 않거나 뻔한 거짓말을 하면 검사가 구치소에 매일 출정 명단을 보냈습니다. 그리고 검찰에 나가면 만나지도 않고 앉혀 놓았다가 그냥 돌려보냈지요. 아침부터 저녁까지 검찰 유치감에 갇혀 있으니 가족 면회도, 변호사 접견도 하지 못하고 난감한 상태에 빠집니다. 그렇게 여러 차례 '불러 뽕'을 당하면 나중에는 진이 빠지고 정신적 공황 상태에 이를 수밖에 없습니다. 구금은 이렇게 시작되기도 했습니다.

저는 징역형은 사법부가 내린 형벌인 동시에 처방전이라고 생각합니다. 모든 수형자를 환자로 취급해서는 안 되겠지만, 형기 동안 재범 유발 요인을 제거하기 위한 필요한 조치가 취해져야겠지요. 환자를 치료해서 건강하게 퇴원시키는 병원의 역할과 비견할 수 있다고 봅니다. 병원에서 중증 환자라고 미리 포기하고 침대에만 묶어 두고 방임해서는 안 되는 것처럼, 교도소도 잘못한 자라고 그냥 방치하지 않고 말로만 할 것이 아니라 수형자들이 스스로 과거의 잘못을 자각하고 새로운 삶의 의지를 다질 수 있도록 분위기를 조성하는 것이 필요하다고 생각합니다.

물론 우리나라에서도 전국 시설 단위로 수용자 사회 복귀를 위한 다양한 프로그램이 시행되고 있습니다. 다행스럽고 매우 바람직한 현상입니다. 인성교육이나 성폭력 치료 프로그램 등이 가장 적극적으로 시행되는 대표적인 프로그램으로 보입니다. 문제는 교도 작업이나 직업 훈련 등을 포함한 모든 프로그램이 재범률이나 재복역률에 어떤 영향을 미치는지 확정할 수 없다는 것입니다. 복합적인 요인으로 발생하는 범죄 행위에서 한두 가지 프로그램의 영향을 구분해 내는 것은 고도의 전문적인 영역으로 현재 교정 영역의 연구 풍토에서는 기대하기 어렵습니다. 물론 향후 관과 민간 학계에서 각 프로그램의 효과에 대한 심도 있는 연구가 활발히 진행되어 다수의 연구 결과가 축적된다면, 효과 있는 프로그램과 그렇지 않은 프로그램을 구분해 내고 각 프로그램의 장단점을 제시할 수 있을 것입니다. 그 결과 성공적인 프로그램의 입안과 집행에 요구되는, 예컨대 10대 원칙과 같은 일종의 기준도 생겨나겠지요. 교정 프로그램은 뭐가 되었든 아무 효과가 없다는 비관적인 표현이나, 그래도 아무것도 안 하는 것보다는 뭐라도 하는 것이 낫지 않겠느냐는 자조적인 목소리를 당연히 받아들이는 분위기가 사라

져야 합니다. 그런 것은 교정 행정의 질적 도약에 도움이 되지 않기 때문입니다.

저는 범죄인이 감옥에 들어가서 단기간에 회개하고 변화될 가능성은 작다고 봅니다. 감옥은 본질적으로 구치소든 교도소든 폐쇄적이고 박탈적인 환경입니다. 게다가 매일 만나는 사람이라고는 노숙인부터 사기꾼, 절도범, 마약사범, 성폭력범, 살인범입니다. 근본적으로 변화가 이루어지기 어려운 구조로 되어 있습니다. 기상에서 취침까지 출력, 면회, 식사 등 획일적인 루틴으로 일관되고, 만화나 무협지만 보고 허세 넘치는 무용담이나 듣고 나간 출소자에게 무엇을 기대할 수 있겠습니까? 크게 용서받은 사람이 크게 사랑한다는 말이 있습니다. 대개 큰 죄를 저지르고 감옥에 들어온 사람이 오히려 자신의 죄를 회개할 가능성이 높습니다. 바늘 도둑이 소도둑 된다는 말도 있듯이 어려서부터 범죄에 노출된 사람은 죄의식에 둔감해지고 만성화될 확률이 높지요. 그래서 첫 징역에서 장타를 맞은 사람은 확실히 뉘우쳐서인지 혹은 징역에 학을 떼서인지 모르겠지만 대개 다시 들어올 확률이 낮은 것 같습니다. 자주 들락날락한 사람들은 8월, 10월, 1년 반처럼 단타로 징역을 사는 사람이 많습니다. 대부분 재범률이 높은 마약, 사기, 인터넷 도박 같은 중독성이 강한 범죄를 저지른 사람들이지요. 이들은 자신도 모르는 사이에 마음 안에 죄의식을 담당하는 영역이 무뎌졌을 것입니다.

30년을 복역한 사형수와 30년 넘게 교정학을 연구한 교수 모두 현 교도소 구조에서는 범죄인이 교화될 가능성에 대해서 부정적인 의견이군요. 교정은 한두 가지 요인의 결핍을 채우고 고장을 수리해서 해결될 과업이 아니라는 뜻이겠지요. 본질적이고 구조적인 문제로 접근해야겠습니다. 우리 사회가 요구하는 교도소에 대한 기대와 이를 감당한 현재 교도소의 진면모를 살펴봄으로써 실마리를 찾아야 할 것입니다. 형제님은 미래의 형벌에 대해 생각해 본 적이 있습니까? 어떤 형벌이 나와야 한다고 생각하십니까?

저는 형벌 하면 지옥이 생각납니다. 위대한 화가들의 그림에서도 묘사되기도 하지만 무서운 장면들이 연상되지요. 지금의 구치소나 교도소는 고통의 장소인 것은 맞지만 이미 말씀드린 대로 얼마나 효과가 있는가에 대해서는 회의적입니다. 그리고 무엇보다도 너무 골동품 같고 비생산적이라는 생각을 지울 수가 없습니다. 죄인이라고 하더라도 사지가 멀쩡한 사람을 아무것도 하지못하게 가둬 놓는다는 것은 비효율적입니다. 상상 속의 지옥처럼 잔인한 신체적 고통은 없지만 지루하고 낭비적 삶이 강요되고 있으니까요. 기능 면에서만 보면 차라리 교수님께서 종종 말씀하신 초기 현대 교도소 형태인 '공장형 교도소'가 더 바람직하다는 생각도 듭니다. 고통을 주지만 생산도 하고 금전적 도움도 받을 수 있기 때문입니다. 가장 이상적인 것은 사후 조치로 새로운 형벌이 탄생하는 것보다 미래의 범죄 행위를 예측하는 첨단기술이 나와서 사전에 예방하는 것이겠지요. 그러면 저와 같은 인생이 또 태어날 일은 없을 것입니다. 교수님은 미래의 형벌에 대해 어떤 생각을 하고 있는지요?

이미 잘 알려진 이야기이지만, 1970년대의 미래학자들은 형벌 제도의 변화를 예측했습니다. 지역사회화, 민영화, 과학기술과의 접목입니다. 지역사회화는 형벌의 장소가 교도소 담장 안에서 지역사회로 이동한다는 것으로, 이미 보편화된 보호관찰제도가 적절한 예라고 하겠지요.[33] 민영화는 형벌 집행기관이 국가가 담당하는 공적 영역에서 민간 주도의 수익성 모델로 전이될 것이라는 예측입니다. 이 역시 상업화된 보안 경비업체의 정착과 민영 교정시설의 점진적 확산이 뒷받침하고 있습니다. 다음은 과학기술과의 접목인데 제가 가장 관심을 두는 부분입니다. 과학기술의 발전은 범죄 환경과 그 속성을 변화시킬 것이기 때문에 그에 대응하는 형벌 제도에도 불가피하게 영향을 미칠 수밖에 없습니다. 인공지능, 가상현실, 로봇산업, 뇌과학 등 초고속으로 진화하는 첨단과학은 새로운 문명 세계를 창출할 것이고, 어느 시점에서는 200년 전 근세적 산물로 태어난 교도소 제도는 퇴장할 수밖에 없을 것입니다.

전 세계적으로 구금형의 사용이 감소한다는 통계적 증거는 아직 나타나고 있지 않지만, 수백 수천의 범죄인을 한꺼번에 콘크리트 담벼락 안에 가두고 흐르는 시간을 형벌로 하는 교도소 제도 자체는 아날로그 수준의 문명에서도 긍정적인 평가를 받기 어려운 제도입니다. 수많은 SF 영화에서 보여 주듯이, 형벌 제도는 어떤 형태가 되었든 우리의 상상을 뛰어넘는 새로운 차원의 형상으로 나타날 가능성이 높습니다. 이는 최종적으로는 '교도소 없는 세상'이 온다는 의미이기도 합니다. 물론 형제님이 이야기한 대로 사전에 범죄 발생을 예측하는 첨단 기술이 개발될 가능성도 충분히 있다고 생각합니다. 톰 크루즈가 주연한 영화 <마이너리티 리포트>에서 그와 같은 놀라운 상상력이 구현되었습니다. 나아가서 꿈도 꾸고 감정과 윤리가 통제되는 인공지능이 등장하는 시대가 멀지 않았다는 말이 실감 나는 시대에 살고 있으니까요. 그렇게 된다면 이론적으로 '범죄가 존재할 수 없는 세상'이 등장할 수 있겠습니다. 당연히 교도소도 존재할 필요가 없을 것이고요. 그런데 지금의 과학은 '범죄가 있는 세상'에서도 '교도소가 없는 세상'이 올 수 있다는 것을 말해 주고 있습니다.

사실 현재 우리나라에서도 이미 과학기술이 적용된 형벌이 일부 탄생했고 계속 진화 중인 것도 있습니다. 온라인을 통해 범죄인의 신상을 공개하는 유형, 전자장치를 통해 범죄인의 이동 경로를 파악하고 위치를 알아내는 유형, SNS 등의 매체를 통해 민감한 사적 정보를 무차별로 유통하는 비공식적 유형 등 최근 '정보형'이라는 용어로 일컬어지는 형벌 유형입니다.

정보형은 기존 형벌과 관련해서 대체, 병존, 연장, 보완 등의 형태로 확산하고 있습니다. 위치정보와 신상정보를 예로 들 수 있는데, 공식적인 형벌 체계로는 전자감독제도와 신상공개제도가 정착되었지요. 우리나라의 경우만 봐도, 전자 발찌 제도의 급속한 확산으로 현재 약 4,000명이 부착하고 있고, 이는 500명 규모 수용 시설 8개를 대체할 수 있는 규모입니다.[34] 일정 부분 구금형을 대체하는 효과를 보인다고 할 수 있습니다. 신상정보제도는 그 효과와 부작용에 관한 논의가 끊이지 않고 있지만 범죄명, 얼굴 사진, 거주지, 신체 특징 등의 정보를 온라인에 공개함으로써 범죄의 억제와 예방 기능을 담당할 것을 기대하고 있습니다. 최근 들어, 정보형이 크게 주목을 받는 또 다른 이유는 SNS 등의 매체를 통한 개인정보의 무차별한 유통이 직간접적으로 미치는 형벌 효과 때문입니다. 진위가 가려지지 않은 정보의 공개적인 노출로 특정 개인이나 집단에 심각한 피해를 주는 부작용이 사회 문제가 되고 있지요. 유명 연예인이나 운동선수의 학창 시절 언행이 일부 매체에 알려지면 디지털 영역에서는 이미 유죄가 되어 사회에서 사실상 매장되고, 심지어는 자살로 이어지는 사례까지 발생합니다. 일부 언론에서는 이를 '디지털 사형 선고'라고 명명하기도 합니다. 이는 비공식적, 사적, 사회적 처벌로서 의도적이든 그렇지 않든 공식적인 형사처벌 이상의 응징 기능을 하고 있습니다. 정보형이 구금형을 대체할 수는 없겠지만, 계속 진화하면서 병존하며 확산할 것으로 보입니다.

코로나19로 드러난 감옥의 실태

지금은 모두 잊고 지내지만, 불과 몇 해 전에 온 지구촌이 코로나19 사태로 엄청난 재앙을 겪었습니다. 혹자는 지구의 역사가 코로나19 발생 이전과 이후로 나뉠 수도 있다고 말하기도 했습니다. 이번 코로나19는 기존 감염병 사태를 넘어 인류의 삶이 하루아침에 갑자기 무너질 수도 있다는 위기 상황에 대한 학습 효과도 있었다고 봅니다. 그런 차원에서 대표적인 폐쇄적 장소인 교정시설의 당시 상황을 알아보는 것은 의미가 있다고 봅니다. 언론에서도 교정시설의 코로나19 감염 사태를 크게 보도했지요.

코로나19와 함께 살아온 기간은 악몽 같았습니다. 전 세계적인 재앙이었고 밖에 있는 죄 없는 사람들도 수없이 죽어가야만 했으니 여기 구치소라고 피해 갈 수 없었겠지요. 교정시설은 3밀 구조라는 특징이 있습니다. 밀집, 밀접, 밀폐. 좁은 공간에 많은 사람이 수용되니 수용밀도가 높고, 따라서 수용자끼리 가까이 접촉할 수밖에 없으며, 높은 담장에 둘러싸인 폐쇄된 공간이라는 뜻입니다. 그러니 이곳은 감염병에 취약할 수밖에 없습니다. 더구나 사실상 처음 접해 보는 호흡기 질환 바이러스의 습격이라 속수무책으로 당했다고 봅니다. 감염이 시작되자 대규모 확산을 막기 위해 확진자가 발생할 때마다 짧게는 1~2주, 길게는 몇 개월까지도 무조건 격리가 이루어졌습니다. 그런데도 확진자 수가 단기간에 수용자와 교도관 할 것 없이 모두에서 급증했고 불안이 한층 가중되었습니다. 격리와 고립이 갈수록 강화될 수밖에 없었습니다. 확진자보다는 감염되지 않은 사람이 비정상으로 보일 정도였으니까요. 만약 미래에 코로나19보다 더 강한 감염병이 발생한다면 교도소는 좀비 영화에서 나오는 끔찍한 지옥이 될 것이라고 해도 과장된 말이 아닐 것입니다.

3밀이라는 특별한 구조적 특징이 사태를 더 악화한 측면이 있었군요. 구체적으로 어떤 문제가 심각했습니까?

수용자들이 가장 힘들어했던 것은 관계의 단절에서 오는 무력감이었습니다. 접견, 전화, 교회, 운동, 목욕 등 모든 일상이 중지되다 보니 사방에서 우울과 불안 증세를 보이기 시작했습니다. 기침과 후각 마비와 같은 후유증까지 겹치면서 분위기는 더욱 악화했습니다. 설상가상으로 구매 물품 공급이 어려워지면서 일반 식품은 물론이고 생수, 화장지, 비누, 문구류 같은 생활용품도 바닥났습니다. 수용자가 소비하는 각종 용품의 대부분은 시설 내 교도 작업으로 제작하고 판매하는데 코로나19 사태로 교도 작업이 중단되는 바람에 공급이 끊긴 겁니다.

저 개인적으로는 힘든 수용 생활의 단단한 받침목 역할을 해 온 종교집회가 중단되면서 상실감이 컸습니다. 세례를 받고 26년 동안 이어 온 미사에 참여할 수 없게 되니 거친 광야에 갑자기 홀로 방치된 기분이었지요. 그래도 얼마 동안은 그간 쌓인 내공으로 충분히 이겨 낼 줄 알았습니다. 그런데 아니었습니다. 1년이 지나고 2년이 지나니 영적 무기력에 빠져 기도할 의욕마저 생기지 않았습니다. 한없이 무기력해지는 순간에 바로 하느님의 시간이 시작된다는 말이 맞더군요. 책상 앞에 기도문을 붙여 놓고 매일 화살기도를 바쳤습니다. 다행히 때맞추어 응답이 왔습니다. 살아숨 쉬는 하느님의 말씀을 편지로나마 접한 것입니다. 교정 담당 사제이신 현대일 루도비코 신부님의 도움으로 가톨릭 교리신학원의 신학 편지 5년 과정을 시작할 수 있었기 때문입니다. 신앙의 불씨가 다시 살아나기 시작했습니다. 코로나19 당시 3년은 극히 평범한 일상도 어느 날 갑자기 한순간에 물거품처럼 사라질 수 있다는 것을 깨닫게 해 준 소중한 경험이었습니다.

코로나19와 관련해서 두 가지 관점을 들 수 있겠습니다. 첫째는 구금 시설의 특징인 3밀 구조의 문제점이고, 둘째는 위기 상황에서 개인 차원의 대처 방안입니다. 3밀 구조는 그간 주로 수용자 인권, 수용 관리 및 교정 교화 등과 관련된 문제로 인식되었으나, 이를 계기로 감염병과 같은 외부적 재앙에 대한 대처를 위해서도 해결해야 할 문제라는 점이 드러났습니다. 그리고 개인 차원에서 종교의 역할입니다. 극한

210
감옥이란 무엇인가 2

적으로 박탈적 환경에서 생존해야 하는 수용자들이 종교를 통해 과거 행위에 대한 회개와 미래의 희망을 구하는 것은 매우 자연스러운 선택이라고 생각합니다. 형제님의 사례에서도 교도소에서 종교 사목의 중요성이 다시 확인되었다는 생각이 듭니다. 특히 코로나19와 같은 위기 상황에서 초월적 존재에 대한 믿음이 위기를 극복하는 데 긴요한 역할을 했다고 할 수 있습니다. 사실 교도소의 탄생은 역사적으로 종교와 밀접한 연관이 있습니다. 오늘날 현대적 교도소의 전신은 사실상 퀘이커 교도들에 의해 최초로 미국 펜실베이니아주에서 창시되었습니다. 수도원과 교도소는 모두 단절된 장소에서 금욕생활을 하며 회개와 속죄를 구하는 구조로 되어 있다는 공통점이 있습니다. 감방을 뜻하는 'cell'이라는 단어도 수도자들이 수도하는 방을 일컫는 말에서 유래한 것이고요. 교도소를 뜻하는 'penetentiary'라는 단어도 '회개하는 곳'이라는 의미가 있습니다. 오늘날 교도소의 건축물도 외곽 지역에 위치한다든가 외부와의 차단을 의도한 높은 벽과 작은 창문 등에서도 옛 수도원의 특징을 찾아볼 수 있습니다.

끝으로 교정 당국에 바라는 것이 있다면 말씀해 주세요.

저는 교도관의 역할을 꼭 이야기하고 싶습니다. 미켈란젤로는 "모든 대리석은 그 내부에 저마다 조각상을 가지고 있다. 그것의 참모습을 드러내는 것이 조각가의 일이다."라고 했습니다. 이곳 사람들은 온갖 기구한 사연으로 참 자아를 잃고 지쳐 헤매다 들어온 사람들입니다. 이들 안에 잠들어 있는 형상을 발견하고 깨워 줄 조각가 역할을 누군가가 해야 한다면 가장 적임자는 교도관이라고 생각합니다. 다비드상은 사람의 솜씨라고 믿기 어려울 만큼 정교하고 생동감이 넘치는 위대한 작품이지만 실제 사용된 돌은 길이 5미터짜리 질이 좋지 않은 대리석에 불과했다고 합니다. 그런 투박한 돌을 깎고 다듬어 마침내 아름다운 인체의 신비를 빚어 냈지요. 수용자들을 단단히 감싸고 있는 돌 껍데기를 깨뜨릴 수 있다면 그야말로 놀라운 기적이 일어날 수도 있을 것입니다.

저는 지난 30년 동안 교도관을 가까이에서 지켜보았습니다. 누구보다 교도관이라는 직업이 스트레스에 시달리고 감정 소모가 심하다는 것을 잘 압니다. 처음에는 친절하고 인자했던 사람이 어느 순간에 수용자에게 폭언하고 날 선 모습으로 변해 가는 안타까운 상황을 종종 보아 왔지요. 아마도 참다 참다 어느 임계점에 다다랐을 때 상처받고 무너졌을 것입니다. 교도관도 사람이다 보니 나쁜 놈이 감옥에 들어와서도 나쁜 짓을 하는 것을 보면 화가 나고 감정이 폭발할 수 있습니다. 인권을 부르짖는 세상이니 막 나갈 수도 없고, 그렇다고 못된 놈들에게 맞춰 살자니 자존감도 떨어질 겁니다. 혼란스러울 것입니다. 직업인으로서 정체감과도 연결되는 문제이기도 하고요. 그렇지만 폭력적인 수용자 한 사람의 삶을 구하는 것이 잠재적인 피해자들의 삶도 구하는 것이라고 하지 않습니까? 맞는 말입니다. 그런데 그 일을 누가 가장 잘할 수

감옥이란 무엇인가 2

있을까요? 교도관들은 스스로 본인의 말과 행동이 수용자들에게 얼마나 큰 영향을 미치는지 생각할 겨를도 없이 톱니바퀴처럼 하루하루를 바쁘게 보내고 있을지도 모르겠습니다.

거창한 이야기가 나올 줄 알았는데, 예상 밖입니다. 수용자들에게 가장 큰 영향을 미치는 것은 거창한 정책의 변화가 아니라, 일상에서 교도관 한 사람 한 사람이 수용자들을 어떻게 대하는가에 있다는 것으로 이해됩니다. 공감합니다. 실제로 교도관 역할의 중요성이 사회적으로는 물론이고 학문적 체계에서도 중시되지 않고 있습니다. 그런데 전적으로 교도관 개인의 소양에 의존할 문제는 아닐 것입니다. 우리 사회가 교정에 대해 무엇을 원하고 있는가와 연계되는 문제입니다. 교도관도 우리 사회의 일원입니다. 교도관의 태도는 사회 전반적인 인식을 반영한다고 봐야 할 것입니다. 우리 사회가 범죄자에 대한 강력한 처벌만을 원하는데, 교도관에게만 그 이상을 기대한다면 직업에서 심리적 갈등을 겪을 수밖에 없겠지요. 우리 사회가 더 관대한 공동체로 나아갈 수 있도록 정신적으로 그리고 물질적으로 더 풍요로워지기를 기대해 봅니다.

감옥인가, 교도소인가?

교도소의 기능은 일반적으로 다음 다섯 가지로 설명된다. 응징, 억제, 무력화, 사회 복귀, 사회 재통합으로 실제 현장에서도 명목적으로 그렇게 인식되고 있다. 범죄인이 지은 죄과에 대한 마땅한 대가를 치르게 하는 것, 사회의 뭇 구성원들에게 형벌의 두려움을 전하여 잠재적 범죄를 억제하고 예방하는 것, 범죄인 당사자를 최대한 많이 오래 가두어 범죄 재발 능력 자체를 무력화하는 것, 구금 기간 동안 적절한 교육과 처우를 통해 범죄인을 준법 시민으로 교정하는 것, 그리고 교도소와 지역사회의 연계·통합을 강화하여 제2의 갱생 기회를 제공하는 것으로 요약할 수 있다.

우선 응징, 억제, 무력화는 그 효과의 여부와 정도에 대한 명확한 증거가 없다고 할지라도 이념과 여론에 부합하면, 국가 형벌권의 강화라는 상대적으로 단순한 방식으로 시도될 수 있다. 그러나 나머지 사회 복귀와 사회 재통합은 각 개인의 특성과 필요의 파악은 물론이고 사회 제반 요소들과의 협력체계 조성 등 다면적이고 종합적인 접근이 충족되어야만 한다. 그런데 과연 이런 과업이 기존 교도소의 여건과 자원으로 수행될 수 있을까? 이를 위해서는 개인과 사회구조적 맥락에서 원인을 밝히고 정교하고 과학적인 접근이 필요하다. 그것들이 충족되지 않으면 진정한 교정이 교도소 내에서는 물론이고 어느 여건에서도 이루어질 수 없다는 것은 자명한 일이다. 이는 물론 어느 특정 국가만의 문제가 아니고 교정 제도가 안고 있는 근원적인 요인에서 비롯된다. 그렇다면 교정 제도의 근원적인 문제점은 무엇일까?

오늘날 인류사회에서 형벌의 대표적인 유형은 자유형이다. 이 자유형의 탄생은 형벌의 속성이 신체적 고통 부과에서 자유의 속박으로 바뀐 혁명적 변화였고 이후 200여 년에 걸쳐 진화해 왔지만, 21세기에 이르러서도 이상과 현실 간의 간극으로 여전히 미완의 단계에서 반쪽 정의 체계에 머물고 있다. 그 이유 중 하나는 자유의 속박이 죄과에 대한 국가적 행위로서 응징의 수단은 되었지만, 개인 차원에서 피해자에 대한 속죄와 피해에 대한 원상 복귀는 사실상 강제되지 않아 임의적 사안으로 방치된다는 사실에 있다. 또 다른 이유는 교도소의 목적이 이념적으로도 그리고 실무적으로도 양립하기 어려운 두 기능―처벌과 교화―을 동시에 추구하고 있다는 사실과도 연관이 있다. 명백한 것은 교도소는 그 존재 자체로 일차적 목표로서 처벌은 달성되지만, 정교한 전문적 기술과 정신적 감흥 작용이 요구되는 교화 기능은 부차적인 목표 정도로서 보여 주기식 접근으로는 성과를 낼 수 없다는 것이다. 아직도 우리 사회에서 흔히 교도소로 불리는 시설을 굳이 감옥으로 칭하는 이유도 오늘날에도 교도소는 교도소의 의미보다는 감옥의 의미에 가깝기 때문이다. 교도矯導가 의미하는 사람을 바로잡아 옳게 이끄는 기능보다는 감옥監獄이 의미하는 가두는 일에 급급한 것이 부정할 수 없는 현실이다.[35]

저는 죄인임을 고백할 수만 있을 뿐 용서는 제가 구할 수 있는 것이
아니라 하느님과 피해자, 유족만이 할 수 있는 것이라고 생각했습니다.
그 대신 저는 매일 아침 피해자 영혼의 구원을 위한 기도를 합니다. 피
해자라고 해서 그들이 살면서 지은 죄가 소멸하는 것은 아닐 수도 있겠
다고 생각했기 때문입니다. 살아서는 피해자의 산목숨을 빼앗은 것이
고, 죽어서는 보속의 기회를 빼앗아 영혼의 구원과 영원한 생명까지도
박탈한 것이니까요. 그러니 당연히 가해자인 제가 피해자 영혼의 구원
을 위해 기도해야 한다고 생각했습니다.

– 본문 중에서

4장

범죄로 이어진
가해자와 피해자

죄를 단죄하여 정의를 세우고 사회의 안정을 유지하는 것은 국가가 마땅히 해야 할 책무입니다. 그렇다고 국가가 죄인을 영원한 실패자로 낙인찍어 사회의 이방인으로 배제하는 것이 바람직한 국가의 행위는 아닐 것입니다. 단죄와 관용 사이에서 균형을 찾으려면 가해자 죄의 경중도 따져 봐야 하고, 피해자의 손실과 고통도 헤아려야겠지요. 그런데 흔히 가해자의 악행을 비난하는 사람이 피해자도 처신이 부적절했다고 비난합니다. 가해자도 피해자도 모두 포용하지 않는 것입니다. 가해자에게서는 절대적인 도덕적 우월감을 느끼고, 피해자에게서는 자신들은 그들처럼 처신이 부적절하지도 않고 운수 또한 그렇게 사납지 않다는 상대적인 행운감에 빠져 있지요. 범죄 행위의 직접적인 당사자는 가해자와 피해자입니다. 그렇다고 지역 공동체의 역할과 책임이 면책되는 것은 아닐 것입니다. 국가가 나서서 피해자를 대신해 가해자를 처벌하는 현 체계의 가장 큰 문제점은 사법 체계에서 피해자의 역할이 없다는 것입니다. 이에 따라 피해자의 지위와 권리의 회복, 지역사회의 책임 등이 주요 이슈로 인식되었고, 이를 실현할 이념적 그리고 실천적 체계로서 '회복적 사법'이 등장했습니다. 이 과정에서 격리, 처벌, 엄벌 등과 사법적 용어를 대신하여 속죄, 용서, 화해, 조정, 회복 등과 같은 인문학적 용어가 사법 체계에 통용되기 시작했습니다.

때늦은 후회라고 할지라도

《후회의 재발견》이라는 저서는 고인이 된 프랑스 최고의 여가수 에디트 피아프의 일화를 소개합니다. 에디트 피아프는 우리에게도 널리 알려진 <아니, 난 아무것도 후회하지 않아요>라는 곡으로 최고의 명성을 얻었습니다. 그러나 비참한 출생, 왜소한 체격, 여러 차례의 이혼과 결별, 교통사고, 약물 중독, 급하고 변덕스러운 성질, 간 손상 등으로 고된 삶을 이어 가던 피아프는 100만 장 이상이 팔린 이 곡의 앨범이 발매된 지 3년 후인 47세에 병상에서 최후를 맞이했지요. 마지막 순간에 "이 세상에서 하는 모든 빌어먹을 일의 대가는 자신이 치러야 한다."라는 말을 남겼다고 합니다. 그런데 저자는 "이 말이 후회가 없는 사람의 말처럼 들리는가? 피아프가 자신의 후회를 헤아려 봤다면, 피아프가 회피하지 않고 그 후회와 맞섰다면 더 중요한 사실을 발견했을 것이다. '당신이 인생에서 하는 모든 빌어먹을 일은 당신에게 보상해 줄 수 있다.' … '후회는 인간을 만드는 데 그치지 않고 더 나은 사람으로 만들어 주기 때문이다.'"[36]라고 말합니다. 후회는 멋지게 거부할 수도 시간 낭비라고 치부할 수도 있겠지만, 더 나은 선택으로 인도하는 과정이라고 말하고 있습니다.

운명이란 것이 있다는 생각이 듭니다. 누구든 개인이 겪는 삶의 역정에서 결정한 하나하나의 선택이 모여 마지막을 장식하겠지요. 그토록 화려하고 파란만장한 삶을 산 에디트 피아프였기에 오점도 있겠고 후회할 일도 많았을 것입니다. 아마도 후회할 겨를도 없이 마구 진행되는 굴곡진 격랑 속에서 살다가 어느 순간 갑자기 죽음을 맞이하지 않았을까 생각해 봅니다. 그러기에 후회하지 않는다고 노래할 수밖에 없었던 것이 아닐까요? 많은 생각을 하게 합니다.

후회를 긍정적으로 재해석한 저서입니다. 지워 버리고 싶은 과거에 대해 후회와 번민 속에서 고통을 호소하는 수형자들의 심정을 종종 듣고 있습니다. 본능적으로 생존을 위해 잊어버리려고 시도하지만 현재와 연결된 과거는 의도적으로 지워지지 않지요. 형제님은 어떠신가요? 어떤 과정을 겪으셨나요?

신문에서 한 토막 기사가 눈에 들어왔습니다. "인류의 발명품 가운데 가장 훌륭한 것은 지우개이다."라는 문구였습니다. 순간 '아! 나에게도 내 지난날의 오점을 지울 수 있는 지우개가 있다면 얼마나 좋을까' 하는 생각이 들었습니다. "만약 인간의 죄를 지울 수 있는 지우개가 있다면, 내가 죄를 지은 이전으로 돌아갈 기회가 주어진다면 절대로 후회할 선택을 하지 않을 텐데…." 만일 첫 번째 감옥살이를 했을 때 마음을 고쳐먹고 같은 잘못을 반복하지 않았더라면 지금처럼 어긋나 있지 않았을 터인데 말이죠. 때늦은 후회입니다.

진정으로 후회하고 있음이 느껴집니다. "실패는 성공의 어머니라는 격언은 반쪽짜리이다. 실패 후에 밀려오는 후회의 힘을 활용하지 못한다면 실패 그 자체는 미래의 성공에 아무런 역할도 하지 못하기 때문이다."[37] 이 글 역시 생각나는군요.

사람은 불완전한 존재이니 누구나 죄를 저지를 가능성이 있습니다. 중요한 것은 그다음에 어떻게 대처하는가인데, 대처 방법에 따라 천당으로 갈 수도 있고 지옥으로 갈 수도 있겠지요. 자신이 잘못된 길을 가고 있음을 알면서도 거기서 헤어나지 못한다면 반드시 그 대가를 치르는 게 세상의 이치입니다. 저의 젊은 날이 그랬습니다. 모르고 저지른 잘못이 아니라 잘못된 길임을 알면서도 마치 개가 자신이 게운 것을 다시 먹는 것처럼 어리석음을 반복했기 때문에 살인까지 저지르고 사형수가 된 것입니다.

고통스러운 후회도 없이 괴로운 기억을 망각하고 살 수 있다면 좋겠지요. 그러나 인간은 과거, 현재, 미래가 상호 연계되는 시간의 의식 속에서 살아갈 수밖에 없습니다. 과거와 그에 관한 흔적을 편리하게 삭제할 수 있는 도구는 세상 어디에도 없습니다. 다만 이를 어떻게 이해하고 해석하느냐에 대한 여지는 있다고 봅니다.

저를 포함해서 누구나 자신의 기억 속에서 지워 버리고 싶은 오점이 있지만, 말씀대로 그렇게 편리한 도구는 없겠지요. 그런데 저의 경우는 죽음을 앞둔 절박한 상황에서 새로운 세상으로 이끄는 뜻밖의 말씀을 만났습니다. 바로 '예수'라는 존재로 그분을 믿기만 하면, 마음의 상처와 죄로 더럽혀진 얼룩을 지울 수 있다는 것이었습니다. 그러나 이 말씀이 저에게 어떤 의미인지를 깨닫기까지는 오랜 세월이 필요했습니다. 저는 하느님이 그의 전능하심과 사랑으로 저를 용서해 주신다는 말씀을 실제로 들은 적이 없습니다. 도리어 저의 무거운 죄악을 드러내고 스스로 직시하도록 했습니다. 그리고 제가 어떻게 하는지 지켜보고 계셨습니다. 저는 목 놓아 울부짖으며 용서를 빌었습니다. 저는 새로 태어난 느낌을 받았습니다. 저는 이제 하늘이 저를 데려갈 때까지 어떻게 살아가야 할지 압니다. 제발 그때까지 흔들리지 않기를 바랄 뿐입니다.

물론 과거의 자신과 현재의 자신이 달라졌다고 믿고 싶지만 문득문득 숨겨져 있는 과거의 자신이 살아 움직이는 모습을 발견하고 절망할 때도 있을 것입니다. 그래서 죄지은 사람은 과거의 거울을 쳐다보는 것이 고통스럽지만 이를 극복하지 않으면 마음의 평화를, 건강한 삶을 이룰 수 없겠지요.

인간은 본질적으로 선과 악이라는 두 측면을 동시에 갖고 있습니다. 그래서 영원히 한쪽으로만 기울어져 살 수는 없다고 생각합니다. 양심이라는 존재 역시 없다가도 기회를 주면 다시 살아나서 힘을 발휘할 수 있다고 봅니다. 인간이 짐승으로 태어나지 않은 이상 일생 내내 괴물처럼 살지는 않을 테니까요. 범죄 행위를 결정하는 원인이 분명 환경 탓도 있겠지만, 최종 결정은 자신의 선택인 만큼 지금껏 살아온 삶의 방식을 바꾸고 생각의 틀을 바꾼다면 어둠의 늪에서 빠져나오는 길을 찾을 것이라고 믿습니다. 물론 그 계기는 종교일 수도 있고, 사랑의 손길일 수도 있고, 위대한 대가의 참회록일 수도 있겠지요.

그렇군요. 종교, 사랑, 독서, 선한 사람과의 만남이 사람의 변화에 큰 영향을 미친다는 이야기입니다. 그렇지만 수형자 누구나 이런 계기를 만나 새로운 삶을 개척하는 것은 아닙니다. 사실 어떤 이는 한 번의 처벌을 계기로 새로운 삶을 살아가지만, 다른 이는 범죄를 계속 반복한다는 것입니다. 오랜 기간 이곳에서 수많은 전과자를 지켜본 산증인으로서 어떤 생각이 드십니까?

'어민 Ermine'이라는 족제빗과에 속하는 짐승이 있다고 합니다. 순백색의 털을 가지고 있어 최고급 모피를 만드는 데 사용됩니다. 이 녀석은 본능적으로 자기 털이 더럽혀지는 것을 싫어한다고 합니다. 그래서 사냥꾼들은 이 특성을 이용해서 사냥합니다. 이 짐승이 잘 다니는 곳에 두 갈래 길—더러운 오물이 뿌려진 길과 깨끗하게 청소된 길—을 만들어 놓습니다. 깨끗한 길에는 사냥개가 녀석이 오기를 기다리고 있습니다. 이 녀석은 선택해야 합니다. 털을 더럽히는 대신 목숨을 구할 것인지 혹은 털을 보호하는 대신 목숨을 내놓을 것인지. 그런데 어민은 언제나 후자를 선택한다고 합니다. 오물이 뿌려진 길을 피해 사냥개가 지키고 있지만 위험한 길을 택하는 것입니다. 털을 더럽히느니 차라리 죽음을 택하는 이 녀석의 고집과 어리석음을 어찌 이해해야 할까요? 어민의 이런 습성을 보면, 결과가 뻔한데도 범죄를 반복해 감옥에 들락날락하는 사람들과 닮았다는 생각이 듭니다.

재미있는 비유입니다. 범죄를 지속하는 데는 사람마다 각각 다양한 이유가 있다고 하더라도, 길목에 사냥개가 지키고 있는 줄 알면서도 매번 위험을 감수하는 상습범의 행태는 어떻게 설명해야 할까요? 세상이 그들을 받아 주지 않았기 때문일까요? 더는 잃을 것이 없어 자포자기한 것일까요? 아니면 감옥 생활에 익숙해져 살 만한 곳으로 느끼기라도 한 것일까요?

그렇습니다. 하나하나가 누군가에게는 다 맞는 말입니다. 그럼에도 저는 개인의 의지가 문제라고 말하고 싶습니다. 그러니까

감옥이란 무엇인가 2

의지를 기르면 극복할 수 있다는 것입니다. 만약 그렇다면 명확해집니다. 교도소는 복역 기간 동안 수형자들이 올바른 삶의 의지를 갖도록 여건을 조성해야 합니다. 성인 화보나 무협지, 만화를 보면서 시간을 보내고, 범죄 하위문화에 물들어 출소하는 이들에게 무엇을 기대할 수 있겠습니까? 바깥세상은 분 단위, 초 단위로 변한다는 초고속 사회인데, 그놈이 그놈인 사람들이 모여 사는 공간에서 획일화된 틀에 얽매여 나태와 짜증으로 수년을 허망하게 보낸 이들이 사회에 나가서 어떤 일을 할 수 있다고 기대하십니까?

보통 징역을 사는 사람들은 이번에 출소하면 교도소가 있는 쪽으로는 소변도 보지 않을 것이라고 다짐합니다. 하지만 그 다짐은 교도소 정문을 벗어나는 순간 바람과 함께 사라지고 맙니다. 물론 주변 환경이 재범에 영향을 미치는 바도 클 것입니다. 출소해서 돌아갈 곳이 있는 사람은 재범할 확률이 낮겠지요. 안정적인 집, 가족, 직장이 있다면 굳이 범죄를 저지를 필요가 없을 테니까요. 그러나 대부분은 주거가 불안정하고 안착할 곳이 없는 사람들로 오래 버티기가 어렵고 범죄의 유혹에 취약할 수밖에 없습니다. 그러니 더더욱 굳건한 삶의 인생관을 스스로 터득하는 것이 중요합니다.

개인의 의지가 중요하다는 것을 부정할 사람은 없겠지요. 그런데 얼

마나 많은 사람이 과거의 잘못을 후회하고 새로운 삶을 개척할 의지를 다질 준비가 되어 있을지 궁금합니다.

감옥은 참 다양한 사람들이 모여드는 곳입니다. 거리를 떠돌다 도둑질해서 들어온 사람, 쉽게 돈 벌 생각에 사기를 치고 들어온 사람, 음주운전으로 사고를 치고 들어온 사람, 돈이나 여자나 배신 때문에 살인을 저지르고 들어온 사람 등 지난 30년 동안 최고위층 유명 인사부터 노숙자까지 다양한 계층의 사람들을 만날 수 있었습니다. 그런데 이 모든 사람에게서 하나의 공통점을 발견했습니다. 극소수의 사람을 제외하고는 한결같이 자기 죄를 인정하지도 반성하지도 않는다는 것입니다. 이 점은 범죄자의 심리를 이해하고 재범 가능성을 예측하는 데 시사하는 바가 있다고 생각합니다. 첫째는 감옥살이로 죄가 사라졌다고 생각한다는 것입니다. 피해자와의 관계도 이로써 청산된 것이고요. 둘째는 자신도 감옥살이로 잃은 것이 많으니 자신 역시 피해자라는 인식입니다. 자연스럽게 가해자가 피해자로 변하여 피해자 흉내를 내는 것입니다. 그러니까 그들에게는 아이 생일잔치나 손자 돌잔치에 못 가는 것도 피해라면 피해겠지요.

그러니 구치소에 들어온 사람 모두 빠져나갈 궁리하느라고 바쁩니다. 돈 있고 힘 있는 사람들은 유명 로펌의 전관예우 변호사를 찾기 바쁘고, 일반 범죄자는 되지도 않는 반성문을 써내느라 바쁩니다. 그나마 반성문을 경험 많은 빵잽이가 대신 써 주는 경우도 있습니다. 교정 교화라는 개념 자체가 존재할 수 없는 환경이라고 할 수 있습니다.

가해자는 용서를 구할 수 없다

그렇다면 사건이 발생한 이후 30년이 지난 이 시점에서 형제님은 피해자에 대해 어떤 생각이나 감정을 갖고 계시나요?

세월이 흐르면서 피해자에 관한 생각과 감정에 변화가 있었습니다. 재판 과정 내내 그리고 구금 생활이 시작되고 일정한 시점까지는 피해자를 원망하는 감정이 컸습니다. 살인 사건이 저의 잘못보다는 상대의 배신으로 저질러진 것이고, 그 때문에 모든 것이 망가졌다고 생각했으니까요. 그런데 다행히도 어떤 깨달음이 있었습니다. 시간이 흘러 사형이 확정되고 죽음이 현실적으로 다가온 어느 시기였습니다. 이미 말씀드린 대로 이는 세례를 받고 하느님을 영접하면서부터입니다. 속죄하는 과정에서 저는 깨달았습니다. 살인 범죄는 저의 잘못 중 극히 일부이고 그 이전에도 살인에 못지않은 수많은 잘못을 저지른 사람이며, 이로써 당시 피해자와 주변인의 고통이 너무나도 컸을 것이고 아직도 그 고통은 계속되고 있으리라는 것이었습니다. 지워지지 않는 죄과를 다시 기억하는 것은 그 자체가 고통이지만 하나하나에 대해 속죄하고 또 속죄하는 기도를 하고 있습니다. 특히 저 때문에 영혼의 구원을 받을 기회마저 잃어버린, 한때 저의 친구였던 살인 피해자를 위해 영혼의 구원을 청하는 기도를 드리고 있습니다.

그런데 상당한 세월이 흘렀건만 죄책감이 줄어든 건 아닌 것 같습니다. 살인은 폭행이나 교통사고처럼 피해자와 가해자가 만나 합의해서 서로 잊을 수 있는 일이 아니기 때문입니다. 가끔 신문이나 TV에서 흉악 범죄가 발생했다는 뉴스를 접하면 가슴이 철렁합니다. 피해자 유족은 잊고 싶은 상처와 고통이 되살아날 것이고, 제게도 당시 현장에서 저지른 죄의 악령이 다시 살아나니까요. 언젠가 죄책감에 사로잡혀 자기 학대의 늪에 빠져서 피폐의 세월을 보냈던 적이 있었습니다. 지금은 죄책감으로 스스로 자신을 학대하기보다는 유족의 아픔과 상처가 치유되기를 원하는 기도를 제 남은 사명으로 생각하고 있습니다.

형제님의 진심이 피해자에게 전해져 조금이나마 위로가 될 수 있으면 좋겠습니다. 앞서도 언급했지만 영화 <밀양>은 여러 면에서 많은 생각을 하게 만드는 영화라고 생각합니다.

오래전에 구치소 내 TV로 그 영화를 보았습니다. 유괴되어 살해당한 아들을 둔 어머니가 어렵게 그 살해자를 용서하기로 마음 먹고 교정시설로 가해자를 찾아갔을 때, 그가 이미 하느님의 부름을 받고 용서받았다고 말하는 장면이 기억납니다. 어머니는 아직 내가 당신을 용서하지 않았는데 어떻게 하느님이 용서할 수 있느냐며 분노하지요. 저는 이 장면을 떠올릴 때마다 파스칼의 이 말을 생각합니다. "자기의 비천함을 모르고 하느님을 아는 것은 오만을 자아내고, 하느님을 알지 못하고 자기 비천함을 아는 것은 절망을 일으킨다." 물론 종교에 귀의하여 신께 용서받고 속죄의 삶을 사는 것은 모든 종교인의 바람일 것입니다. 그러나 그것으로 종교 밖에 있는 피해자와 그 유가족과의 문제까지도 사라진다고 믿고 산다면 세상 참 편리하게 사는 것이겠지요. 자신 때문에 사랑하는 아이를 잃은 엄마의 심정을 조금이라도 헤아렸다면 입 밖에 내서는 안 되는 말을 한 것입니다. 참척의 아픔을 겪고 있는 아이 엄마 앞에서 신의 이름을 빌려 용서를 들먹인 것은 자신의 비천함을 깨닫지 못한 채 신을 안다고 착각한 것입니다. 자신의 비천함을 먼저 깨닫고 자기의 살점을 들어내는 속죄의 과정이 필요했습니다.

어느 사형수 형제님이 영화 <밀양>을 보고 보내 주신 글이라 소개합니다.

나 또한 많은 사람에게 분노와 눈물을 안겨 준 사람이기 때문에 마음이 무겁고 말문이 막힌다. 자신은 이미 하느님께 용서받았다는 범인의 말에 내 얼굴이 화끈거리고 어디론가 숨고 싶었다. 아무리 자신의 죄를 참회하고 회개했다고 해도 그런 말을 하는 것이 옳았을까? 자신의 과거를 성찰하고 깨달음을 얻었을 것이고 하느님의 믿음 안에서 새로운 세상을 보았을 것이지만, 그를 변호하기에는 나의 믿음과 수양으로는 한참 버겁다. 나도 은연중에 똑같은 마음을 품지 않았나 하는 생각에 죄책감이 들기도 했다.

저도 그 사형수 형제의 생각에 공감합니다. 하느님은 우롱당할 분이 아닙니다. 사람은 자기가 뿌린 대로 거두는 법입니다. 하느님이 용서하시면서 죄인에게 피해자를 건너뛰고 나만을 바라보면 된다고 했을까요? 아니면 하느님에게 용서를 구하기 전에 먼저 피해자를 향해 자신의 죄과를 자복하고 진정으로 속죄하라고 했을까요? 하느님은 순간순간 모두를 지켜보실 것입니다.

'단장의 슬픔'이라는 말의 유래가 된 인도에서 전해 내려오는 불교 우화가 있습니다. 어느 왕이 숲속 사냥터에서 새끼 사슴 한 마리를 발견하고 활로 명중시켰습니다. 그런데 활에 맞지도 않은 어미 사슴이 죽은 새끼 사슴 옆에서 슬피 울다가 갑자기 쓰러져 죽었습니다. 이상하게 생각한 왕이 어미 사슴의 배를 갈라 보니 창자가 갈기갈기 끊어져 있었습니다. 왕은 어미와 새끼 사슴을 고이 묻어 주고 다시는 사냥하지 않았다는 이야기입니다. 이 짧은 우화를 읽으면서 영화 〈밀양〉에 대해, 또 피해자 가족이 겪을 고통과 슬픔에 대해 다시 생각했습니다. "나의 비천함을 아는 것이 참된 회개의 시작이다. 나는 누군가를 해쳤다. 그로 인해 그의 가족에게까지 평생 씻을 수 없는 단장의 슬픔을 안겨 주었다. 죽는 순간까지 속죄하며 살아가야 한다. 그것이 나의 운명이다."

하느님으로부터 용서를 받는 것은 세례를 받았다거나 예수님을 믿는다고 선언하는 것으로 충분 조건이 되지 않습니다. 그것은 지난한 과정일 것입니다. 회개로 목이 메고 이웃에 대한 실천적 사랑이 주변 사람들의 입가에서 미소로 나타날 때, 그때 용서를 이야기할 수 있겠지요. 극단적인 사례이지만, 〈교수와 광인〉이라는 영화가 생각납니다. 혹 들어 보신 적이 있습니까? 퇴역한 장교가 일시적 착란으로 무고한 사람을 살해하고 후회 속에서 지냅니다. 그러던 중 피해자의 미망인을 만나 진심으로 사죄하고 그 뜻으로 자신의 연금 전부를 양도합니다. 미망인과 접촉하는 과정에서 친밀감을 느낀 나머지 일시적으로 성적 욕망을 느끼고 맙니다. 이에 대한 자책으로 그는 자기 성기를 처절하게 자해합니다. 극단적인 행동으로 사죄를 표시한 것이지요.

속죄의 표시로 극단적인 행동을 한 것은 많은 이들에게 큰 울림과 카타르시스를 제공했을 것 같습니다. 죄과를 감옥살이로 대신하고, 인간적 양심을 가볍게 여기는 세태에 경종을 울리는 장면이라는 생각이 듭니다.

프랑스 철학자 자크 데리다는 "진정한 용서는 용서할 수 없는 것을 용서하는 것"이라고 했습니다. 용서받았다고 생각하십니까? 형제님에게 용서란 무엇입니까?

흉악한 짓을 저지른 죄인이 용서를 받겠다고 생각하는 자체가 욕심이 아닐까요? 죄도 죄 나름이겠지요. 용서란 가해자가 스스로 확인할 수 있는 영역이 아니라고 생각합니다. 그가 할 수 있는 것은 자신의 과거를 용기 있게 직시하고 죄과를 인정하며 피해자의 고통을 처절하게 통감하는 것입니다. 그 과정이 용서의 길로 들어서는 시작이라고 생각합니다. 용서란 가해자가 용서를 간절히 바라기 때문에 이루어지는 것이 아니고, 가늠할 수 없을 만큼 최선을 다하는 속죄 행위에서 진정성이 보일 때 소리 없이 주어지는 것으로 생각합니다. 이는 수행의 길일 것입니다. 교수님께서 일전에 말씀하신 초기 감옥의 형태가 중세의 옛 수도원의 모습에서 기원했다는 사실이 시사하는 바이기도 합니다.

영화 <엑소시스트: 더 바티칸>에서 수석 구마 사제 역을 분한 러셀 크로는 이렇게 말합니다. "모두 심판을 받겠죠, 얼마나 사랑하느냐로." 이는 '얼마나 큰 죄를 지었느냐가 아니라 얼마나 사랑했느냐'가 심판의 척도가 되어야 한다는 뜻이지요.[38]

모든 사람이 동의하지는 않겠지만 인간은 불완전한 존재이기에 그 이유로 죄를 지을 수 있겠으나, 중요한 것은 죄를 지은 이후에 우리가 어떤 삶을 살아가야 하는가를 말하는 것 같습니다. 저에게는 큰 위로가 되는 말입니다. 이미 세상을 떠난 피해자를 향한 속죄하는 마음이 살아 있는 이웃에 대한 희생과 사랑으로 나타나지 않는다면 누구도 그 진정성을 받아들이기 어려울 것입니다.

큰 죄를 지었어도 지극한 사랑을 베푸는 사람으로 거듭남으로써 성인의 반열에 올라 세상에 마음의 평화를 전하는 분도 있습니다. 그러나 큰 죄를 짓고도 가식과 이기적인 삶에서 벗어나지 못하고 사랑에 인색한 사람도 있지요.

세상에는 사법적 심판으로도 윤리적 심판으로도 해결되지 않는 부분이 있습니다. 그래서 우리 인간은 전능한 신을 믿고 종교에 의지하며 종교적 심판으로 공정과 정의를 기대하지요. 하지만 종교인이 아니거나 가짜 종교인들도 종교적 심판에서도 열외가

된 듯 잘 살아갑니다. 그래서 세상이 왜 이리 불공정하느냐는 아우성도 존재합니다.

　사형수 중에도 과거의 죄과를 고백하고 속죄의 기도를 올리며 장기를 기증하고 세상을 떠난 사형수가 있는가 하면, 끝까지 피해자와 세상과 사법부를 원망하고 증오하며 형장의 이슬로 사라지는 사형수도 있습니다. 십수 년을 복역해도 변하지 않고 속죄는커녕 무죄를 주장하며 자신의 하찮은 앞가림을 위해 위선적인 삶을 사는 수형자도 적지 않습니다. 부모를 살해한 사형수가 20년이 지난 뒤에도 무죄를 주장하며 억울함을 호소하고 부모를 탓하는 모습을 보고는 봉사활동을 포기했다는 목회자의 기사도 읽은 적이 있습니다. 선한 마음으로 교화 봉사에 참여하고 종교적인 입장에서 사형제도 폐지를 주장하는 분들의 입지를 약화하고 기운빠지게 만드는 일입니다. 저는 뒤늦게나마 깨달았습니다. 제가 지금 숨을 쉬는 것은 죽어서 지옥 불에 떨어져 절규하며 살아가야 할 죄인에게 사형수라는 신분을 주어 세상에 속죄하며 살아갈 기회를 주신 것입니다.

　어느 신학생에게서 전해 들은 이야기가 있습니다. 예수님께서 간음한 여인을 돌로 쳐 죽이려는 성난 군중들로부터 "너희 가운데 죄 없는 자가 먼저 돌로 던져라!"라는 말씀으로 그 여인을 구해 주셨습니다. 그리고 "나는 너를 단죄하지 않는다. 가거라. 그리고 이제부터는 다시는 죄짓지 마라."고 하셨습니다.[39] 그런데 여기에서 그 여인이 용서를 받아들이지 않고 한사코 돌팔매를 맞고 죽겠다고 버틴다면 예수님께서도 곤혹스러울 것이라는 이야기였습니다.

저는 돌팔매질에 맞아 죽을 만큼 큰 죄를 지었습니다. 그래서 30년을 옥살이하고 있습니다. 그런데 진정으로 속죄하는 마음으로 살게 된 것은 세례를 받고 종교에 귀의한 이후부터입니다. 속죄하는 방법도 몰랐으니까요. 종교의 힘이 아니면 벗어날 수 없는 지경에 있었다고 할까요? 좀 전에 말씀드린 대로 실제 오랜 기간 죄책감으로 자신을 자학하면서 지내던 힘든 시기가 있었습니다. 종교적 삶이 시작되니 저의 과거와 현재 그리고 미래가 엮인 삶의 루틴이 어느 정도 만들어졌습니다. 어두운 과거는 지워지지 않지만 현재의 내가 존재할 수 있고, 미래 또한 설계할 수 있게 된 것입니다. 자신이 처한 곤경에 대해 남 탓만 한다면 그는 성숙하지 못한 사람이겠지요. 그렇다고 용서의 대상에 굳이 자신만은 포함하지 않는다면 용서가 주는 애틋한 감동과 기쁨을 누리지 못하고 영원히 불행의 늪에서 헤어나지 못할 것이라는 생각을 해 봅니다.

어느 사형수 형제의 이야기를 들려주고 싶습니다.

저는 세례를 어렵게 받았습니다만, 지금은 신앙공동체에서 과분한 사랑을 받으며 살아가고 있습니다. 저 같은 중죄인이 착한 사람들의 섬김을 받는다는 것이 믿기지 않을 때도 있지요. 하느님의 존재에 대해서는 아직도 확신이 가지 않지만, 하느님을 믿는 봉사자 자매님들의 헌신과 사랑은 눈으로 보이니 감사하지 않을 수 없습니다. 그들의 선행을 보면서 그들이 믿는 하느님의 존재를 다시금 생각합니다. 그래서 아침저녁으로 시간을 정해 성경도 읽고 참회의 기도도 합니다. 사실 기도하는 순간이 저에게는 가장 고통스러운 시간입니다. 어두운 과거가 다시 살아나니까요. 솔직하게 말하면 아직은 성경을 읽는 것보다 운동하는 것이 좋습니다. 땀을 흘리며 집중할 수 있어서 잡념도 사라집니다. 뜬금없는 이야기로 들리겠지만, 요즘은 경제신문을 탐독하며 주식 공부도 하고 돈 버는 궁리도 합니다. 제가 사회에 있을 때 정상적인 경제활동으로 돈 버는 방법을 터득했다면 얼마나 좋았을까요? 꿈같은 이야기이지만 돈을 벌고 싶기도 합니다. 대형 참사 같은 경우는 피해자나 유족이 여러 경로로 지원을 받기도 하지만, 제 사건의 피해자 유족은 누구의 관심도 받지 못한 채, 어떤 지원도 없이 울분을 삭이며 살아가고 있음을 잘 압니다. 신앙이 두터운 죄인들은 기도로 피해자와 하느님께 속죄하고 마음의 평화를 찾고자 하겠지만, 저는 솔직히 가능하다면 돈을 벌어서 피해자나 그 유족에게 전달함으로써 속죄하는 것이 더 실질적인 속죄라고 생각합니다. 물론 사람들은 제 생각을 신뢰하지도 지지하지도 않을 터이고 엉뚱한 환상을 꿈꾸지도 말라고 냉소하겠지요.

속죄하는 방식은 사람마다 상황에 따라 다를 수 있습니다. 우리가 종교적이거나 교과서적 취향에 맞는 속죄만을 기대한다면 이 또한 경직된 태도일 수 있겠지요. 저는 이 사형수의 말을 선의로 받아들이고 싶습니다. 자신들의 죄를 피해자 탓 혹은 사회 탓으로 돌리는 자의적이고 왜곡된 사고를 하는 자도 많기 때문입니다. 또한 죄악이 감옥살이로 종결되는 법치주의 틀을 편리한 자위의 수단으로 활용하기도 하고요. 문제는 양심입니다. 양심에는 강제성이 없습니다. 양심의 생성은 절대적이고 태생적인 결정인자의 작용도 있겠지만, 인간이 통제할 수 있는 요인도 있다고 봅니다. 아마도 교육과 종교가 그것이겠지요. 저는 교육과 종교의 마지막은 사랑의 집대성이고, 자신보다는 타자의 입장을 먼저 배려하는 타자 중심 윤리의 확립이라고 생각합니다. 물론 돈을 벌어서 피해자에게 전달하고 싶다는 의도는 선의로 받아들이지만, 그에 앞서서 죄과에 대한 속 시원한 고백과 속죄, 울부짖는 통회의 모습을 먼저 보고 싶은 것이 저의 솔직한 바람입니다.

회복적 사법

지금부터는 기존의 형벌 체계에 대한 대안으로 거론되고 있고, 형제님도 일전에 참여한 적이 있는 회복적 사법 프로그램에 대해 의견을 나눠 보겠습니다. 현 형벌 체계는 가해자 처벌 중심의 응보적 정의 체계입니다. 이는 피해 당사자인 피해자는 배제된 채 국가가 피해자를 대신해서 가해자를 처벌하여 정의를 세우는 구조입니다. 그래서 피해자의 고통과 피해에 대한 구체적인 조치가 결여된 반쪽 사법 체계인 셈입니다. 이에 따라 '가해자 중심에서 피해자 중심'으로, '응보 중심에서 문제 해결 중심'으로 전환해야 한다는 주장이 제기되고 있습니다. 아울러 이를 통해 피해자의 지위와 피해를, 그리고 당사자들—가해자, 피해자, 지역사회 공동체 등— 간에 손상된 관계를 실질적으로 회복할 수 있는 실천 방안을 찾고자 합니다. 여기서는 응보 중심의 사법적 질서 확보보다는 회개, 용서, 화해, 조정, 회복 등과 같은 인문학적 용어가 문제 해결의 목표가 됩니다. 원시공동체의 분쟁 해결 방식에서 유래한 것으로 알려졌는데 호주, 뉴질랜드, 캐나다 등의 사법기관에서는 공식적인 제도로 활용되고 있습니다. 형제님은 피해자 가족과 접촉한 적이 있으시지요?

네, 한 차례 있었습니다.

저도 형제님이 언젠가 회복적 사법 프로그램에 참여하여 피해자 유족을 만난 것으로 기억합니다. 그때 상황을 설명해 주실 수 있으신가요?

2007년 연말이었습니다. 피해자 가족과 만났던 특별한 날이었습니다. 범죄 피해자 유족과 만난다는 것이 솔직히 두렵고 선뜻 내키지 않았지만 용서와 치유의 장이 될 것이라는 생각에 마음을 다스리고 나갔습니다.

형제님의 직접적인 피해자 가족을 만난 것은 아니었지요? 어떻게 만났습니까?

저와는 관련이 없는 다른 사건의 피해자 가족을 만났습니다. 천주교 사회교정사목위원회에서 주선한 모임이었지요.[40] 당일 저는 다른 사형수 두 명과 함께 ○○구치소 사회복귀과 교육실에서 기다리고 있었습니다. 잠시 후, 담당 사제이신 이영우 토머스 신부님과 함께 살인 사건 피해자 유가족 세 분이 들어오셨습니다. 우리는 긴 탁자를 앞에 두고 마주 앉았습니다. 숨소리조차 내는 것이 조심스러운 침묵의 시간이 흘러가고 있었습니다. 물론 그 와중에도 보이지 않은 교감이 있었다고 생각합니다. 그리고 얼마나 시간이 흘렀을까요? 누가 먼저라고 할 것도 없이 모두 눈물을 훔치기 시작했습니다. 돌아보면, 저는 그 눈물의 의미가 주님께서 내려 주신 집단 치유의 은총이었다고 생각합니다. 세례받은 날에도 비슷한 감정에 휩싸였던 기억이 있습니다. 오랫동안 가슴을 짓눌러 왔던 무거운 멍에가 쏟아지는 눈물로 씻어지는 듯한 느낌을 받았습니다. 남들 앞에서 쉽게 꺼내 놓지 못한 채 억눌렀던 감정을 눈물로 씻어 내고 나니까 자연스럽게 말문도 열렸습니다.

특히 살인과 같은 중범죄의 경우에는 화해와 용서를 위해 직접적 가해자와 피해자를 한자리에서 만나게 하는 것이 현실적으로 쉽지 않습니다. 가해자도 두렵고 불편하겠지만 피해자 측에서도 잊고 싶은 과거가 다시 재현되는 고통을 감당하기 어렵기 때문일 것입니다. 그런 이유로 각각 다른 살인 사건의 가해자와 피해자 유족으로 만남을 주선했다고 들었습니다. 어떤 대화를 나누셨습니까?

그날 만난 분 중에는 사형수 ○○○에게 일가족 세 분을 한꺼번에 잃은 어르신이 계셨습니다. 그런데 놀랍게도 그 어르신은 ○○○을 용서했다고 말씀하셨습니다. 살인 피해자 유족에게는 가해자가 형장에서 사라진다고 해도 고통이 사라지지 않을 텐데 어떻게 용서할 수 있었는지 궁금했습니다. 물론 용서의 단계에 이르기까지 실로 어려운 과정을 겪었다는 것을 알게 되었지요. 사건이 있고 몇 년은 내 가정을 하루아침에 박살 내고 지옥으로 떨어뜨린 살인범을 찢어 죽여도 시원찮을 만큼 증오했다고 합니다.

끓어오르는 분노와 원망을 견딜 수 없어서 먼저 간 가족을 따라 스스로 목숨을 끊을 생각도 수없이 했다고 하셨습니다. 그런데 시간이 흐르면서 가해자를 용서하지 않으면 자신이 살 수 없을 것 같았고 죽음을 죽음으로 갚을 수 없기에 용서를 결심했다고 했습니다. 그분이 말씀하시는 동안 저는 저리는 가슴을 주체할 수 없어 내내 오열하고 있었습니다.

저도 그분을 몇 차례 뵌 적이 있습니다. 건강이 날로 악화하여 안타까운 심정입니다. 이분은 국가로부터 아무런 지원도 받지 못한 채 어렵게 지내다가 몇 해 전부터는 병마가 찾아와 고통스러운 나날을 보내고 있습니다. 국가가 이런 피해자 유족에게는 정말로 특별한 조치를 취해야 한다는 생각을 다시 한번 하게 됩니다.

어르신은 누군가를 죽도록 증오하면 거기서 생긴 독소가 가장 먼저 당신 자신을 해친다는 것을 알게 되었다고 하셨습니다. 그리고 용서의 의미를 '고통 속의 자유'를 찾는 것이라고 하셨습니다. 그때까지는 피해자 가족이 겪는 고통을 피상적으로 짐작할 수 있었을 뿐이었습니다. 그런데 바로 눈앞에서 실제 음성으로 직접 듣고 보니 그분들이 겪고 있는 아픔과 고통이 얼마나 큰 것인지를 실감할 수 있었습니다.

그리고 어르신은 그간 ○○○을 만나 용서의 마음을 전하기 위해 접견 신청을 했지만 몇 번이나 거절당했다고 하셨습니다. 저는 어쩌면 그것도 하느님의 섭리가 아니었을까 싶었습니다. 설사 피해자 측에서 용서하려고 해도 가해자가 용서받을 준비가 되어 있지 않다면 오히려 역효과가 날 수도 있으니까요.

살인자를 용서한다는 것은 잊히지 않는 고통을 넘어서 마음의 안식을 찾아 헤매는 몸부림이고, 마음의 평화를 찾아 증오의 늪에서 벗어나려는 머나먼 여정일 것입니다. 용서해서 평화를 찾는다고 하더라도 그것은 일시적일 수밖에 없기에 또 한 번의 용서에 이르는 수련의 과정이 수없이 요구된다고 합니다. 성경에서도 "일곱 번이 아니라 일흔일곱 번까지라도 용서해야 한다."[41]라는 구절이 나올 정도로 지난한 과정이겠지요.

어찌 한 인간으로서 세 명의 가족을 살해한 살인자를 단번에 용서할 수 있겠습니까? 아마도 이는 종교적인 신앙이 허락하는 거룩한 용기 없이는 불가능할 것입니다. 자신이 용서의 주체가 되는 것이 아니라 성령께서 주체가 되었을 때만이 용서라는 기적이 일어나지 않을까요? 이 어르신의 거룩한 용서 역시 성령에 의지한 간절한 기도 속에서 이루어진 기적 같은 결과라고 생각합니다. 가해자도 진정으로 사죄하고 용서받기를 원한다면 열 번이고 백 번이고 청해야겠지만 가해자와 피해자 간에 공감대가 쉽게 이

감옥이란 무엇인가 2

루어질 수는 없겠지요. 설사 가해자가 원한다고 해도 피해자 측에서 지난 악령을 다시 되살리고 싶지 않을 테니 실제로 이루어지기는 어려울 것입니다.

학폭(학교 폭력)으로 아들을 잃은 어느 사업가가 도리어 그 학교를 인수하고 학폭 없는 명문 학교로 발전시켰다는 기사를 읽은 적이 있습니다.[42] 자식이 학교 선배에게 맞아 사망했다는 소식을 처음 들었을 때는 학교를 모조리 부숴 버리겠다는 심정이었답니다. 그런데 아들의 죽음 앞에서 몸부림친들 아들이 다시 살아날 수 없을 것이기에 복수의 감정을 용서의 감정으로 바꾸었다는 내용이었습니다. 도저히 용서할 수 없는 것을 용서한, 진정한 용서의 모습을 보여 준 것이지요. 그런데 인상 깊었던 부분이 있습니다. 세월이 지나 가해 학생이 명문 대학교에 입학했는데 그 학생이 자주 찾아오느냐는 질문에 대한 대답이었습니다. "아니요, 절대 찾아오지 말라고 했어요. 그 애를 보면 혹시라도 내가 무너질 수도 있으니까요." 매우 솔직하고 인간적인 말씀으로 들렸습니다. 실로 온전한 용서란 그만큼 어려운 것입니다. 외국의 사례를 살펴보아도 가해자와 피해자의 만남 자체가 성사되기 어렵다는 것을 알 수 있습니다. 만남이 성사된 경우에도 극적인 교감에 의해 '사죄와 용서'라는 아름다운 결말까지 이루기가 어렵다고 합니다. 대개 종교적으로 영적이고 신성한 분위기가 연출되는 과정에서 가능했다고 합니다. 다른 유가족분과는 어떤 대화를 나누셨습니까?

또 다른 한 분에게도 안타까운 사연을 들었습니다. 사랑하는 대학생 딸이 남자 친구에게 살해당했는데, 그 가해자가 죄책감에 자살해 버린 겁니다. 딸의 목숨을 앗아 간 가해자가 죽어 버린 바람에 원망할 대상조차 아예 사라져서 너무 허무하고 화가 났다고 하셨습니다. 그 순간 뜻밖에 깨달은 것이 있었습니다. 사형수는 함부로 죽어서도 안 되는 존재라는 것을요. 저 역시 죽으면 모든 것이 끝날 것이니 자살해 버리자는 생각을 수없이 했습니다. 사형수의 자살 행위는 벌을 받을 기회도, 회개할 기회도, 용서받을 기회도 없애 버리는 무책임한 또 다른 죄라고 생각했습니다. 이를 신앙적으로 이야기하면 우리의 죄를 대신하여 십자가에 못 박히신 예수님의 죽음을 헛되게 하는 어리석은 짓이기도 하고요.

그렇다면 온갖 못된 짓을 하고도 살아 있는 나는 어떤 사람이고 어떤 사람이어야 하는지 생각했습니다. 결정적인 순간에 예수님을 세 번이나 배신한 베드로와 고작 은전 30냥에 예수님을 팔아넘긴 유다, 이 두 사람을 떠올렸습니다. 베드로는 자기 잘못을 뉘우치고 얼굴에 눈물샘이 패일 정도로 참회의 눈물을 흘렸고, 유다는 괴로운 나머지 스스로 목숨을 끊었습니다. 그 시기의 저는 실질적으로 할 수 있는 일이 아무것도 없다고 느끼면서 한없이 무력감에 빠져 있었습니다. "그대가 마주칠 수 있는 가장 고약한 적은 언제나 그대 자신일 테니 도망가지 말라."라는 니체의 글이 눈에 들어왔습니다. 저는 바로 그 시점에서 하느님을 만났습니다. 하

감옥이란 무엇인가 2

느님은 저에게 손을 내미셨습니다. 제가 그 손을 붙잡는 순간 감추어졌던 저의 추악한 모습이 벗겨졌습니다. 진정한 저의 모습을 들여다볼 용기가 생겼습니다. 그러자 저도 모르게 저의 죄를 고백하기 시작했고 피해자의 영혼을 위해 기도하기 시작했습니다.

어떤 죄를 어떻게 고백하고 어떤 용서를 구했습니까?

저는 죄가 많은 사람입니다. 처음 몇 년 동안은 살인죄를 중심으로 피해자와 유족에게 용서를 구하는 기도를 바쳤습니다. 그러나 그들과 직접 대면해서 용서를 구할 수 있는 상황도 아니고, 기도에 조건이 붙으면 결국 자기만족을 위한 기도로 변질될 수 있다는 생각이 들었습니다. 성경에는 성전에서 기도하는 두 사람의 이야기가 나옵니다. 그중 바리새인은 꼿꼿이 서서 자기는 강도, 세리(세금징수원), 간음하는 자처럼 불의를 저지르지도 않았고 일주일에 두 번 단식하고 십일조도 열심히 바친다고 기도합니다. 다른 한 사람인 세리는 감히 하늘을 향하여 고개를 들 엄두도 내지 못하고 가슴을 치며 말합니다. "오, 주 하느님, 이 죄인을 불쌍히 여겨 주십시오!" 여기에서 예수님이 어느 사람을 칭찬했을까요?

저는 죄인임을 고백할 수만 있을 뿐 용서는 제가 구할 수 있는 것이 아니라 하느님과 피해자, 유족만이 할 수 있는 것이라고 생각했습니다. 그 대신 저는 매일 아침 피해자 영혼의 구원을 위한 기도를 합니다. 피해자라고 해서 그들이 살면서 지은 죄가 소멸하는 것은 아닐 수도 있겠다고 생각했기 때문입니다. 살아서는 피해자의 산목숨을 빼앗은 것이고, 죽어서는 보속의 기회를 빼앗아 영혼의 구원과 영원한 생명까지도 박탈한 것이니까요. 그러니 당연히 가해자인 제가 피해자 영혼의 구원을 위해 기도해야 한다고 생각했습니다.

유가족과의 만남 이후 일상에서 어떤 변화가 있었습니까?

저는 그 만남 이후 매일 아침 첫 기도로 저의 피해자와 유가족 그리고 범죄 피해로 가족을 잃은 분들을 위해 기도하고 있습니다. 제가 지금 무엇을 할 수 있겠습니까? 저는 신앙적으로 하느님께 용서를 구하는 죄인으로서 하루하루를 덤으로 살고 있다는 마음으로 숨 쉬며 살아가고 있습니다. 하느님은 이미 세상을 떠난 피해자와 그 유가족에게 죽는 날까지 속죄하면서 그분들의 상처와 고통을 잊지 말라고 명령하고 계십니다. 고통 속에서 염원하는 기도로 죄가 씻기고 제게도 영원한 마음의 평화가 깃들기를 간절히 바라고 있습니다.

혹시 전해 들으셨는지 모르겠지만 사형수 봉사자 자매님들이 알림톡과 카톡방을 열어 서로를 지지하며 사형수, 피해자, 수용자를 위해 매

일 기도하고 계신다는 것을 알려 드리고 싶습니다. 이분들은 사형수와의 정기미사는 물론이고 무연고 사형수 시신이 묻힌 곳곳을 찾아 위령미사도 올립니다. 이분들 중에는 살인 피해자 모임, 호스피스 병동 등 어려운 곳을 찾아다니며 봉사를 직업처럼 하시는 분도 적지 않습니다. 물론 이들에게 믿음이 있었기에 가능한 일이라고 생각합니다. 그래서 용서할 수 없는 죄인을 용서할 수 있고, 용서할 수 없는 죄인을 용서해 달라고 하느님께 간구할 수 있지 않을까요? 에마누엘 레비나스의 '타자 윤리학'에서도 말합니다. 고통으로 일그러진 타인의 얼굴은 곧 그를 도와 달라는 명령이라고, 그리고 그 명령에 주저 없이 복종하는 자세를 의무로 제시합니다.[43] 이를 실천하는 분들에게는 그 대상이 누구이며, 어떤 사람인지는 행동의 조건이 되지 않습니다.

어두운 과거를 치유 불가능한 상처로 안고 있는 저는 자기 존재에 대한 불안을 떨치지 못하고, 굳어져 버린 사회 정체성에 절망하며 번뇌의 나날을 보냈습니다.[44] 그때 동아줄이 하느님이었고, 이를 전하는 사람이 교정시설 봉사자 모습을 한 천사들이었습니다. 본인의 손이 작다며 먹을 것을 두 번이고 세 번이고 건네던 봉사자 자매님의 손길에서 하느님의 현현을 보았습니다. 아마도 그 자매님의 행위는 세상에 대한 의무로서 행한 것이 아니라 세상을 살아가면서 그저 마음 가는 대로 행한 것이라고 생각합니다.

가해자와 피해자

가해자와 피해자에 대한 기존 우리 사회의 인식에는 재고해야 할 부분이 있다. 이 문제는 '좋은 사람과 나쁜 사람'에 대한 기존의 사회적 인식에서 비롯된다. 우리 사회는 좋은 사람과 나쁜 사람이라는 이분법적 패러다임에 따라 고쳐야 할 나쁜 사람과 고칠 필요가 없는 좋은 사람으로 이분화한다. 나쁜 사람인 범죄인은 식별하여 처벌하거나 고쳐야 하며, 좋은 사람인 그 밖의 사람들은 고칠 필요가 없는 사람이라는 인식이다. 이는 좋은 사람인 국가가 나쁜 사람인 범죄인을 연구 대상으로 고정해 놓고 '범죄를 어떻게 퇴치하고 재범률을 어떻게 줄이느냐'의 해답을 찾는 패러다임이다. 교정과 관련해서도 같은 논리의 패러다임이 널리 적용되고 있다. 담장을 경계로 안에 있는 사람은 나쁜 사람으로, 밖에 있는 사람은 좋은 사람으로 간주하는 것이 일반적인 사회적 인식이다.

그러나 가해자와 피해자는 타고날 때부터 정해져 불변한 것이 아니다. 언론에서 수시로 보도되는 기사만 봐도 좋은 사람과 나쁜 사람에 대한 기존의 인식이 얼마나 취약한 패러다임인지 쉽게 드러난다. 부도덕에 내성이 생긴 정치, 경제, 교육 분야 등의 고위급 인사들은 물론이고 시세 영합적이고 집단이기주의에 물든 일반인까지를 포함하여 과연 이들이 고칠 필요가 없는 좋은 사람들인가에 대한 의심을 떨치기 어렵다. 이들이 기존의 틀과 제도와 규범을 가지고 심판하고 처벌하고 교육하며 치료한다는 것이 과연 얼마만큼의 정당성을 갖는 것일까? 누구든 어떤 환경에 처하는가에 따라 가해자가 될 수 있고, 또 피해자가 될 가능성이 있다는 사실을 어느 누가 부정할 수 있을까? 어느 누가 좋은 사람은 영원히 좋은 사람이고, 나쁜 사람은 영원히 나쁜 사람이라고 단언할 수 있을까? 스스로 법을 준수할 수 있는 좋은 사람이라고 치부하는 우리와, 감옥에 갇혀 있는 그들 사이의 거리를 너무 크게 과장하는 것은 아닐까? 그리고 운 좋게 불운을 피한 행운아로 사는 우리와, 사나운 운명으로 상처를 입고 고통을 당하는 피해자의 거리를 너무 크게 과장하는 것은 아닐까? 이런 과장이 사실처럼 굳어지면 갇힌 자들이 마땅히 누려야 할 기본적인 권리마저 쉽사리 부정될 수 있고, 또 피해자의 불운한 피해마저도 익숙한 드라마의 한 장면을 보듯 쉽사리 스쳐 가게 된다. 따라서 누구도 사회의 제반 부조리와 범법 행위에서 완전하게 자유로울 수는 없다는 점에서 모두가 '공범 의식'을, 누구도 피해자가 될 상황을 모면할 행운을 언제까지나 누릴 수는 없다는 점에서 모두가 '나눔 의식'을 내면화하는 것이 필요하다.

그럼에도 현실적으로 가해자에 대한 관대한 처우를 비판하는 여론은 여전히 비등하다. 따라서 이런 일반인의 불만을 위무할 수 있는 담론을 창출할 필요성이 제기된다. 가해자에 대한 관대함은 가해자 개인의 인간 존엄성도 보호해야 한다는 보편적 윤리관의 실현이기도 하지만, 이들이 상습범으로, 누범자로, 통제 불능한 괴물로 변해 거리를 누빌 때 발생하는 사회적 부담을 예방한다는 실용적 조치의 결과이기도 하다는 사실을 기억해야 한다. 더 우선으로 필요한 것은, 가해자에 대한 엄벌인가 혹은 관대한 처벌인가와 무관하게, 피해자에 대한 지원과 관심을 대폭 확대하는 제도적 장치를 갖추어야 한다는 점이다. 예컨대 피해자에 대한 재정적 지원을 3%, 5% 증액하는 수준을 탈피하여, 50곳의 구금시설에 걸맞게 피해자 지원센터 50곳을 설립하는 수준으로 과감한 변화가 있어야 한다. 이로써 '가해자 처벌 중심'에서 '가해자 처벌과 피해자 지원'이 병립하는 패러다임으로 전환될 수 있다. 그리고 형 집행 과정의 수용자 관리와 처우에서도 입소에서 출소, 사후 관리까지 개별적, 단계별 특성이 고려된 형벌 집행 프로그램을 일관성 있게 체계적으로 시행해야 한다. 물론 여기에서도 더 근본적으로 필요한 것은 범죄인이 죄과를 온전히 인정하고 회개할 여건을 조성하여 최종적으로는 스스로 통회할 수 있게 하는 것이다.

가해자에 대한 형벌은 통렬한 고통을 가하여 그를 피폐하게 만들어 피폐에 익숙해지거나, 아픔을 회피하기 위해 일삼는 작위적인 행위를 방치하는 것이 아니라, 고행 과정을 체험하게 하여 스스로 성찰하고 속죄하고 통회하여 변해 가는 과정으로 인도하는 길이어야 한다. 종교적 표현이지만, 감옥이 천당과 지옥의 중간 지대인 연옥의 기능을 수행한다고 상정해 볼 수 있다. 구체적으로는 타인의 인권을 유린하고 재물을 빼앗고 신체에 상해를 입힌 가해자가 감옥에 와서도 자신의 죄과를 부인하고 규율을 고의로 위반하거나 거짓된 행동을 일삼는다면 그에 상응하는 대가를 반드시 치르게 해야 하지만, 죄과를 온전히 인정하고 회개하여 통회하는 수형자에 대해서는 과감한 선처를 베푸는 구조라고 하겠다.

이 모든 제안은 범죄 행위에 개인의 책임만을 중시하고, 사회와 공동체의 역할을 사실상 면제해 주며, 사법적 정의만을 최우선하는 분위기에서는 이루어지기 어렵다. 여기에 낮은 단계의 정의를 넘어 높은 단계의 정의로 나아가야 한다는 담론이 창출되는 이유가 있다.

높은 단계의 정의란 나쁜 사람을 나쁜 벌로 응징함으로써 정의를 세우는 차원을 뛰어넘어 나쁜 사람에게도 나쁘지 않은 형벌, 즉 엄격하면서도 경건한 고행 과정을 체험하게 하여 스스로 존엄성을 회복할 기회를 허용하고, 사회 공동체에서 이를 기꺼이 포용하는 것을 말한다. 이 단계에서는 우리 공동체가 가난한 자, 아픈 자, 부족한 자와 함께 나누는 것은 물론이고 잘못한 자까지도 배제하지 않는 포용력을 지니며, 이를 모든 구성원이 자긍심으로 여기는 품격 있는 인간관계가 보편화된다.

저는 세상을 함부로 살다가 스스로 죽음을 재촉했지만 지금까지도 명을 이어 가고 있으니 이 또한 운명이고 거기에 무슨 이유가 있다면 찾고 싶습니다. 저는 온갖 비행과 범죄를 저지르며 살다가 사형수가 되어 30년째 옥살이를 하고 있습니다. 위태롭고 파괴적이고 낭비적인 삶이었습니다. 세상에는 아무 죄과도 없이 병마로, 교통사고로 젊은 나이에 목숨을 잃은 사람도 많습니다. 저는 이미 죽어야 할 목숨인데도 그들보다 더 오래 살고 있습니다. 죽음은 도대체 어떻게 결정되는 것일까요?

- 본문 중에서

5장

'죽임'으로 시작하여
'죽음'으로 끝나는

대개 사람들은 평생 감옥과는 상관없는 삶을 살아갑니다. 따라서 감옥은 일반인에게 큰 관심의 대상이 아닙니다. 사형수나 연쇄살인범, 영상에 비치는 높은 담장 등 드라마적 요소가 있는 뉴스 정도에 잠시 흥미를 보일 뿐이지요. 그 이유 중 하나는 사람들이 감옥이라고 상상하는 현장과 범죄인들이 구금된 시간만으로 감옥을 인지하고 있기 때문입니다. 그런데 사실 감옥은 대양의 무인도처럼 사회와 영원히 고립된 곳도 아니고, 시간의 흐름이 멈춘 상상 속의 우주 공간도 아닙니다. 구금된 시간도 구금 이전의 시간에서 구금 이후의 시간으로 흘러가는 연장선상에 존재합니다. 또 특별한 사람들만의 장소도 아닙니다. 전임 대통령부터 재벌 총수, 정치인, 교육자, 종교인, 노숙자 등 모든 계층의 사람들이 거쳐 가는 곳이고, 그들은 결국 다시 우리의 이웃으로 살아갑니다.

인간은 세상에 태어나 삶을 맛보는 순간부터 죽음이라는 숙명에 직면하고, 생명체로 태어나 숨 쉬는 자유를 누리는 순간부터 이미 훨씬 더 큰 속박의 틀 속에서 살아가야 하는 존재입니다. 사형은 인간이 삶을 영위하면서 경험하는 수많은 죽음 가운데 사법적으로 정의된 하나의 죽음일 뿐이며, 구금 또한 인간이 의식적 혹은 무의식적으로 당하는 수많은 속박 가운데 사법적으로 정의된 하나의 속박일 뿐이지요.

유아가 세균에 감염되어 사망하고 성직자가 새벽 미사 새벽길에 교통사고로 목숨을 잃는 것은 그들의 죄과 때문은 아닐 것입니다. 그런데 흉악범에 대한 최종적인 대가도 죽음이라면, 전혀 다른 상황에서 같은 결말이 나온 것입니다. 이런 죽음을 어떻게 이해해야 할까요? 어딘가 퍼즐이 어긋나 있다는 생각에 이릅니다. 이런 과정에서 흉악범에게 요구되는 것은 죽음이 아니라 그 이전에 속죄하고 통회하는 과정이 먼저여야 한다고 생각하게 되었습니다. 일반 범죄인의 경우에도 자유를 박탈하여 고통을 부과하는 응징을 우선하여 스스로 죄과를 인정하고 회개하는 속죄 과정에 방점이 주어져야 한다고 생각했지요. 그렇다면 정작 죄인 중의 죄인인 사형수는 기나긴 구금 기간에 어떤 사유를 하는 것일까 궁금했습니다.

대단한 이상을 위해서가 아니라 자신을 위해서 자신만의 방법으로 명상하고 성찰하는 시간이 필요하다고 생각합니다. 저의 경우에는 독서와 신앙 생활을 하며 명상을 배웠고 사유하는 삶을 찾았습니다. 좋은 사고를 위해서는 세 가지 조건이 있다는 글을 읽은 적이 있습니다. 사람과 교제할 것, 책을 읽을 것, 정열을 가질 것. 저는 성장 시기부터 좋은 사람들과 교제할 기회도 없었고, 독서를 한 적도 없었고, 제대로 된 목표가 없었으니 무언가를 향해 정진할 정열도 가진 적이 없었지요. 아이러니하게도 죄짓고 나서 책을 읽었습니다. 책 속의 많은 이야기에 동화되다 보니 자연스럽게 사고가 깊어지고 사유하는 시간이 많아지는 것을 느낄 수 있었습니다. 그런 과정에서 자유, 생명, 죽음, 시간, 공간, 신앙 등과 같은 근원적인 문제에 대해서도 생각하게 되었지요. 그래서 많은 사람이 책은 참 자아를 찾아가는 나침반이라고 하는 게 아닌가 싶습니다.

자유

자유는 생명과 함께 인간이 반드시 보호받아야 할 절대적인 가치입니다. 상대의 자유를 뺏고 억압하면 범죄가 되고, 그 대가로 범죄인은 자유를 박탈당하는 형벌을 치러야 합니다. 자유형은 인간의 자유를 속박하는, 인간 사회의 가장 보편적인 형벌 형태이지요. 따라서 절대 가치인 인간의 생명을 보호하는 장치이자 인간의 죄를 묻는 장치의 척도로서 '자유의 허용도'를 학습하는 과정이 필요합니다. 여기에서 '자유의 허용도'란 범죄 행위 차원에서는 타인의 무한한 잠재력을 의도적으로 파괴하는 자유를 제지할 수준의 한계치를 말하고, 형벌 차원에서는 가해자의 죄과에 대한 응분의 대가를 충족하면서 동시에 인간의 존엄성이 훼손되지 않고 자기 발전을 꾀하는 데 필요한 자유의 허용치를 말합니다. 이것이 지켜진다면 마땅히 존중받아야 할 인격체로서 각각의 인간이 자기의 잠재력을 부당하게 침해당하지 않고 창의적인 삶을 영위할 수 있을 것입니다.

〈스나이퍼〉라는 영화로 기억합니다. 사면을 약속받은 사형수가 인질을 구출하는 위험한 임무를 띠고 적진에 침투하지요. 온갖 위기를 다

넘기고 귀환하는 마지막 순간에 그 사형수는 총상을 입고 숨을 거두면서 말합니다. "지금 죽어도 괜찮아요. 감옥에는 다시 가고 싶지 않거든요. 이젠 저도 자유입니다."

교수님의 물음과 결이 좀 다른 답변이 될지도 모르겠습니다. 저는 오래전에 보았던 영화 〈실미도〉가 생각납니다. 영화를 보면서 만약 사면이나 범죄 기록 삭제 등의 조건으로 특수 임무를 수행하라는 제안이 오면 저는 망설임 없이 응하고 싶다는 생각을 했습니다. 국가를 위해 임무를 수행하다 죽을 수 있다면 저로서는 생이 끝나기 전에 마지막으로 가치 있는 일을 한 셈이 되는 것이니까요.

실미도 사건에 관한 이야기는 제가 소년범으로 감옥에 있을 때 들었던 기억이 납니다. 1980년대 감옥에서는 여러 가지 이야기가 돌았습니다. 실미도 작전에 차출된 인원 중에 실제 연고 없는 사형수가 있었다는 풍문이 대표적이었지요. 사실인지는 모르지만 비슷한 소재의 외국 영화가 실제 있기도 해서 저도 혹했던 것 같습니다. 저는 특히 군대에 대한 로망이 있었기 때문에 불러만 주면 달려가겠다고 주변에 말하곤 했습니다. 사실 지금도 그 마음은 변함이 없습니다. 형장에서 이대로 이슬로 사라지느니 뭔가를 위해 헌신할 기회가 주어진다면 망설일 이유가 없다고 생각합니다.

예상치 못한 답변입니다. 뜻밖에 영화에서나 나올 법한 이야기를 듣게 되는군요.

이것 역시 좀 다른 이야기이지만 오래전에 미국의 어느 신문에 실린 기사로 기억합니다. 한 흑인 청년이 살인죄로 무기징역형을 받고 악마의 섬이라고 불리는 곳으로 추방되었습니다. 그런데 먼 바다 한가운데에서 화재가 발생하자 그 무기수까지도 인명 구조 작업에 투입되었습니다. 그런데 그가 열 명이 넘는 생명을 구했고 훗날 그 일로 사면을 받아 자유의 몸이 되었다는 내용입니다. 악마의 섬에서 생을 마감했어야 할 무기수가 화재에 휩싸인 배에서 열 사람의 생명을 구할지 누가 상상이나 했을까요? 어떤 극한 상황에서도 깨어 있는 삶을 살다 보면 그 무기수 청년처럼 누군가의 생명을 구할 수 있는, 또 누군가를 대신해서 목숨을 바칠 수도 있는 상황에 놓일 수도 있지 않을까요? "세상에 나쁜 인간은 없다. 나쁜 상황이 있을 뿐이다."라는 말이 있지요. 저는 나쁜 상황에서도 나쁜 인간이 태어나지 않는 세상에서 다시 태어나고 싶습니다.

어느 사형수 형제의 글을 소개합니다. 자유를 생각하며 기술한 고백입니다.

감옥이란 무엇인가 2

나는 누구보다도 자유에 대한 열망이 간절합니다. 어린 시절 보육원에서 시작하여 소년원, 구치소, 교도소까지 이어지는 구속받는 삶에 지치고 진저리가 납니다. 한계에 달해 탈옥까지 했지요. 단 하루라도 한 시간이라도 감시 없이 숨을 쉬며 살고 싶습니다. 그 시간을 상상하면 의욕이 생기고 가슴이 두근거립니다. 죄에 대한 책임이 있듯이 자유에 대한 의무와 책임이 있는데, 나는 무엇이 급해서 내 욕심만을 찾아 그토록 과속해서 모든 것을 내팽개쳤을까요? 그에 대한 참담한 결과가 지금 겪는 억지 목숨 옥살이입니다. 그런데 이런 가운데에서도 자유를 그리며 몸부림칩니다.

　나의 욕심은 아직 진행형입니다. 많은 세월이 흘렀는데도 자유에 대한 집착과 생각은 멈추지 않고 있습니다. 과거의 시간이 무색하게도 난 또 다른 꿈을 꿉니다. 이것이 나를 괴롭히는 일이 될지, 삶의 희망일지 모릅니다만, 그냥 자유라는 두 글자에 많은 생각이 떠오르고 기분 좋은 웃음이 나오며 가슴이 두근거립니다.

　자유의 방종을 이야기하는 이 순간에 두 가지 상반된 생각이 스쳐 갑니다. 언젠가 귀신처럼 다가올 것만 같은 죽음과 어둠 속 멀리에 희미하게 존재하는 죄 사함이라는 은총입니다. "눈에는 눈, 이에는 이."라는 말이 있지요. 두려운 마음이 듭니다. 나의 죄에 대한 대가는? 그때가 오면 나는 온전한 정신을 유지할 수 있을까? 한편으로 '세례'를 생각합니다. 누누이 들어 왔던 세례를 통해 주어진다는 죄 사함! 그런데 안타깝게도 하느님께서 주신 은총을 저는 아직도 깊이 깨닫지 못하고 있습니다.

바깥세상에서 사는 사람 대부분은 병이 들기 전까지는 원하는 것을 보고 들을 수 있다는 것, 맛있는 것을 먹고 향긋한 내음을 느끼는 것, 부드러운 감촉이 주는 쾌감에 대한 고마움을 잊고 살아갑니다. 공짜로 주어진 탓으로 소중함을 모르는 것이지요. 구금되면 사실상 오감을 온전하게 누릴 자유를 박탈당합니다. 그런 삶이 고통으로 다가옵니까? 아니면 의식하지 못한 채 그러려니 하면서 살아갑니까?

'자유'라는 것도 길드는 것 같습니다. 이제 언젠가 누렸던 자유를 회상하고 갈망하는 시기는 지났습니다. 간혹 감방 밖에 나와 있으면 자유로운 감정은 잠시이고 곧 불안해지고, 골방이지만 내가 머물 집으로 빨리 돌아가고 싶기도 합니다. 그저 한 평 남짓한 공간이지만 나만의 자유가 주어지는 곳이기에 편안함을 느끼나 봅니다. 영화 〈빠삐용〉이 갇힌 자의 모습을 잘 보여 주었다고 생각합니다. 자유를 찾아 망망대해를 향해 절벽에서 뛰어내리는 사람도 있지만 담장이 없어도 굴레를 벗어나지 못하고 가축처럼 살아가는 사람도 있지요.

감옥이란 무엇인가 2

사람마다, 갇혀 있는 기간에 따라 적응하는 모습이 다르겠지요. 여러 단계가 있으리라 생각해 봅니다. 다음은 어느 사형수의 글입니다.

저는 어렸을 때부터 수많은 범죄 행위로 감옥 생활을 반복해 왔기 때문에 감옥 생활이 사회생활보다 더 익숙해졌습니다. 학교나 가정, 이웃에게서 배워야 할 삶의 기본적인 것을 모두 감옥에서 배웠고 그것은 지금도 진행형이지요.

감옥은 죽을 만큼 싫지만, 제집이 되어 버렸습니다. 지금 제가 느끼는 고통의 몸부림이 세상에 감옥이 존재하는 이유이겠지요. 이런 생각이 들 때마다 울고 싶습니다.

전 매일 꿈꾸듯 상상합니다. 따뜻한 방에서 자고, 걷고 싶은 곳을 걷고, 먹고 싶은 음식을 먹고, 몸과 마음이 여유로운 공간에서 사는 것을요. 획일적인 이 생활이 싫고 육체가 속박받는 이 감옥이 싫습니다. 지긋지긋한 이 틀에서 벗어나고 싶답니다.

그렇다고 누구에게 무엇을 탓하겠습니까? 모두가 저의 의지가 약해 유혹을 이겨 낼 수 없었기 때문입니다. 저에게 이익이 되고 필요한 것만 편리하게 익혔기에 온전한 사회구성원이 될 수 없었고, 가족의 사랑이나 친구와의 우정, 타인에 대한 배려나 존중 등 어느 하나에도 익숙하지 않은 사람이 되고 말았습니다.

감옥에서의 회한이 잘 표현된 고백이라고 생각합니다. 그는 종교에

귀의하여 진정으로 속죄하며 마음의 평화를 갈구하고 있지만, 불쑥불쑥 찾아오는 욕정과 욕심과 나태에 수시로 무너지는 자신을 자책하며 하루하루를 보내고 있음을 되뇌곤 했습니다.

범죄는 결국 자유의 남용이고 자신의 욕심을 이기적으로 채우는 행위입니다. 그 과정에서 범죄인은 자신의 뇌적 감수성에 대해 디폴트를 선언하지요. 상대의 고통을 편리하게 인지하거나 차단해 버립니다. 그리고 형벌을 받는다고 그 편리한 메커니즘이 사라지는 것도 아닙니다. 형벌의 효과가 상대적이기 때문이지요. 외부인과 비교했을 때, 자유의 박탈에서 오는 절대적인 고통의 크기는 크지만, 감옥 안에서 같은 처지의 검은 까마귀들 사이에서 도덕적 가책은 상쇄되고 그들만의 세상에서 살 만한 가치와 에너지가 생성되어 살아가는 것입니다. 이 친구는 이런 틀에 매몰되지 않고 종교 안에서 자신의 진면모를 찾아가는 과정에 있다고 생각합니다. 투쟁이지요. 그러니 고통이 따를 수밖에 없습니다.

죽음

우리 인간은 자신이 불완전한 존재임을 알지만 의식하지 못하고 살아갑니다. 그러나 숙명적인 유한성은 감출 수 없는 사실이지요. "인간이 진정으로 자신을 알게 되는 때는 오직 죽음을 대면할 때뿐이다." 성 오거스틴의 말입니다. 형제님은 사실상 죽음의 문턱 바로 앞에서 부활하신 것 아닌가요? 죽음에 대해 누구보다도 많은 생각을 해 보셨을 것입니다. 형제님에게 죽음은 어떤 것입니까?

나이가 들수록 육신의 무거운 옷을 벗고 영원한 안식처인 마지막 집, 죽음을 생각합니다. 숙명적인 죽음을 앞둔 우리 인간은 어느 곳에 보금자리를 틀어도 그곳이 영원한 안식처가 될 수 없지요. 덤으로 살고 있는 저입니다. 죽음을 향한 순례길을 경건하게 맞이하고 싶습니다. 언젠가 저도 하늘을 우러르며 이런 말을 하는 날이 오리라고 생각하지요. "하늘이여, 비를 내리려거든 내리소서." 불교 초기 경전《숫타니파타》에 나오는 말이라고 합니다.

요즘 사형 집행에 대한 여론이 다시 일어나고 이어 사형집행장의 점검 작업이 실시되는 등 분위기가 경직되는 상황에서 사형수들의 태도가 달라졌다는 보도를 보았습니다. 때마침 어느 사형수와 죽음에 관해 대화를 나눈 적이 있지요.

저는 사형이 집행되면 제일 먼저 그 대상이 될 것입니다. 이미 항시 죽음을 각오하고 살고 있기에 동요되는 바가 없습니다. 제가 죽는다면 가장 바라는 방식은 사형 집행을 당하여 깔끔하게 이 세상을 끝내는 것입니다. 다음으로는 자살해서 죽는 것이고, 가장 원하지 않는 죽음은 모질게 오래오래 살아 늙어서 죽거나 병들어 죽는 것입니다.

톨스토이는 "죽음을 두려워하는 것은 죽음 자체에 대한 두려움이 아니라 삶을 잘 살지 못한 것에 대한 두려움이다."라는 말을 남겼더군요. 요즘은 영화도 책도 요약본으로 보고 싶고 필요한 것만 골라서 보고, 시간도 에너지도 절약하며 산다고들 합니다. 먼 훗날 사람들이 누군가의 인생 비디오를 볼 때, 어느 부분만을 골라 본다고 생각하면 현재 나의 삶에 대한 자세가 달라질 수 있다는 생각이 들더군요.

당장 이 세상에서 사라져 버리고 싶을 정도로 절망적인 시기도 있었습니다. 크고 작은 감정적 기복은 일상사이기도 했고요. 특히 처음 몇 년은 마음을 다스리지 못해 이리저리 많이도 휘둘렸습니다. 그러나 어느 순간 죽음을 받아들이면서 조금씩 수그러들기 시작했습니다. 어느 책에선가 읽은 '너의 죽음을 기억하라'라는 뜻의 '모멘토 모리'라는 말이 가슴에 들어왔습니다. 원래 중세 수도원 수사들이 아침 인사로 건네던 인사말이라고 합니다. 이는 말 그대로 예측할 수 없고 피할 수 없는 생의 마지막을 기억하

감옥이란 무엇인가 2

고 준비하라는 의미이겠지요. 사법적 판결로 이미 죽음을 한 번 경험한 저에게는 특히 적절한 교훈이 된 것 같습니다. 죄의 노예로 살아오면서 더럽혀진 영혼을 씻고 기억으로 남아 있는 죄의 사슬을 끊어 버리기 위해 부단한 투쟁이 필요했습니다. 성경에서도 "모든 언행에서 너의 마지막 때를 생각하여라. 그러면 결코 죄를 짓지 않을 것이다."[45]라는 구절이 있습니다. 법정 스님도 "죽음을 받아들이면 삶의 폭이 훨씬 커집니다. 죽음 앞에서 두려워한다면, 지금까지의 삶에 소홀했던 것입니다."라는 말씀을 남겼습니다. 희망 없이 반복되는 감옥 생활은 영혼을 쉽게 지치게 하고, 닳고 있는 에너지마저 주기적으로 소진시키지요. 그때마다 언젠가 다가올 죽음을 기억함으로써 지금의 삶을 유지할 수 있었습니다.

누구나 자신만이 갖고 있는 것이 있습니다. 그 누구도 할 수 없는 것 말이죠. 사람들은 그것을 못다 하고 사라집니다. 사형수들은 누구보다도 특수한 상황에서 살아가고 있습니다. 그리고 어쩌면 어두운 골방에서 흔적도 없이 사라질 수도 있습니다. 그렇게 끝나서는 안 된다는 생각이 듭니다. 사형수로서 세상에 남길 수 있는 흔적은 무엇이라고 생각하십니까?

인간의 유한성은 숙명이지만 죽기 위해서 사는 것은 아니겠지요. 살다 보니 명이 다해 생을 마감한다고 해야 맞지 않을까요?

저는 세상을 함부로 살다가 스스로 죽음을 재촉했지만 지금까지도 명을 이어 가고 있으니 이 또한 운명이고 거기에 무슨 이유가 있다면 찾고 싶습니다. 저는 온갖 비행과 범죄를 저지르며 살다가 사형수가 되어 30년째 옥살이를 하고 있습니다. 위태롭고 파괴적이고 낭비적인 삶이었습니다. 세상에는 아무 죄과도 없이 병마로, 교통사고로 젊은 나이에 목숨을 잃은 사람도 많습니다. 저는 이미 죽어야 할 목숨인데도 그들보다 더 오래 살고 있습니다. 죽음은 도대체 어떻게 결정되는 것일까요? 이를 어떻게 설명하고 이해할 수 있을까요? 죽은 목숨으로 사는 죄인이 세상을 위해 할 수 있는 일이 있을까요?

사형수들은 스스로가 중요하지 않고 나쁜 사람이기 때문에 세상에 영향을 미칠 수 없다고 생각하는 것은 물론이고 아예 잊히길 바라는지도 모르겠습니다. 그런데 저는 그렇지 않다고 생각합니다. 사형수들이 진정으로 회개하여 죽음을 두려워하지 않고 가장 고통받는 자들을 찾아 그 이웃으로 살아간다면, 뭇 피해자들과 그 유족들의 맺힌 응어리가 풀릴 수도 있고, 갇혀 방황하는 수용자들에게 이정표를 제시할 수 있으며, 척박하고 냉소적으로 세상을 살아가는 일반인에게도 뜻밖의 기쁨과 위안을 줄 수도 있을 것입니다.

사람들은 왜 사형제도 폐지를 반대할까요? 이미 30년을 감옥살이한 사람에 대해서도 마음을 열지 않습니다. 아마도 사람들의 마음을 얻

감옥이란 무엇인가 2

지 못했기 때문일 것입니다. 사람들은 흉악범의 나쁜 과거만을 기억하고 이후에 그들이 어떻게 살아왔고 어떻게 변했는지는 전혀 알지 못합니다. 그들이 자살했다든가 탈옥했다든가 행패를 부렸다는 부정적인 보도 외에는 알려진 바가 없고, 그들의 선행은 들어 본 적도 없으며 그들이 진정으로 속죄한 것인지 아닌지도 모릅니다. 정신적으로 속죄했고 보이지 않는 하느님의 용서를 받았다고 행복한 표정을 지으면, 사람들은 영화 <밀양>을 연상하고 살인범의 편리한 속죄와 위선적 얼굴을 떠올릴 것입니다. 정신적으로 속죄함을 넘어 행동으로 실천하는 속죄가 필요하지 않을까요? 예수님도 재단에 재물을 바치기에 앞서 먼저 가난하고 고통받는 이웃에 사랑과 선행을 베풀라고 하셨지요. 피해자와 세상에 손해와 고통을 안겨 주었으니 이제는 아픔과 고통을 감수하고 행동으로 실천함으로써 빚을 갚아야 한다는 생각을 해 봅니다. 종교나 시민단체의 순수한 생명 존중 캠페인에 의지해서 감형을 얻는다면 그것은 공짜 점심입니다. 세상에 온전한 공짜 점심은 없습니다. 주변에서 가장 어렵고 고통받는 사람들이 누구인가요? 형제님은 이미 사후 장기이식 서약을 하셨지요? 저는 교도소, 구치소 이곳저곳에서 병자와 장애인을 찾아 고통을 자원하는 활동이 우후죽순처럼 확산하기를 기대합니다. "사람은 죽습니다. 물이 쏟아지는 것처럼 돌이킬 수 없지요. 물방울은 좀 남기겠지만, 그것도 곧 말라 버리지요."라는 글이 오래도록 기억에 남습니다. 돌이킬 수 없는 과거를 안고 처절한 회한으로 살아가는 중죄인들에게 남은 미래도 물방울처럼

말라 버릴 수 있습니다. 저는 바로 그 이유로 세상의 누구도 이룰 수 없는 미래를 가꾸실 수 있다고 믿습니다. 죽이는 일이 아니고 살리는 일을.

30년을 사형수로 회개하며 살아간다고 자처하는 사람으로서 어찌 그런 생각을 하지 않았겠습니까? 저는 장기이식 정도가 아니라 적진에 특공대로 파견될 수 있다면 당장 더 늙기 전에 자원해서 조국을 위해 목숨을 내놓고 싸울 생각도 있습니다. 죽기 전에 사람다운 일을 한번 해 보고 생을 끝내고 싶습니다. 그리고 장기이식에 관해서는 실제로 신부님을 통해 교정 당국에 알아본 결과 사후는 가능하나 살아서는 장기이식을 할 수 없다는 이야기를 들었습니다. 교정시설 내의 환자나 장애인을 위한 봉사도 혼거실에 함께 있거나 아주 특별한 경우를 제외하고는 불가능합니다.[46] 이제는 감옥도 고령화가 심해져서 간호나 돌봄이 필요한 수용자가 많습니다. 하지만 이 안에서는 사회에서처럼 병간호를 자원하거나 특정 환자를 도울 수 없습니다. 갇혀 있는 저희는 자의로 할 수 있는 일이 사실상 없다고 생각하시면 됩니다. 그 일이 선한 일이라고 해도 규율에 어긋나거나 사고의 위험이 있으면 허용되지 않습니다. 저는 세상에 전하고 싶습니다. 저희 죄인을 비난하시되 죽음으로 용도 폐기되기 전에 선한 용도로 사용될 기회도 주십사 하는 것입니다.

그렇겠지요. 간단한 문제가 아닙니다. 현실적으로 고려해야 할 문제가 있으리라 생각합니다. 저는 과거의 죄과 때문에 멀쩡한 신체를 가진 사람이 그저 갇혀 지내는 것을 지켜본 사람으로서 안타까울 뿐입니다. 그들이 저지른 과거의 악행에 대해 속죄하고, 선행을 실천할 기회가 주어지면 좋겠다고 생각해 봅니다.

가끔 TV에서 지진이나 화재로 폐허가 된 현장을 보면, 제가 있는 이곳이 재난으로 아비규환의 사태가 발생할 경우를 상상해 봅니다. 스스로 묻습니다. 그 틈을 타서 탈옥할까? 아니면 위험에 처한 동료나 교도관을 구할까? 당연히 저의 선택은 후자입니다. 30년쯤 죽음을 벗 삼아 살아 보면 자연스럽게 값진 죽음에 대해 동경이 생깁니다. 순리대로 사형을 당해도 억울하지 않을 만큼 오래 살았습니다. 이제는 진정 저 자신에게 또 주님 앞에 부끄럽지 않게 살다 가고 싶습니다.

고통

지금 고통스러우신가요? 형제님에게 고통은 어떤 것입니까? 우리의 삶에서 고통은 불가피한 것입니다. 고통은 누구라도 피하고 싶고 한시라도 빨리 벗어나고 싶어 합니다. 그러나 우리가 불완전한 존재이기 때문에 상대에게 고통을 주기도 하고 받기도 하면서 살아갈 수밖에 없지요.

제 삶의 어느 부분이든 깊게 들여다보면 볼수록 고통의 조각들이 즐비해 있음을 느낍니다. 그러나 고통도 해석하기에 따라서는 사람을 변화시키는 수단이 되기도 한다는 것을 믿고 있습니다. 자기를 괴롭히는 고통의 실체를 회피하지 않고 맞닥뜨릴 용기를 잃지 않으면, 하느님의 은총과 바꿀 수 있는 훌륭한 자원이 될 수도 있다는 것을 체험했습니다.

사도 바오로는 "죄가 많은 곳에 은총이 풍부하다."라고 했습니다. 치유는 악과 선, 어둠과 빛이 겹치는 곳에서 이루어지는가 봅니다. 하느님은 악과 어둠에서 살아온 과거를 안고 방황하고 절규하는 저를 선과 빛의 세계로 인도하셨습니다. 인간이 고통받는 곳에는 늘 하느님이 함께 계심을 알게 되었습니다.

고통은 늘 누구에게나 운명적으로 존재하며 피할 수 없는 것이기 때문에 그 운명을 받아들이고 극복할 수 있어야 하며, 인간에게는 그런 의지가 주어져 있다는 희망찬 메시지도 있지요. 형제님의 경우는 신앙생활의 결과로 극복의 의지가 생겨나고 새로운 삶이 회생한 경우로 보입니다. 종교를 매개로 하여 자신의 의지를 찾은 긍정적 사례라는 생각이 드는군요. 과거의 충격적인 사건으로 큰 상처를 입은 사람들은 대개 과거의 고통스러운 기억에서 빠져나오지 못하고 그것 때문에 현재를 신음하며 살아가지요. 피해자는 물론이고 가해자에게도 해당하는 일이라고 생각합니다.

상대방을 해치는 흉악 범죄를 저지르면, 가해자도 그 순간 자신의 영혼에 심각한 내상을 입습니다. 상대방의 삶을 무너뜨리는 순간 자기의 삶도 무너진다는 것이지요. 우리는 주변에서 피해자는 억울하게 죽었는데 가해자는 버젓이 살아가는 모습을 보고 분노하는 사람들을 어렵지 않게 만날 수 있습니다. 그러나 가해자 역시 엄청난 고통 속에서 살아가고 있습니다. 가해자들이 살인자의 영혼으로 숨 쉬는 순간순간을 당장 죽음으로 끝내고 싶을 정도로 고통 속에서 살아간다는 것을 사람들은 알지 못합니다. 흉악범이 자살하는 이유는 죄책감 때문만이 아닙니다. 내상으로 인한 고통이 너무 커서 그 고통에서 해방되려고 죽음의 길을 택하는 것입니다.

일반적으로 사람들은 범죄로 인한 고통을 생각할 때, 피해자의 고통만을 생각하고 가해자가 느끼는 고통은 고려의 대상으로 두지 않습니다. 범죄인은 나쁜 사람이니까 고통을 느끼지 않을 것이라거나 마땅한 대가이니 당연하게 생각하는 것이 아닐까요?

범죄를 저지르는 순간 악령에 사로잡혀 잠시 인간이기를 포기했을 것이지만, 아무리 흉악범이더라도 짐승의 영혼으로 태어나지 않은 이상 일말의 죄의식을 느낍니다. 30년 전에 발생한 사건의 지존파 일당도 "더 많은 사람을 죽이지 못해 억울하다."라고 외치면서 괴물의 모습으로 대중 앞에 섰지만, 재판이 끝난 뒤에는 종교에 귀의해서 회개하는 모습을 보였습니다. 당시 사형 집행 현장에 입회하셨던 신부님의 증언에 따르면, 그들은 모두 진심으로 회개하고 피해자들에게 사죄하는 최후의 진술을 했다고 합니다. 아무리 괴물 같은 짓을 한 흉악범도 죽음 앞에 직면하면 연약한 한 인간에 불과하다는 것을 보여 줍니다. 어쩌면 범죄자의 마음에서 일어나는 죄의식은 죽기 전에 회개하라는, 피해자가 보내는 신호일지도 모르겠습니다. 가해자가 회개하지 않고 용서받지 못한 채 죽는다면 피해자는 물론이고 유족의 상처도 영원히 치유되지 않을 것입니다. 이는 우리 사회 전반의 정신건강에 부정적인 영향을 미칠 것입니다. 저는 사회의 악은 그것의 어느 한 부분을 칼로 도려낸다고 모두 사라지는 것이 아님을 체험적으로 알고 있습니다. 가해자는 꼭 속죄하고 회개할 기회를 얻어야 합니다. 자신을, 피해자를, 사회를 위해서입니다. 그러려면 시간과 공간과 상황이 허용되어야겠지만 그저 저의 바람일 뿐이겠지요.

흉악범죄자 역시 범죄로 내상을 입고 고통 속에서 살아가고 있으며,

이들이 속죄하고 재탄생할 수 있도록 기회가 조성되기를 바란다는 이야기로 이해됩니다.

저는 감히 범죄자에 대한 사회적 인식이 조금이라도 바뀌기를 기대합니다. 범죄자는 세균처럼 우리 사회의 취약한 저변 어디에서든 나타날 수 있습니다. 사전 조치로 빈곤이나 계층 간 갈등과 같은 구조적 문제의 해결도 중요하고 사후에는 강력한 형벌로 다스리는 것도 필요하지만, 이미 존재하는 범죄자들의 처우도 간과해서는 안 됩니다. 교도소의 안을 들여다보면, 좀도둑이 소도둑이 되고 소도둑이 강도가 되고 강도가 무기수가 되고 사형수가 되는 진화 과정을 어렵지 않게 확인할 수 있지요. 따라서 자신의 범죄를 제대로 직시하고 회개할 수 있도록 인도해야 합니다. 그렇게 용서받지 못한 죄인으로 살아가지 않도록 이끌어 주는 것이 우리 사회를 더 건강하고 안전하게 만드는 길이라고 생각합니다.

복수의 의지, 분노의 표출, 단죄의 실행 등을 통해 무너졌던 질서 체계와 일정한 수준의 정의가 회복될 수 있겠지요. 범죄의 최종 해결사인 국가의 공식적 행위로 나타나는 강력한 형벌 집행이 일시적으로 사회 분위기를 위무할 수도 있겠고요. 그런데 그 단계로 끝나 버린다면 피해자와 유족에게 남겨진 상흔이 저절로 사라지는지, 또 형벌은 받았지만 여전히 치유되지 않은 범죄인들을 그냥 방치해도 되는지 등에 대

한 실질적이고 체계적인 사회적 논의가 부족하다는 생각이 듭니다.

조폭 세계에서도 배신자가 나오면 단죄해서 규율을 세웁니다. 그리고 조직을 위해 희생한 자에 대해서는 옥바라지도 하고 그 가족의 생계를 지원하기도 하지요. 국가가 나쁜 사람을 단죄하는 것이 마땅하고 정의를 세우는 길임은 누구도 부정하지 않습니다. 그런데 그것으로만 끝나면 조폭 세계보다 나을 것이 없다는 생각이 듭니다. 형벌을 강화하여 질서를 회복하고 불안한 국민의 정서를 위무하는 것은 국가의 임무이지요. 그러나 잘못한 이들도 이웃 공동체에서 다시 이탈하지 않도록 제2의 기회를 부여하는 국가적 포용력 또한 중요하다고 생각합니다.

그러나 무엇보다도 먼저 우선되어야 할 과정이 있습니다. 범죄인이 자신의 범죄에 대해, 그리고 피해자 유족에게 용서받기 위해 그들에게 진정으로 참회할 기회를 주어야 한다는 것입니다. 자신의 어두운 과거를 직시하고 피해자의 아픔을 피하지 않는 용기를 키울 수 있어야겠지요. 그럼으로써 속죄, 용서, 평화로 이어지는 여정을 시작할 수 있을 것입니다. 이를 위한 한 가지 방도는 신앙을 갖고 생활할 수 있는 환경을 조성하는 것입니다. 저는 여기에서 종교의 역할에 대해 말하고 싶습니다. 특히 수용자에게 종교가 그들을 변화시키는 가장 유효한 길이라는 점을 실제 체험을 통해 믿게 된 사람이기 때문입니다. 나아가서 수용된 범죄인들이 주기적으로 겪는 정신적·정서적 불안정을 해소할 수 있는 제도화된 장치가 마련된다면 적시에 심리상담이 이루어질 수 있어 큰 도움이 될 것입니다.

우리 인간이 갖는 근원적인 물음 중 하나는 왜 인간은 고통을 당하는가입니다. 왜 우리가 고통을 당하는지 그 이유를 명백히 아는 때도 있지만, 왜 내가 혹은 그가 고통을 당하는지 이유를 모르거나 이해할 수 없는 경우도 많습니다. 선한 사람이 모두 행복하게 살고, 악한 사람이라고 모두 불행하게 살지는 않으니까요. 물론 흉악범에게 고통을 가하는 것은 잘못에 대한 대가를 치르는 것이고, 사람들은 이로써 무너진 정의가 바로 세워진다고 생각합니다. 그런데 고통을 가하고 고통을 당하면 정의가 세워지는 것일까요? 인간이 인간을 용서하기가 어려우니 국가가 대신 형벌을 내리고 신이 용서를 대신하는 게 아닐지 생각해 봅니다. 형벌은 고통을 전제로 하고 용서는 속죄를 전제로 합니다. 형벌을 집행하는 감옥은 어떤 역할을 해야 한다고 생각하십니까?

형벌이라고 해서 고통을 고통으로 끝낸다면 형벌은 형벌일 뿐이지요. 태초에 신이 아니라 인간이 사람에게 고통을 주기 위해 형벌을 창조했다고 하더라도 지금의 세상에서는 그 이상의 가치를 창출해야 한다고 생각합니다. 병자를 죽게 내버려 두지 않고 치료하여 회생시켜서 병마 속에서도 새 생명이 부활한다는 전설이 만들어지지요. 감옥의 임무가 고통을 준 자에게 고통을 되돌려주는 것으로 끝낸다면 감옥은 그저 사람을 가두는 곳일 뿐입니다. 감옥은 세상에서 지옥으로 떨어지기 전 단계인 연옥 같은 역할을 해야 한다고 생각합니다. 고통 속에서 속죄와 통회의 기회가 열려 과거의 온갖 죄와 악행을 고백하고 씻김을 받을 수 있는 곳, 그래서 다시 세상으로, 천국으로 갈 수 있는 곳이 되었으면 합니다.

저는 사형수 형제님들이 더 이상 남에게 고통을 주지 않겠다는 다짐을 넘어서서 생면부지의 사람들을 위해서도 없는 고통까지도 찾아서 함께하고, 또 그 고통을 기쁘게 감내하여 마침내 진정한 마음의 평화를 누리기를 기원합니다. 그날이 오면, 하늘에 쌍무지개가 뜨고 천사가 트위스트를 추겠지요. 영문을 모르는 세상 사람들은 하늘을 보며 어찌 이런 날도 있느냐 하며 마냥 기뻐할 것입니다.

시간과 공간

우리가 의식하지 못하고 살아가고 있을 뿐 시간과 공간을 뺀 우리의 삶은 존재할 수도 없고 상상할 수도 없습니다. 그런데 감옥만큼 그 존재와 속성이 시간과 공간에 의해 직접적이고 구체적으로 설명되는 곳도 없습니다. 시간과 공간의 제약과 허용이 곧 감옥의 존재 이유이고

감옥이란 무엇인가 2

속성이니까요. 죄과의 경중은 형기의 장단으로 나타나고 하루의 일상도 시간 단위로 세밀히 구분되어 있지요. 형제님은 이런 틀 속에서 이미 30년이라는 긴 세월을 보냈습니다. 시간이란 어떤 것입니까?

저에게 시간이 소중한 이유는 너무나 명확합니다. 제게는 어두운 과거와 지금과 거듭나야 할 미래가 있었습니다. 지금은 언제나 살아오면서 뒤틀렸던 관계를 회복하고 잘못을 바로잡을 기회였기 때문입니다. 그것이 예수님이 목숨을 바쳐 저를 이 세상에 좀 더 살게 하신 이유라고 생각합니다. 용서받지 못한 죄인으로 살다 죽게 하지 않으려고 회개에 필요한 시간을 허락해 주신 것이라고 믿습니다.

그런데 가끔 시간을 낭비하고 있다는 생각에 사로잡혀 마음이 무거워질 때가 있습니다. 한없이 무기력해지는 순간이지요. 모든 사람에게 하루 24시간이 공평하게 주어지는데 무력하게 허송하고 나면 시간이 원망스러웠습니다. 한 번 가면 되돌릴 수 없기에 무언가 간절히 바라며 붙잡고 싶었기 때문일 것입니다. 그래도 지난 구금 세월을 돌아보면 은총으로 충만했습니다. 이토록 어둡고 차갑고 비좁은 공간이지만 이곳에서 한 생명이 다시 태어나 자라고 있었으니까요.

구금형은 시간과 공간을 속박함으로써 고통을 부과하는 형벌입니다.

머물고 활동할 수 있는 공간도 세밀하게 구획되어 있어 그 경계를 벗어나는 것이 허용되지 않습니다. 형제님은 형벌로서 공간의 속박을 어떻게 인식하고 있습니까?

나치 치하에서 유대인 강제수용소 생활을 겪었던 아동 심리학자 베텔하임 Bettelheim 은 수용소 생활의 가장 큰 고통은 '배후 공간의 부재'라고 했습니다. 맞습니다. 감옥에서는 모든 것이 드러납니다. 숨어 지낼 공간이 없지요. 나치 수용소에서도 이런 삶에 적응하지 못한 사람들이 대부분 스스로 죽어 나갔다고 합니다. 흔히들 사람들은 감옥은 두 번 다시 갈 곳이 못 된다고 말하는데, 그 고통은 신체적 고통보다는 자신만의 공간을 잃은 데 따른 정신적 고통을 말하는 것입니다. 그래서 빵잽이들은 말하지요. 감옥에서 살아남으려면 입소와 동시에 자신의 나이와 신분을 잊어버리라고요.

미국 사회학자 어빙 고프만도 수용소 생활의 고통이 '배후 공간의 부재'에서 온다고 말했지요.[47] 그는 자아를 무대 위의 연기자에 비유했습니다. 우리는 통일된 하나의 자아로 살아가는 것이 아니라 상황에 따라 다양한 자아로 살아간다는 뜻이지요. 배우들은 무대 위에서 다양한 얼굴로 다양하게 변신하며 살아 움직이는 연기를 해야 하므로 변신할 무대 뒤의 공간이 필요합니다. 우리에게는 분장하고 분장을

감옥이란 무엇인가 2

지우는 행위를 위한 배후 공간이 필요하다는 말입니다. 수용소가 고통스러운 이유는 무대 뒤, 즉 배후 공간이 허용되지 않기 때문이라는 그의 생각에 동의합니다.

맞습니다. 감옥은 숨바꼭질하면 벌을 받는 유일한 장소가 아닐까요? 화장실에도 오래 앉아 있을 수 없습니다. 잘 보이지 않으면 바로 수번을 부르니까요. 수용자를 배우로 비유할 수 있다면 분장하고 연기하고 다시 분장을 지우는 것까지 모두 한 무대에서 하는 배우인 셈입니다. 배후 공간이 없는 배우라고 할 수 있겠네요. 당연히 사회적 지위가 높은 사람일수록 이런 환경에 적응하기가 어렵습니다. 획일화된 공간에 자신을 여과 없이 내맡겨야 하는 데서 오는 심리적 박탈감이야말로 형벌의 가장 큰 고통일 것입니다. 그러니 배후 공간의 부재에서 오는 고통을 줄이려면 자신을 한 계단, 아니 열 계단이라도 내려놓는 결단이 필요합니다. 그리고 자기만의 공간을 찾는 지혜를 짜내야 하겠지요. 살리는 대로 살지 않고 생각한 대로 살기를 원한다면 말입니다.

범죄인을 구속하여 자유를 속박한다는 것은 과거의 범죄 행위에 대해 대가를 지불하고 그와 동시에 미래의 또 다른 범죄를 예방하기 위한 것입니다. 사회구성원들의 처지에서 보면, 위험한 인물의 자유를 일정 기간 속박함으로써 심리적 안정을 확보하고 미래의 삶을 안전하게 영

위할 수 있겠지요. 그렇다면 실제로 수용된 범죄인들은 어떤 생각으로 시간을 보내고 있다고 봅니까?

사람은 밖을 바라볼 때 미래를 보고, 안을 바라볼 때 과거를 회상한다고 합니다.[48] 갇힌 자에게 허용되는 밖은 손바닥 몇 개 정도 크기의 작은 창문으로 보이는 공간이 다지요. 대개는 색 바랜 건너편 사동 벽면으로 반쯤 가려진 하늘이고, 운 좋으면 멀리서나마 사람 사는 아파트 빌딩을 볼 수 있습니다. 무한한 공간은 자유를 향하게 하고 정해지는 장소는 안정을 준다는데, 사형수에게는 무한한 공간도 향할 자유도 없고 다만 한 평 남짓한 정해진 장소만이 있을 뿐입니다. 대개 수용자들은 반복되는 순환적 삶에 길들여져 거의 생각 없이 시간을 소비합니다. 생각은 잡념으로 남을 뿐이라는 체험 때문에 오히려 생각 없이 살려고 노력하지요. 목표가 있는 삶은 중요합니다. 그런데 구금 생활은 목표를 갖는 것 자체를 계속 무망하게 만듭니다. 그래서 깨어 있지 않으면 손가락 사이로 모래알이 빠져나간 것처럼 아무것도 남는 것이 없습니다. 정해진 장소에서 한정된 삶을 살아가는 갇힌 자들에게는 스스로 상상과 사유의 세계를 찾아야만 자신의 정체성을 찾고 존재를 확인할 수 있습니다. 상상과 사유는 죽어 가는 사람을 살리는 길이고, 이 길은 독서와 신앙으로 찾을 수 있다는 것이 저의 깨달음입니다.

감옥이란 무엇인가 2

책 《공간과 장소》를 읽으셨군요. 쳇바퀴처럼 반복된 30년이라는 긴 세월을 보내면서 시간과 공간에 대해 깊이 생각할 시간을 보낸 듯합니다. 현대인을 묘사하면서 샐러리맨의 반복되는 일상을 예로 들었더군요. 반복되는 순환적 생활에 익숙해진 탓에 거의 생각 없이 그저 그렇게 흘러서 살아간다는 겁니다. 일상을 기념할 이유가 존재하지 않고 목표 의식과 간절한 노력을 망각하고 계획을 불필요하게 하며, 결정할 것이 없는 낮은 의미의 색깔 없는 삶이 지속될 뿐이라고 말이죠. 물리적으로 갇히지 않은 일반인도 갇힌 자들처럼 묘사되고 있다는 느낌을 받았습니다.

"세상에는 큰 감옥과 작은 감옥이 있다." "사람 사는 곳은 다 똑같다." 이런 말로 일정 부분은 설명될 것 같습니다. 낯설고 두려웠던 미지의 공간도 시간의 흐름에 따라 의미 있는 구체적인 장소로 변한다는 데도 공감합니다. 이 공간은 아마도 누군가에게는 지금도 퀴퀴한 냄새로 진동하는 차갑디 차가운 곳일 것입니다. 그리고 결정할 것도 거의 없고 기록할 만한 거래도 거의 혹은 아예 없고 전달될 소포도 거의 없는 그렇게 낮은 곳이지요. 그런데 한 평 남짓한 이 골방에서 저는 30년의 세월을 보냈습니다. 그리고 이 골방을 벗어나 시간이 지나면 곧 돌아가고 싶고, 돌아와 다시 갇히면 오히려 편안함이 찾아옵니다. 공간에 경험, 삶, 애착이 녹아들 때 그곳은 장소가 된다는 것일까요? 그러고 보니 생명체는 사막에서도 북극에서도 살아가고 있군요. 본능일까요? 길들여진 것일까요? 오늘 밤에도 저는 골방에서 철학자가 되어 우주를 상상할 것이고, 신앙인이 되어 예수님을 만나 뵐 것입니다. 9시 소등이 기다려집니다.

감옥에서의 사유

낡은 타이어를 버리려는데, 뜻밖에 그 속에서 새가 둥지를 틀고 있는 것을 발견했다는 글을 읽은 적이 있다. 나는 사형수 형제들이 어두운 과거를 안고 처절하게 살아가지만, 조개가 마침내 진주를 품어 내듯이 놀라운 기적이 일어날 수 있다고 믿는다. 조개 속에서 진주가 탄생하기까지 기나긴 시간이 걸리듯이 갇힘 속에서 죄인이 변하는 데는 시간이 걸리고 그 시간의 흐름 속에서 변화하는 과정을 거친다. 무엇이 죄인을 진주로 바꾸어 놓았을까?

삭막하고 척박한 좁은 공간에 갇혀 형기가 1년이든, 10년이든, 평생이든 하루 종일 무협지와 만화와 TV 오락 프로그램에 묻혀 세월을 보내고, 온갖 범죄로 물든 군상들의 하위문화에 물들어 그들이 내뱉는 과장된 무용담에 취해 냉정한 현실을 잊고 살던 수감자들이 바깥

세상으로 나온다면 무슨 일이 벌어질까? 반쯤은 성직자 반열에 오른 듯이 보이는 공동 저자인 사형수는 정규 학교 교육을 사실상 거의 거치지 않았지만, 나와 다양한 주제로 깊은 대화를 나눈다. 종교의 영입으로 새로운 세계를 접하면서, 신앙공동체의 일원이 되었고 이런 삶이 진지한 독서로 이어짐에 따라 깊은 신심과 성숙한 인격을 갖게 된 것이다. 종교가 자신의 어두운 과거를 성찰하고 보편적이고 도덕적인 가치관을 내면화하는 데 도움을 주었을 것이다. 신앙인으로서 자기 정체성을 갖게 됨으로써 존재에 대한 본질적 불안이 줄어들고 미래에 대한 희망이 생겼다. 영혼을 맑게 하는 양서를 읽는 것과 종교적 신념에 따르는 삶을 생활화하는 것이 긍정적으로 상호작용을 한 것이다. 특히 신앙공동체와 이어 간 지속적인 사회관계는 형이상학적으로 형성된 믿음을 살아 움직이는 주변인들과의 만남에서 실제로 확인하는 기회를 제공했다. 봉사자들의 무조건적인 헌신에서 보이지 않는 하느님의 현현을 만난 것이다. 그 결과 헛되고 공허한 자기 과시나 위선적인 거짓 행동을 할 여지가 원천적으로 사라졌다. 물론 타고난 불우한 운명과 불공정한 사회구조나 제도의 희생자임을 주장하며 피해자를 탓하고 스스로의 처지를 정당화하는 위로하는 수용자들을 흔히 만날 수 있지만 말이다. 그러나 공동 저자인 사형수와 같이 그중에는 변화된 죄인들이 분명히 있다. 그들이 보이지 않는 곳에서 또 다른 죄인들을 구원하는 모습을 감옥 곳곳에서 찾아볼 수 있다.

절망 속에서 길을 잃고 헤매는 수용자들에게 가장 가까이 다가갈

수 있는 사람이 바로 이들이다. 어느 사형수는 말한다. "일 년에 꼭 두 명씩은 제가 구하려 합니다. 그들의 거칠고 막무가내한 모습에서 저의 과거가 보입니다. 미래가 없을 것 같은 사형수도 이곳을 어떻게 천국으로 삼고 살아가고 있는지를 알려 주고 싶습니다. 세상에서 가장 고귀한 천사와 같은 자매님들이 세상에서 가장 낮은 이곳까지 저희 죄인을 위해 수십 년 동안 변함없이 찾아오고 있습니다. 찾아와서는 조심스럽게 저희 안색을 살피고는 행여나 준비한 음식이 입맛에 맞지 않는가를 노심초사하게 지켜보십니다. 그리고 저희 영혼의 평화를 위해 기도해 주십니다. 저는 성경에서 하느님을 만난 것이 아닙니다. 자매님들의 무조건적인 헌신과 사랑에서 하느님의 현현을 보았습니다. 그들은 진정 저의 영혼 속의 가족이 되었습니다. 저는 고삐 풀린 굶주린 이들에게 그들이 베푼 사랑을 전해야만 합니다." 죄인이 죄인을 찾아 삶을 변화시키고 있다. 죄인이 죄인을 도울 수 있다.

성경에 예수님께 눈을 뜨게 해 달라고 소리쳐 간구하는 눈먼 거지의 이야기가 나온다.[49] 예수님이 눈먼 거지에게 무엇을 원하느냐고 묻는다. "다시 보게 해 주십시오."라는 절절한 간구를 듣고 내 믿음이 너를 구원했다고 하며 눈을 뜨게 한다. 믿음이 기적을 일으켰지만, 여기에 의문이 남는다. 눈을 뜬 거지는 이후에 어떤 삶을 살았을까? 어떻게 살아야 하는 것일까? 은총으로 불우한 운명을 극복하여 광명을 찾고 자유를 찾았다면 거기에는 막중한 책임이 따른다. 보이지 않았던 것을 보고, 누릴 수 없었던 자유를 누리게 되었다면, 아직도 볼 수 없

는 이들과 아직도 자유롭지 못한 이들을 찾아 함께해야 할 것이다. 이
책임을 다하지 않으면 다시 눈먼 거지로 돌아갈 수 있기 때문이다.

감옥은 물리적으로도 실제 생활도 삭막하기 그지없는 곳입니다. 지구가 병들었는데 지구가 입원할 만큼 큰 병원이 없다는 말이 있더군요. 그런데 큰 병원보다 더 큰 것이 인간의 마음이고, 명상을 통해 지구를 품을 수 있다는 어느 명상가의 기사를 읽은 적이 있습니다. 인간을 명상으로 이끌고 지구를 품을 상상력을 자극할 수 있는 것은 바로 책과 종교가 아닐까요? 감옥에서 책도 읽지 않고 신앙도 없다면 무슨 요술로 생각이 바뀌고 행동이 바뀌고 사람이 변할 수 있을까요?

- 본문 중에서

6장

과연 사람은
변할 수 있는가

국가가 가해자에게 형벌을 부과할 때, 그 형벌 안에 가해자에게 회개하고 속죄하라는 강제 조항이 포함된 것은 아닙니다. 가해자가 형기를 마치면 사법적 책임은 종료되는 것이며, 그다음 어떤 마음을 가지고 어떤 행동을 하는가는 전적으로 가해자의 의지이지 국가는 물론이고 누구도 강제할 수 없는 영역이 아닙니다. 따라서 사회 구조나 사회 전반에 걸친 환경이 단기간에 변할 가능성은 사실상 기대하기 어렵기 때문에 가해자 스스로 복역하는 동안 자신의 사고와 가치관을 변화시키고 주변 관계를 개선하도록 구금 환경을 조성하는 것이 필요하다고 생각합니다. 즉 범죄학에서 말하는 범죄를 결정하는 요인—예컨대 유전인자, 무의식 세계, 사회구조 등—을 현 감옥 제도에서 변화시킬 수 없기 때문에 교정 당국에서 할 수 있는 것은 수용자 개인이 자신의 의지를 긍정적으로 개발하고 발전시키도록 힘쓰는 것입니다. 그렇다면 어떤 환경에서 수용자가 긍정적이고 합리적인 의지를 개발할 수 있을까요?

수용자는 시간과 공간이 제약된 삶을 살아야 하기 때문에 시간과 공간을 초월한 상상 세계와 가상 세계를 자유롭게 탐험하고 탐구할 수 있는 여건이 필요합니다. 물론 엄격한 규율과 획일적인 관리가 지배하는 분위기에서는 이런 여건이 조성될 수 없습니다. 그런데 형제님은 제한된 여건에서도 진지한 인문적 사유와 영적 세계를 체험할 수 있게 돕는 두 가지를 제시했습니다. 책 읽기와 종교 생활입니다. 이를 통해 새로운 삶을 찾았다고 하셨지요. 모든 수형자가 같은 경험을 하지

는 않을 것입니다. 그러나 시대를 관통하여 위대한 저서로 읽히는 오
거스틴, 루소, 톨스토이 등의 참회록에서도 회심에 이르는 계기로서
독서와 종교의 역할은 빼놓을 수 없는 요소입니다.

세상에서 변하지 않는 유일한 진리는 모든 것은 변한다는 사실뿐이
라는 말이 있습니다. 동의하시나요? 사람은 변할 수 있다고 생각합니
까?

못된 짓을 한 나쁜 범죄인이 못된 짓을 하지 않는 착한 사람으
로 변할 수 있다는 것을 믿느냐는 뜻으로 이해합니다. 이 시각을
포함해서 평생을 나쁜 짓을 한 사람들과 살아왔으니 제 생각도 그
나름대로 의미가 있으리라 생각합니다. 전과가 많을수록 다시 재
범할 확률이 높다는 것은 교수님이 더 잘 아실 겁니다. 이미 문제
가 쌓여 범죄인이 된 사람이 전과자가 되어 사회에 다시 돌아간들
있던 문제가 사라지는 것이 아니지요. 결국은 그 환경에서, 그 물
에서 살 수밖에 없고, 따라서 범죄에 취약할 수밖에 없습니다. 더
구나 이런저런 경험이 쌓이면 경찰, 검사, 판사를 만나는 것도 놀
랄 일이 아니고, 감옥 생활마저 익숙해져 이미 만들어진 하나의
사이클에 따라 살아간다고 봅니다. 실제로 감옥살이한 사람 중에
반 이상이 재범하고, 4명 중 1명이 다시 감옥에 들어오는 것으로
알고 있습니다. 각각의 이유는 헤아릴 수 없으나 사람이 변하려
면 어떤 계기가 있어야 합니다. 만화와 무협 소설로 시간을 보내

고 과거의 환상을 떨쳐 버리지 못하고 끼리끼리 모여 지내다 세상에 나가면 어떤 일이 벌어질지는 상상하기 어렵지 않습니다. 악은 따로 실재하는 것이 아니라 선이 부재하는 것이 악이고, 선이 왜곡된 것이 악이고, 자유 의지가 오용된 것이 악이라고 하지 않습니까?[50] 선을 찾아 주면 사람은 변할 수 있다고 생각하며, 변화로 이끄는 요인으로 책 읽기와 종교를 이야기하고 싶습니다. 감옥은 물리적으로도 실제 생활도 삭막하기 그지없는 곳입니다. 지구가 병들었는데 지구가 입원할 만큼 큰 병원이 없다는 말이 있더군요. 그런데 큰 병원보다 더 큰 것이 인간의 마음이고, 명상을 통해 지구를 품을 수 있다는 어느 명상가의 기사를 읽은 적이 있습니다.[51] 인간을 명상으로 이끌고 지구를 품을 상상력을 자극할 수 있는 것은 바로 책과 종교가 아닐까요? 감옥에서 책도 읽지 않고 신앙도 없다면 무슨 요술로 생각이 바뀌고 행동이 바뀌고 사람이 변할 수 있을까요?

책 읽기

학교를 제대로 다닌 적이 없으니 어린 시절부터 책과 접할 기회가 거의 없었을 것 같습니다. 그런데 아이러니하게도 죄짓고 이곳에 들어와서 많은 책을 읽었다고 하셨습니다. 어떤 책이 가장 인상 깊었습니까?

이런저런 책 이야기를 이미 여러 차례 언급했던 것 같습니다. 제가 갇힌 자이다 보니 갇힌 자의 고통과 이를 이겨 낸 인간 승리를 그린 책이 생각나는군요. 제게 사고의 중요성을 일깨워 준 책은 빅터 프랭클의 《죽음의 수용소에서》입니다. 죽음의 수용소에서 기적적으로 살아남은 프랭클이 한 말 중에 아직도 잊히지 않는 말이 있지요. "미래에 대한 믿음의 상실은 죽음을 부른다. 아, 완수해야 할 시련이 그 얼마인고!" 제 주변에서 스스로 목숨을 끊은 사형수들도 바로 이 말의 무게를 견디지 못해 그런 행동을 했을 것입니다. 그러나 프랭클은 죽음과 굶주림과 중노동이 일상인 죽음의 수용소에서 극한의 고통과 시련을 견디기 위해 매일매일의 삶에 의미를 부여하며 스스로 자신의 존엄을 지키려고 노력합니다. 인간은 어느 환경에서도 삶의 의미를 새기며 살아갈 수 있는 존재입니다. 왜 살아야 하는지를 아는 사람은 그 어떤 상황도 견뎌 낼 수 있기 때문이었을 겁니다.

하루에 한 컵 배급받는 물의 반을 남겨 세수하고 유리 조각으로 면도하는 대목에서는 가슴이 뭉클하기까지 했습니다. 가스실로 끌려가서 죽지 않으려면 깨끗하고 건강하게 보여야 했습니다. 아직은 노동을 감당할 체력이 있다는 것을 보여 줘야 하니까요. 극한 상황에서도 삶을 포기하지 않고 삶의 의미를 잃지 않으려는 그의 처절한 투쟁이 안일한 일상에 젖어 사는 저를 흔들어 깨웠습니다. 프랭클은 저에게 아무 의미도 없는 삶은 존재하지 않으며 진정한 삶의 가치는 자기의 삶에 대한 긍정적 자세에서 나온다는 교훈을 주었습니다. 아무리 절망적인 고통 앞에서도 그 고통이 다음 날, 그다음 날, 아니 언젠가라도 꼭 의미가 있을 것이라고 믿어야 한다는 것이었습니다.

저도 그 책을 감명 깊게 읽었습니다. 나치 유대인 수용소 상황을 재현한 영화의 장면이 생생하게 떠올라 더 실감하며 읽었던 것 같습니다.

그러리라고 생각합니다. 절망 끝에서 생을 포기하려는 순간 그를 다시 살게 한 것은 어느 한 성경 구절이었다는 부분이 기억나는군요. 어느 날 배급받은 낡은 죄수복 주머니 안에서 구겨진 종이쪽지 하나를 발견했는데 거기에 이런 글이 적혀 있었습니다. "진심으로 네 영혼과 힘을 다하여 하느님을 사랑하라!"[52] 그 죄수복을 입었던 동료는 죽어서 세상에 없었지만 그가 얼마나 치열하게 하느님에 의지하며 자신의 십자가를 받아들이려고 애를 썼는지 온몸으로 느껴졌다는 내용이었지요. 그 순간 프랭클은 어떤 시련이 닥치더라도 끈질기게 살아남아서 자신에게 주어진 삶의 의미를 찾아 실현하겠다고 다짐합니다. 그는 자유를 찾은 뒤에 쓴 글에서 말합니다. "내가 살아서 아우슈비츠 문을 걸어서 나온 뒤, 덤으로 받은 50년의 인생에 스스로 책임을 져야 한다는 마음으로 살았다!"

감옥이란 무엇인가 2

복역 중이라고 해서 모든 수용자가 책과 가까이 지내는 것은 아닐 텐데 다독하는 모습이 좋아 보입니다. 앞서 언급해 주신 것처럼 역사적으로 인류의 폭력이 줄어들고 있다고 주장하는 스티븐 핑거의 책[53]을 보면, 독서는 '관점 취하기'라는 말이 나옵니다. 소설과 같은 책을 자주 접하다 보면 내가 소설에 등장하는 다양한 타인의 입장과 처지에서 사고하고 이해하면서 타인에 대한 민감성이 강화된다는 의미이지요. 어떻게 생각하십니까?

앞서 잠시 이야기를 나눈 대로, 저 역시 장기간에 걸쳐 책을 읽으면서 삶의 양식과 사고방식이 180도 달라진 경험을 했습니다. 교수님이 소개하신 이 책의 주장에 공감합니다. 실제로 저의 개인적 체험과 일치하는 부분도 있으니까요. 그러니까 이 책은 인류의 문명화 과정에서 출판술이 발전하고, 따라서 책이 대량으로 생산되고 사람들의 문해 능력이 향상되어 저서들이 대중적으로 읽히는 시대가 도래했으며, 이런 현상이 인류의 잔학성을 둔화하는 데 영향을 미쳤다고 주장하고 있습니다. 인류의 전반적인 독서량이 늘면서 각 개인이 자신만의 편협한 관점에서 벗어나 타인의 입장이 되어 보는 태도와 능력을 키웠다는 것이지요. 따라서 개인의 잔인한 행위는 물론이고 이를 단죄하는 국가의 과도한 형벌 체계까지도 포함한 반인륜적인 행태가 점진적으로 약화되었다는 것으로 이해하고 있습니다.

언젠가 서신에서 '진홍가슴 새'에 관한 책 이야기를 하신 적이 있는데 기억하십니까?

네, 아직도 기억하고 계시는군요. 하느님이 세상을 지으실 때, 잿빛 털을 가진 작은 새 한 마리를 만드시고 '진홍가슴 새'라고 부르셨지요. 새는 저는 온몸이 잿빛 털인데 왜 진홍가슴 새라고 부르시는지 물었습니다. 네가 진정한 사랑을 베풀 수 있을 때 너의 이름에 합당하는 깃털을 갖게 될 것이라고 하느님이 말씀하셨습니다. 오랜 세월이 흐른 어느 날, 새는 둥지 근처의 언덕에 십자가 기둥이 세워지더니 그 위에 한 사람이 매달리는 모습을 보았습니다. 가까이 날아가 보니 그 사람의 이마에는 날카로운 가시면류관이 씌워져 있었고 가시들이 박힌 상처에서 검붉은 피가 처절하게 흐르고 있었습니다. 새는 자신의 조그마한 부리로 가시를 하나씩 뽑아내기 시작했습니다. 가시가 뽑힐 때마다 피가 솟구쳐서 작은 새는 어느새 온몸이 온통 피투성이가 되고 말았습니다. 그런데 희한하게도 몸의 핏자국은 씻어도 씻어도 지워지지 않고 남더니, 후에 낳은 새끼들의 목덜미와 가슴에도 선명한 진홍빛 깃털이 자라고 있었다는 내용의 동화였지요. 이 땅의 순교 성인들도 자기 피로써 믿음을 증명하셨습니다. 저는 그들의 믿음을 앙망합니다. 때때로 진홍가슴 새를 상상하곤 하지요. 동영상을 보듯이 동화의 장면들이 뇌리에 그려집니다. 물론 저도 제가 보잘

것없는 존재라는 것은 잘 알고 있습니다. 그렇지만 저에게도 합당한 사명이 주어지길 바라고 있습니다. 그리고 그것을 감당할 능력을 부여해 주시길 기도합니다.

네, 그 믿음이 꼭 이루어지길 바랍니다. 그 밖에 기억에 남는 책이 있으신가요?

피해자 가족과 만나면서 다짐한 것이 있었습니다. '나 자신과 정직하게 마주하자!' 그러다 때마침 영적 길잡이가 된 두 스승을 만났습니다. 아빌라의 성녀 테레사와 십자가의 성 요한입니다. 성녀 테레사(1515~1582)의 자서전 《하느님의 자비에 대한 글》과, 성 요한(1542~1591)의 《영혼의 어두운 밤》과 《가르멜의 산길》은 저를 저 자신의 벌거벗은 모습과 마주 보게 해 주었습니다. 이들은 기도와 희생, 높은 성덕으로 가르멜 수도회의 개혁을 이끈 분들로서 저의 영성에 큰 영향을 주었습니다.

성녀 테레사는 21세에 가르멜 수도회에 들어가 완덕의 길을 크게 정진하여 신비적 계시를 받는 은총을 누렸습니다. 수도회 개혁을 추진하는 과정에서 수많은 난관에 부딪혔으나 불굴의 의지로 이를 극복했습니다. 특히 앞서 언급한 자서전에서 묵상기도를 통해 하느님께 마음을 열고 일치되어 가는 과정을 단계별로 설명합니다. "묵상기도를 소홀히 하는 사람은 지옥에 끌고 갈 악마를 필요로 하지 않는다. 자기 손으로 자신을 그리로 끌고 가기 때문이다.”라며 묵상기도의 중요성을 강조합니다. 그의 자서전은 세속적 삶에 치우쳐 마음의 평화, 구원의 희망을 잃어버리고 무미건조한 삶을 살아가는 이들에게 영적 길잡이가 되어 줍니다. 성녀 테레사는 책을 가까이하는 아버지 영향으로 많은 책을 읽었고, 기도와 성모 신심이 지극했던 어머니에게서 신앙적 모범을 본받아 경건한 성품을 지녔습니다. 12세에 어머니가 돌아가셨을 때는 성모상 앞에서 성모님이 어머니가 되어 달라고 울며 간절히 기도를 올렸다고 합니다. 순교성인에 관한 책을 읽고는 본인도 순교의 죽음을 맞이하고 싶은 열망으로 이방인 지역으로 떠나려다 아버지의 반대로 실패하기도 했을 정도였습니다.

가난한 집안에서 태어난 성 요한은 어린 나이에 부모님이 모두 세상을 떠납니다. 이듬해에 타지방으로 이사하여 고아나 빈곤층 아이들이 다니는 학교에서 공부합니다. 그즈음 수녀원에서 복사하는 법도 배우고 전염병으로 고생하는 환자를 돕는 병원에서 일했습니다. 특히 이곳에서 일하면서 육체적으로는 물론이고 심리적·사회적으로 고통을 받는 환자들에게 깊은 인상을 받고 이후 가르멜 수도회의 회원이 됩니다. 그는 함께하던 형제 수사들도 기인이라고 여길 정도로 침묵과 고독을 좋아했다고 합니다. 그리고 그곳에서 운명처럼 성녀 테레사를 만났습니다. 당시 성녀 테레사는 수도원 개혁을 원했습니다. 엄격했던 초창기 가르멜 회칙이 세월이 흐르면서 느슨해지고 있었습니다. 수도 생활의 역점이 관상적인 바탕에서 사도직 활동으로 옮겨 가고 있었기 때문이었습니다. 엄격한 규율에 매력을 느낀 성 요한은 성녀 테레사의 개혁에 동참하고 두 사람은 개혁에 반대하는 세력의 온갖 저항에 부딪힙니다. 그 과정에서 성 요한은 수도원 독방에 감금되기도 하고 회유를 받기도 합니다. 갇힌 독방에는 바닥에 깔린 널빤지 두 개와 얇은 담요 두 장이 전부였으며 양동이 한 개는 변기였다고 합니다. 음식은 먹다 남은 찌꺼기가 제공되었고 변기통도 비워지지 않아 악취가 진동하는 곳에서 반대 세력과 맞서야 했습니다. 개혁을 중단하면 수도원 원장직을 약속한다는 회유도 있었지만 모두 거절했습니다. 아니러니하게도 바로 감금된 이 시기에《영혼의 어두운 밤》을 집필한 것으로 알려졌고, 감옥에서 나온 후에 《가르멜의 산길》등을 저술했습니다. 그는 끝으로 "저는 끝 기도를 바치러 천국에 갑니다. 내 영혼을 당신 손에 맡기나이다."라는 말을 남기고 세상을 떠났습니다.

책을 읽는 아버지, 기도하는 어머니, 순교, 복사, 병원에서의 헌신, 수도원 생활, 개혁, 저술 등 그중 어느 하나도 저에게 주어진 적은 없었습니다. 물론 제가 추구한 적도 없었지요. 두 성인의 저술을 읽을 때는 제가 마치 미지의 세계인 천국의 이곳저곳을 거닐고 있다는 상상 속에 있었는지도 모르겠습니다. 넘치는 영감으로 감동의 불길이 가슴을 메이게 했지요. 저 같은 인간이 어떻게 이런 책들에 심취해서 한두 시간도 아니고 며칠을 붙잡고 매달렸는지 지금 생각해도 믿어지지 않습니다. 하느님이 책을 통해 저에게 손을 내미셨다고 믿습니다. 바로 은총입니다.

은총 중에 은총이군요. 그렇지만 수형자들이 모두 형제님처럼 스스로 좋은 책을 구해서 읽고 삶의 양식으로 삼지는 않겠지요. 좋은 프로그램이 다양하게 개발되고 실행되어 많은 수용자가 참여할 수 있으면 좋겠습니다.

동감합니다. 최근에 읽은 《감옥에서 만난 자유: 셰익스피어》라는 책[54]이 시사하는 '독서 수업 프로그램'을 제시하고 싶습니다. 사실 책 읽기를 통한 자아 성찰은 저의 실제 체험이기도 해서 더 큰 관심을 가지고 읽었습니다.

그렇군요. 저도 인문 교양의 저변을 교도소에 널리 확산함으로써 잔잔한 변화를 일으키고 싶은 꿈을 가진 적이 있었습니다. ○○교도소에서 셰익스피어 연극을 공연한 적도 있고 소년원 등에서 인문교육을 실시한 적도 있었지만, 운영 미숙으로 크게 성공하지는 못했습니다. 지금은 실제 현장에서 진행하지 못하고 '인문 교정학'의 저변을 넓히는 학술적 모임으로 그 명맥을 유지하고 있습니다만, 그 저서는 어떤 내용을 담고 있었습니까?

미국의 최고등급 보안교도소에서 수형자를 대상으로 셰익스피어의 작품으로 10여 년간 강의한 내용을 기록한 로라 베이츠 Laura Bates 라는 교수님의 저서입니다. 대상은 대개 살인 등으로 종신형을 선고받은 흉악범들이었습니다. 이들은 확실히 독방에 격리되어 외부인은 물론이고 수형자끼리기도 철저히 접촉이 금지되었습니다. 1주일에 1회, 거실 수검搜檢과 동시에 알몸 검신檢身을 실시했습니다. 이는 다분히 수치심과 복종심을 키우려는 의도된 조치였지요. 이런 인권유린 상황에서도 수형자들은 강의를 듣는 날을 기다렸다고 합니다. 일주일 중에 방문이 열리는 유일한 날이었기 때문이었지요. 이곳의 수형자들은 교도 작업도 불가능하고 그저 골방에서 죽을 날만 기다리는 그야말로 미래가 없는 사람들이었습니다. 개도 한곳에 오래 묶어 두면 미치기 마련인데 사람들이 오죽했겠습니까? 이런 상황에서 로라 교수의 강의가 시작되었습니다. 수업하는 데 어려움이 많았지요. 교도관들이 비협조적이었고 고통을 주는 것을 본업으로 하는 형 집행자처럼 행동했습니다. 수형자들이 거실 밖으로 나올 수 없어서 로라 교수가 직접 수용동으로 들어가 복도 중앙에 의자를 놓고 수업을 진행했습니다. 수형자들은 상대의 얼굴을 볼 수 없어 배식구에 귀를 대고 수업을 들어야만 했지요. 의외로 반응이 폭발적이었습니다. 짐승처럼 지내던 사람들이 하나둘 변화하기 시작했습니다.

실제로 사람이 변화되는 사례를 제시하고 있습니까?

뉴턴이라는 흑인 청년은 17세에 살인을 하고 온갖 범행을 저지른 흉악범으로 탈옥까지 시도한 친구였습니다. 짐승처럼 지내던 그가 수업에 참여하고 1년 정도 지날 무렵, "나의 생은 첫 악행을 숨기려고 더 심한 악행을 저지르는 악순환의 연속이었다. 자신의 행위에 대한 책임을 인정하는 것이 갱생을 향한 첫 번째 단계이다."라고 하며, "나를 만나러 오는 사람들에게 시간 낭비를 하고 있다는 절망과 상실감을 주지 않기 위해서라도 열심히 살기로 했다."라고 고백합니다.

로라 교수님은 책 후미에 "격리된 감방 철문 구멍을 통해서 셰익스피어 수업을 받으며 그들은 숨기고만 싶었던 자신의 어두운 과거를 진지하게 드러내기 시작했다. 함께 토론하는 과정에서 마치 거울에 비친 자신을 발견한 듯 자신들이 살아온 날들을 돌아보게 된 것이다. 작품 속의 인물을 파헤치면서 자신의 치부와 내면의 상처가 드러나는 체험을 하게 되었고, 나아가서 심도 있는 자기 성찰로 이어질 수 있었다."라는 소회를 밝힙니다. 그리고 "셰익스피어가 한 폭력적인 범죄자의 삶을 구한다면, 셰익스피어는 미래의 잠재적인 피해자들의 삶도 구하는 것이다."라는 마음으로 수업을 진행했다고 합니다.

저는 만약 그가 로라 교수님의 수업을 받지 못하고 백인 교도관의 차별과 멸시 속에서 지금까지 살았다면 어떤 모습을 하고 있을까 상상한 적이 있습니다. 그리고 "나쁜 사람에게 선한 일을 하지 않는다면, 그럼 우리는 나쁜 사람에게 나쁜 일을 하는 것이다."라는 그의 말을 되씹어 봅니다.

뉴턴은 이런 말을 남겼다고 합니다. "수많은 죄수가 결국 집으로 돌아갑니다. 그래서 그들은 우리의 이웃이 될 것이고, 우리가 사랑하는 사람들 주위에 살게 될 것입니다. 결국 관건은 이것입니다. 어떤 부류의 죄수가 여러분 이웃으로 있기를 원하십니까? (…) 지금 여러분에게는 그들이 어떤 이웃이 될 수 있게 도와줄 힘이 있습니다. 어째서 교육이냐고요? 교육만이 큰 변화를 일으킬 수 있는 유일한 과학이기 때문입니다."

악한 뉴턴이 선한 뉴턴으로 변화한 데는 자신의 어두운 죄과를 직시하고 고백과 참회로 회심에 이르는 과정이 있었겠지요. 이 과정에는 독서와 헌신적인 로라 교수와의 만남이 있었고, 이것이 영혼의 치유라는 아름다운 결실로 나타난 것입니다. 마음의 양식이 되는 책을 읽을 기회를 많이 만들고, 진정성 있게 내면의 세계를 성찰할 수 있는 프로그램이 활성화되어야 한다고 생각합니다. 결국 잃어버린 삶의 의지를 되살리는 다양한 프로그램이 개발되고 시행되어야 하겠지요. 인문 교정의 효과에 대한 믿음이 확산하기를 기대해 봅니다. 사실 세계 3대 참회록의 저자인 성 오거스틴, 루소, 톨스토이 모두 젊은 나이의

방탕한 삶에서 회심할 수 있었던 요인으로 독서를 꼽습니다.[55] 루소는 "그 부랑아 같던 나쁜 버릇들은 독서로 고쳐졌다. … 독서는 한결 고상한 감정으로 내 마음을 돌이켜 주었다."[56]라는 글을 남기기도 했지요. 누구에게나 갇힌 환경에서 성스러운 저서를 만나 열독할 수 있었다는 것은 은총 중의 은총입니다. 그런데 알고 보면 세계적으로 위대한 저서들도 감옥에서 탄생한 경우가 많습니다. 마르코폴로의 《동방견문록》, 세르반테스의 《돈키호테》, 도스토옙스키의 《죽음의 집의 기록》, 네루의 《세계사 편력》, 한용운의 《조선 독립의 서》, 신채호의 《조선상고사》, 안중근의 《동양 평화론》 등도 감옥에서 저술한 것으로 알려져 있습니다.[57] 갇힘을 극복함으로써 위대한 영성이 움트고, 그 영성이 발휘됨으로써 위대한 저서가 탄생함을 알 수 있습니다.

신앙의 시작

형제님은 믿음의 영접을 통해 삶의 변화가 시작되었다고 했는데 어떤 계기가 있었나요?

변화의 시점을 꼽는다면 세례받기 전과 후로 나눌 수 있겠습니다. 저는 대법원에서 사형이 확정된 해인 1996년 12월 18일에 천주교 세례를 받았습니다. 자격 미달이었지만 우여곡절 끝에 신부님에게 사정하여 외상으로 세례를 받은 겁니다. 저는 그때 세례를 '부르심에 응답함으로써 새로운 삶에 대한 약속'이라고 생각했습니다. 살날이 얼마 남지 않았다는 절박함 속에서 마지막으로 제가 할 일이 무엇인가를 스스로 물었습니다. 저의 뇌가 가슴에 말했을까요? 혹은 저의 가슴이 뇌에 닿았을까요? 답은 회개였습니다. 그런데 회개하는 삶이 어떤 것인지 알지 못했기에 종교의 도움이 필요했습니다. 의지만 있으면 길은 종교가 안내해 줄 것이라고 믿었습니다.

큰 결심을 하셨군요. 이후 세례를 통해 어떤 도움을 받으셨습니까?

저는 성경을 통해 저같이 어두운 과거가 있는 사람도 진실로 회개함으로써 새로운 삶을 살 수 있다는 희망을 보았습니다. 사도 바오로는 잘 알려진 바와 같이 누구보다 그리스도교를 박해하는 데 앞장섰던 인물입니다. 그러나 회심한 이후로는 그 무엇보다도 그리스도교를 전하는 데 자신의 전부를 바쳤습니다. 복음을 위해 몸 바친 그 열정과 신앙은 저 역시 깨어 살도록 인도해 주었습니다.

저는 세례를 준비하면서 성 치릴로 주교가 쓴 《예비자 교리》에서 이런 내용을 읽었습니다. "회개를 통해 헛된 욕망으로 썩어 가고 있는 여러분의 옛사람을 벗어 버리고 자신을 창조하신 분을 앎으로써 새로워지는 삶으로 태어나십시오." 마치 제게 하는 말 같았습니다. 그러나 공동체의 일원으로 살아가면서 세례 자체가 천국의 열쇠는 아니며 세례를 통해 모두가 새롭게 태어나는 것은 아니라는 것을 알게 되었습니다. 세례를 통해 모든 사람이 똑같이 죄 사함을 받을 수 있다고는 하지만 어찌 보면 너무 편리한 방식이 아닌가 하는 생각도 들었습니다. 세례 이후라고 갑자기 다른 세상이 저절로 펼쳐지는 것은 아니니까요. 결국은 성령과의 만남과 친교는 각자의 신앙에 따라 달라진다는 것을 알게 되었습니다. 그래서 부지런한 농부가 더 많은 소출을 얻는 것이 당연한 이치인 것처럼 저도 믿음 안에서 부지런한 농부처럼 살아야겠다고 다짐했습니다.

물론 세례를 통해 죄 사함을 받고 싶었겠지요? 피해자는 이미 세상에 존재하지 않고 그 유가족도 형제님을 상대해 주지 않았겠지요. 현실적으로 과거의 잘못을 용서받을 길이 없었을 것이라는 생각이 듭니다.

성 대 바실리오 주교는 《성령론》에서 세례의 두 가지 목적을 언급했는데, 하나는 죽음의 열매를 맺게 하는 죄를 씻어 버리는 것이고, 다른 하나는 거룩함의 열매를 맺어 주는 성령으로 말미암아 살게 하는 것이라고 했습니다. 제게는 첫 번째 목적이 세례받기로 결심한 이유였습니다. 그리스도인들은 세례를 통해 무상으로 베풀어 주시는 구원의 은총을 받는데, 그 은총에 믿음으로 보답하며 복음으로 사는 것이 제가 가야 할 길이라고 생각했습니다. 그것이 곧 저의 속죄의 방법이고 또 죄 사함을 받는 길이라고 생각한 것입니다.

세례를 받고 거듭나는 삶을 살아가기 위해 실질적으로 어떤 노력을 하셨습니까?

복합형 그리스도인이라는 말이 있습니다. 과거의 생활방식을 그대로 유지한 채 그리스도인이라는 명칭만 덧붙인 자들을 일컫는 말인데요. 이런 사람은 하느님을 진실로 사랑할 수도, 섬길 수도 없을뿐더러 옛 모습으로 그대로 남기를 바란다고 합니다. 그런 미지근하고 위선적이기도 한 신앙을 갖느니 어디에도 매이지 않고 제멋대로 살다 죽는 것이 편하겠지요. 그런 신앙이 죽음을 목전에 둔 사형수에게 무슨 의미가 있을 수 있겠습니까?

사람들이 교회에 처음 나오는 이유는 성경에 감동해서가 아니라 신앙인에게서 사랑을 보았기 때문이라고 합니다. 그건 저의 경험이기도 합니다. 사람들이 교회를 떠나는 이유도 성경이나 교리 때문이 아니라 교우의 불친절이나 추잡함에 실망해서라고 합니다. 그래서 신앙인은 서로에게 거울이라고 하는가 봅니다. 생각해 보면 저도 신앙 초기에는 사람들이 저를 어떻게 생각할까를 많이 의식하며 살았습니다. 그런데 어느 순간부터는 사람들이 저를 통해 하느님을 어떻게 판단할지를 더 많이 의식하게 되었습니다. 전교하는 방법은 여러 가지가 있겠지만 말보다는 행동으로 보이는 것이 더 큰 힘을 발휘한다는 것을 살면서 배웠습니다.

죄의식으로 인한 고통을 이기지 못해 오랜 기간 불안 속에서 지냈다는 이야기를 들었습니다. 어떻게 자신의 상처를 치유하셨는지요?

언젠가 제가 죄에 관한 이야기를 너무 많이 해서 주변 분들이 지나친 죄의식은 건강한 신앙생활을 방해한다며 우려했습니다. 참 자아를 만나러 가는 여정은 끝이 보이지 않는 긴 터널 속에서 헤매는 것처럼 두려운 일이었습니다. 묵상기도를 진행하는 과정에서 내적 공허를 힘들어하던 차에 봉사자이신 ○○○ 작가님이 '상처치유 기도'를 권해 주셨습니다.

3개월의 기간을 정해서 기도를 시작했습니다. 태어나기 전 태중에서의 상처를 첫 단계로 하여 전 생애를 단계별로 나누었습니다. 단계별 당시의 심리 상태를 떠올리며 치유가 필요하다고 생각되는 부분을 주님께 말씀드리고 마음이 편해질 때까지 기도했습니다.

첫 단계인 태중에서의 상처치유 기도는 제가 기억하지 못하는 부분이라고 어머니가 느꼈을 감정에 집중했습니다. 그런데 기도가 2주 넘게 지속되었지만, 이상하리만큼 가슴이 답답하고 불편한 상태가 해소되지 않았습니다. 아버지에 대한 극심한 배신감과 증오, 그리고 이로 인한 정서적인 불안정이 작용한 탓이라고 생각했습니다. 차후 다른 기도 방법을 찾기로 하고 다음 단계로 넘어갔습니다.

다음 단계의 기도에서는 제 안에 도사리고 있던 부정적 응어리와 찌꺼기 감정을 상당 부분 씻어 낼 수 있었습니다. 유년 시절에 경험했던 극도의 애정 결핍, 성장기의 모진 삶 속에서 겪은 불안, 두려움, 좌절 등이 어떻게 이후 삶 속에서 내내 부정적인 결과로 이어졌는지가 드러났습니다. 불우하게 태어난 아이에서 비행소년으로, 전과자로, 사형수로 제 정체성이 옮겨 가는 장편 파노라마를 볼 수 있었습니다.

제가 농담 반 진담 반으로 상담실로 들어올 때, 형제님의 뒤로 예수님처럼 둥근 빛이 보인다고 말하곤 했지요. 스스로는 인식하지 못했을 겁니다. 성경에 대해 폭넓은 이해와 신앙에 의지하는 진지한 태도가 반영된 것이라고 생각합니다.

돌아보면, 종교와 교회공동체에 대한 소속감이 제 삶에 가장 큰 변화를 일으켰던 것 같습니다. 공동체에 대한 강한 연대와 소속감으로 불안한 날들을 견뎠고, 하느님의 섭리로 맺어진 관계를 통해 저의 신앙이 발전할 수 있었습니다. 믿음은 타인과의 연계를 통해 형성되고 깊어지는 것임을 실감한 셈입니다.

고통과 절망의 순간에도 교회 구성원들은 늘 저와 함께했고 저의 약함과 부족함을 면면히 채워 주었으며 제가 살아 있음을 일깨워 주었습니다. 백번을 생각해도 지금까지 살아오면서 가장 잘한 일을 꼽으라면 천주교를 신앙으로 받아들인 것입니다. 그리고 확신하건대 저는 종교가 인간의 본성을 교정할 수 있는 유일한 수단이라고 믿습니다.

예수님께서는 혈연관계인 부모 형제도 중요하지만 하느님의 뜻에 따라 살겠다고 다짐한 사람들이야말로 내 어머니요, 형제들이라고 하셨습니다.[58] 비록 피를 나누지는 않았더라도 하느님의 말씀 안에서 끈끈한 영적 끈으로 묶여 있는 교회공동체 구성원들의 연대성이 얼마나 큰 힘을 발휘하는지를 초대 교회 때 우리 신앙의 선조들이 잘 보여 주었습니다.

성경을 읽다 보면 모든 내용이 이해되지는 않았을 것입니다. 황당한 내용도 있고 신화에서나 볼 수 있는 내용도 있고요. 어떻게 극복해서 지금과 같은 굳건한 신앙을 갖게 되었는지요?

저는 성경을 이해해서 읽은 것이 아니라 뭔가에 홀린 듯이 읽었다고 생각합니다. 그냥 성경이 이끄는 대로 따라 읽은 것이지요.

책장이 잘 넘어가는 대하소설을 읽는 기분이었다고 할까요? 오히려 성경을 수십 번 읽고 나니까 하나둘씩 의문이 생기면서 사실관계를 따져 보고 싶다는 생각이 들었습니다. 그러니까 지적 호기심이 생기면서 성경을 머리로 이해해 보려는 순간 머릿속이 복잡해지기 시작한 것입니다. 중요한 점은 성경을 읽으면서 '깨달음'과 '이해'의 차이를 알게 되었다는 것입니다. 깨달음이 마음으로 알아 가는 것이라면, 이해는 그냥 지적인 행위일 뿐일 것을요. 하느님을 이해하는 것은 불가능한 일이지만 깨닫는 것은 가능한 일이라고 느꼈습니다. 하느님을 깨닫는 것은 학벌이나 성적 순이 아니란 것도요. 예수님도 말씀하셨습니다. 지혜롭다는 자들과 슬기롭다는 자들에게는 감추시고 철부지들에게는 드러내 보이신다고요.[59]

성경에는 수많은 모순이 존재하고 서로 다른 해석 역시 가능합니다. 성경은 비유, 은유, 시 등 다양한 표현과 장르가 뒤섞여 있고 영감으로 쓰인 부분이 많은 책이기 때문에 문자 그대로 받아들이거나 혹은 임의대로 해석해서는 안 된다는 경고도 있지요. 신도들의 믿음도 살펴보면 모순되는 민낯이 쉽게 드러납니다. 그리스도인들이 하느님의 존재를 믿는다고는 하지만 모두가 복음 말씀에 순종해서 살아가는 것은 아니니까요. 대부분 신자는 믿음과 행동이 일치하지 않는 불안정한 신앙 속에서 살고 있다고들 이야기합니다.

저 역시 지금도 성경을 읽으며 사탄의 존재에 혼란스러울 때가 있습니다. 하느님은 왜 그들을 치워 버리지 않고 그냥 두시는 것일까? 광야에서 40일 단식을 마친 예수님을 유혹하는 사탄의 모습에서도 의문이 생길 수밖에 없지요. 예수님도 사탄의 존재를 알면서도 악령을 좇아낼 뿐 죽이지는 않았습니다. 사탄은 빛의 천사로도 위장할 수 있을 만큼 대범한 존재라고 쓰여 있지 않습니까? 어찌 되었든 왜 악령을 곧바로 없애 버리지 않는 것일까요? 저는 모든 악이 인간에게서 나오기 때문이라고 생각했습니다. 그래서 선과 악, 천사와 악마라는 동전의 양면을 지닌 인간에게 십자가를 통해 구원의 문을 열어 줄 수 있는 것이 아닐까요?

이와 관련해서는 다른 사형수 형제에게서 유사한 내용을 편지로 받은 적이 있습니다. 성경을 읽다 보면 의심스럽고 황당한 내용이 많아 혼란에 빠지기도 했지만, 무던히 신앙생활을 이어 오면서 자신을 진지하게 바라볼 수 있게 되었다고 하더군요. 그 과정에서 한없는 부끄러움과 후회로 하느님께 잘못을 고백하고 또 고백하면서 용서를 구하게 되었다고 했습니다. TV에서 티베트의 성지를 순례하는 신도들이 오체투지로 천 리 길을 삼보일배하며 걷는 고난의 행로를 보면서 자신의 나태한 신앙을 질책했고 하느님께 향함을 멈출 수 없게 되었다는 내용이었습니다.

젊은 시절에 방탕한 삶을 살다가 회심한 성 오거스틴은 "하느님께 가는 길은 자신의 비참함을 체험하는 과정"이라고 했는데 저는 그의 고백을 체험으로 이해하게 되었습니다. 하느님에게 다가갈수록 저의 추한 모습이 거울을 보듯이 선명하게 드러난 것입니다. 제가 죄의 노예로 살면서 다른 사람에게만 손해를 끼친 것이 아니었습니다. 저의 영혼에도 돌이킬 수 없는 상처를 입히고 살아왔습니다. 그래서 예수님의 용서가 완성되려면 제 안의 상처가 반드시 치유되어야 한다는 것이 분명해졌습니다. 예수님은 병자들을 치유하시기 전에 먼저 병자가 치유할 준비가 되었는지를 확인하셨고, 이후 치유하신 후에는 꼭 "네 믿음이 너를 살렸다."라고 칭찬해 주셨지요.[60]

종교가 모든 사람에게 똑같은 효과를 발휘한다고 생각하지는 않습니다. 종교를 부정하면서도 올바르게 살아가는 사람도 많으니까요. 그렇지만 형제님의 경우는 종교가 사형수로서 30년의 수용 생활을 감당하는 힘이었던 것 같습니다. 인간에게는 자유 의지가 있지만 여전히 불완전한 존재이기 때문에 절대자에 대한 확실한 믿음에서 오는 은총을 입는다면 흔들리지 않는 변화가 이루어질 수 있다고 합니다. 특히 갇혀 있는 수용자에게는 더욱 그러할 것입니다. 교정시설에서 종교가 그 역할을 제대로 하기 위해서는 무엇보다도 누군가의 헌신적인 봉사자 정신이 필요하고 이를 뒷받침할 제도가 갖추어져야 합니다. '종교관 제도'에 대해 들어 보신 적이 있으신가요? 교정시설 내에서 종교의 역할을 체계화하는 데 도움을 주는 제도입니다. 구체적으로는 성직자가 공식적인 직책을 갖고 시설 내에서 교화 업무를 하는 제도를 말합니다. 여러 유럽 국가에서 시행하고 있는데, 저는 1990년대 초에 네덜란드 교도소를 방문했을 때 종교관을 만난 적이 있습니다. 교도소에서 가톨릭 신부님이 종교관이라는 직책을 갖고 아무런 제약 없이 열쇠 꾸러미를 들고 방방을 방문하면서 상담도 하고 고충도 들어 주는 업무를 수행하고 있더군요. 사무실도 있고 직책도 있고 권한도 있지만 국가에서 따로 임금은 받지 않습니다. 이미 우리나라 교정시설에서도 개신교, 불교, 천주교 등의 종교단체나 종교위원들이 실질적으로 큰 역할을 하고 있지요. 이제는 종교의식이나 종교행사 형태를 넘어 더 전문적인 영적 치료사로서 적극적인 개입이 필요한 시점이라고 생각합니다. 종파의 다양성 때문에 종교관 임명에서 형평성 문제를 제기하는 분들이 있습니다. 개신교나 불교의 경우, 다양한 종파가 있어 한 종파가 그 종교를 대표하는 데 문제가 있다는 이야기이지요. 그런데 이는 누가 봐도 시도하지 않을 명분일 뿐 조정하고 해결하지 못할 문제는 아닙니다. 실제로 이런 종교관 제도가 시행된다면 종파 간의 역할을 분담하는 방식은 충분히 찾아낼 것입니다. 이는 만약 현 교정 제도의 진정한 목표가 어디에 있고, 이 제도가 이룰 수 있는 한계에 대한 정직한 평가가 이루어진다면 거부할 이유가 없는 제도입니다.

치료공동체 프로그램

죄를 짓고 가족과 세상을 등지고 낯선 환경에 갇혀 생존해야 하는 수용자는 무엇보다도 정신적인 안정을 찾고, 다시 일어서고자 하는 의지를 잃지 말아야 합니다. 사람들은 개인마다 다양하고 복합적인 원인으로 범죄를 저지릅니다. 사회에서 온갖 문제가 쌓이고 쌓여 마지막 단계에서 교도소에 들어온 범죄인의 문제를 교도소가 모두 해결할 수는 없습니다. 그렇지만 사회구조적·환경적 요인은 바꿀 수 없다고 하더라도 복역하는 동안 자신을 성찰하고 새로운 삶을 설계할 의지를 배양하는 계기는 제공해야 할 것입니다. 독서와 종교 프로그램 이외에도 다양한 교정 교화 프로그램이 교도소에 필요합니다.

저는 종교 모임 외에는 교정 프로그램에 참여해 본 적이 없기 때문인지 홀로 보낸 수많은 시간 동안 주변의 도움이 절실하다고 느낀 적이 많았습니다. 전문적인 심리상담도 받고 싶었고요. 그러던 차에 최근 읽은 책에서 '치료공동체' 프로그램에 대해 알게 되었는데, 적어도 제 의견으로는 우리나라 교도소에서 수형자를 대상으로 시행되어도 효과가 있을 것이라고 생각했습니다.[61] 해외 일부 국가에서 교정 프로그램으로 교도소 안에서도 시행되고 있다고 하더군요. 수형자들이 함께 둘러앉아 번호 대신 이름으로 서로를 호칭하고 자유로운 대화를 통해 억눌렸던 감정을 되살리고 과거를 성찰하여 최종적으로는 자신의 죄와 대면하게 하는 프로그램입니다. 서로 말하고 들으면서 견고하게 지켜 왔던 침묵의 아성이 깨지는 것을 체험할 수 있다고 합니다.

사실 감옥에 들어온 사람들은 대부분 진정한 말하기와 듣기를 경험한 적이 거의 없습니다. 어린 시절부터 또래 친구와 어울려 다니며 그들만의 문화와 언어에 익숙해지고 가정 폭력, 성적 학대, 학교 폭력을 겪으면서 생존 수단으로 폭력을 학습하게 됩니다. 그들은 화를 내거나 우울해하거나 냉소적이거나 무관심해하며 살아왔지요. 자신들의 체험에 어떤 의미를 부여한 적도 없고 헤아려 보지도 않은 상황에서 말로 표현하는 데 익숙하지 않기 때문에 감정을 폭력으로 표출하게 되고 그것이 곧 범죄가 되었습니다.

감옥은 구조적 차별로 사회의 주변으로 밀려난 사람들이 모여 있는 장소이기도 합니다. 개개인의 속내를 들여다보면 반드시 치유되어야 할 상처를 안고 있을 가능성이 높습니다. 그 상처를 그대로 안은 채 덤으로 구금의 온갖 악습까지 학습하고 사회로 돌아간다면, 그때는 더 이상 개인의 문제가 아니라 심각한 사회 문제로 발전할 것입니다. 성장 시절에 불행한 피해자였다고 해서 자신이 저지른 범죄가 정당화될 수는 없지요. 하지만 수많은 요인이 얽혀 있는 배경을 간과하고 개인에 대한 엄중한 응징만으로 단순화된 대책은 결코 바람직한 결과를 얻을 수 없다고 생각합니다.

치료공동체 모델이 이런 문제를 해결하는 하나의 프로그램이

감옥이란 무엇인가 2

될 수 있다고 생각합니다. 서로 비슷한 아픔을 가진 사람들끼리 자신의 상처를 드러내고 다른 이들은 묵묵히 증인이 되어 들어 주는 상황이 만들어지지요. 이 순간이 그들이 생애에서 가장 소망했던 상황이었을지도 모릅니다. 역설적으로 그것을 감옥에서 경험하는 것입니다. 속마음을 이야기하는 것은 자신의 허물과 약점을 속속들이 드러내는 것이지만, 자신의 이야기를 누군가가 귀기울여 들어 준 경험도 없고 타인의 이야기를 진지하게 들어 준 경험도 없으므로 그 순간순간이 특별한 시간이 될 수 있습니다. 주로 어린 시절에 경험한 여러 역경과 범죄 직전의 상태, 그리고 범죄 자체에 관한 이야기를 풀어 가도록 도움을 주지요. 침묵을 깨는 행위이자 오랫동안 봉인해 왔던 얼기설기 얽힌 감정선을 풀어내는 과정이기도 합니다.

저도 유학 시절부터 '치료공동체Therapeutic Community'에 관한 책을 읽고 관심을 가져왔지만, 실제로 프로그램을 시행해 보지 못해 아쉬움이 있었습니다. 제가 관심을 가진 계기는 중국이 공산화되는 과정을 연구하던 중 미국 의회도서관 자료실에서 찾아낸 '정치학습', '소조小組', '자아비판' 등에 관한 소책자를 분석한 이후입니다. 공산국가로 건국되는 과정을 보면, 중국공산당 지도부는 수천 년 동안 봉건주의 사회에 살던 10억 인구를 공산주의 국가의 일원으로 개조해야 할 과제를 안고 있었습니다. 이를 이루기 위한 일환으로 전 인민을 대상으로 공산주의 이념을 기반으로 한 '정치학습'을 실시했는데, 학습을 위한 조직으로 전 인민을 10명 정도 단위로 나누어 소조를 만들고 학습 과정에서 '자아비판' 혹은 '상호비판'을 일종의 의식儀式으로 시행했습니다. 서구 학계에서는 이를 이데올로기의 쇠뇌brain-washing라고 칭하며 비판했고, 문화대혁명을 거친 현대 중국인들 대부분도 이를 매우 냉소적이고 부정적인 시각으로 바라보고 있지요. 그런데 당시 저는 정치적인 도구가 아닌 순수 교정 프로그램으로 생각해 보았습니다. 같은 애환을 가진 동료들이 소그룹 단위로 자발적인 참여로 만나 진정성 있는 소통을 나눈다면 상호 존중과 자기 성찰적 관점에서 효과가 있을 수 있다고 본 것입니다.[62]

교수님께서 언젠가 말씀하셨던 초기 기독교의 생성과 전파 과정에서 형성된 공동체 모임에서의 '공개 고백public confession'의식이 생각나는군요. 초기 기독교 공동체에서는 고백성사를 이웃 앞에서 공개적으로 실시하기도 했는데, 이는 죄지음으로 멀어진 하느님과 이웃 공동체의 거리를 복원하는 방식이었다고 하셨지요.

그렇습니다. 이런 기독교적 전통이 구소련, 중국 등이 공산화 과정에서 국가 개조 메커니즘으로 전용된 것으로 알려져 있습니다. 오늘날 종교단체에서 이루어지는 구역 모임도 같은 맥락에서 이해할 수 있지요. 중독, 암, 비만 등의 문제를 안고 있는 사람들끼리 모여 서로 지지하고 소통하는 '자조自助' 모임도 유사한 사례이고요. 저도 형제님의 의견에 동의합니다. 온갖 말 못 할 사연으로 넘쳐나는 교도소 수형자 사회에서 '치료공동체' 프로그램이 잘 운영된다면 일정한 효과가 있을 것으로 생각합니다.

책 읽기, 종교, 치료공동체 모두 시사하는 공통점이 있습니다. 진지한 자기 성찰을 통해 과거의 죄과에 대해 참회하고, 새로운 삶을 설계하도록 이끈다는 것입니다. 이런 여건이 마련되었을 때, "과연 사람은 변할 수 있는가?"라고 묻는다면 저의 답은 "네." 입니다.

추천 도서 100선과 종교관 제도

이미 세상을 떠났어야 할 사형수들이 지금도 갇힌 공간에서 살아가고 있다. 그리고 국내외 여러 상황을 고려할 때, 그들의 생명은 계속 연장될 가능성이 높다. 그들에게 속박된 삶을 벗어날 자유는 없지만, 생명을 부지할 자유는 주어진 것이다. 실제로는 스스로 죽을 자유도 없다. 그렇다면 그들은 어떻게 살아가야 하는가? 그리고 어떻게 살아가게 해야 하는가? 그들은 과거의 악몽을 짊어진 채 확신 없는 미래에 대한 불안 속에서 삶을 고뇌하며 살아가고 있다. 이는 사형수에게만 해당하는 문제는 아닐 것이다. 갇혀 사는 모든 이가 겪고 있는 이야기이다.

인간은 생명을 부지하는 한, 단순히 존재한다는 것만으로는 그 몫을 다한다고 할 수 없다. 인간은 사고하고 행동하고 선택하고 그 가운데에서 의미 있는 삶을 창조하며 살아가야 한다. 타고난 운명과 지난 과거에 얽매여 현재와 미래를 잃을 수는 없다. 삶은 그저 주어질 수 있지만, 삶의 의미는 스스로 만들어 갈 수 있어야 한다. 주체적인 사고로 자기의 삶에 의미를 부여할 수 있어야 한다는 의미이다. 무엇이 이를 가능하게 할까? 공동 저자인 사형수는 종교적인 삶과 책 읽기를 통해 자신의 새로운 정체성을 찾았고 어떻게 살아가야 하는지를 깨달았다고 말한다.

그렇다면 현 교도소 환경에서 교정 당국이 어떤 조치를 할 수 있는지 생각해 보자. 먼저 '추천 도서 100선'과 같이 수용자의 삶의 양식이 되는 도서 목록을 만들고, 하루 일과 중에 '독서 시간'을 정해 운영해 보는 것을 고려할 수 있다. 이를 활성화하는 방안으로 독서 수업이나 독서 토론 프로그램 등을 체계적이고 전면적으로 실시하는 것을 들 수 있다. 종교의 역할로는 그간 외부 종교단체의 활동을 인허가 하는 수준의 소극적인 업무 성격에서 탈피해 더 적극적인 개입 형태로 전환할 필요가 있다. 종교의 역할을 인정하고 강화하고자 한다면, 그간 시행해 본 적이 없는 '종교관 제도'[63]를 과감하게 도입할 수 있을 것이다. 그렇게 되면 교화 담당 직원과 성직자가 협업 형태의 업무를 개발할 수 있고, 성직자가 현장에서 실시간으로 수용자들의 영적인 생활을 도울 수 있을 것이다. 독서나 종교 활동을 소그룹 형식의 '치료공동체'[64] 모델을 활용하여 실시하는 것도 생각해 볼 수 있다. 독서 모임, 종교 활동, 치료공동체의 활성화는 종국적으로 인간관계 회복의 이상적 모델인 '회복적 사법 체계'의 정착과도 연계될 수 있다. 출소 후에도 범죄적 사고나 행위를 지속적으로 중단하게 만드는 요인으로 가족, 직업, 주거 등 다양한 문제의 해결이 이론적으로 제시되지만, 감옥이라는 특수한 환경에서 실효성을 거두기에는 한계가 있다. 또 닫힌 공간에서의 변화도 어렵지만, 출소 후 냉엄한 바깥세상에서도 변화가 유지될 수 있겠느냐는 의문이 꾸준히 제기되고 있다. 통제할 수 없는 외부 환경적 요인을 고려하면 내적 변화의 중요성은 더욱 절실해진다.

교도소 환경에서 시간과 공간의 제약, 경제성 등을 생각할 때, 종교 활동과 독서의 활성화만큼 현실적인 방안을 찾기도 쉽지 않을 것이다. 신앙인으로서의 삶 그리고 독서를 통한 인문적 소양의 배양은 수용자의 내적 변화와 긍정적 자아 정체감의 정립에 도움을 주며, 이는 범죄를 중단하는 데 중요한 요인으로 작용할 것이라고 믿는다.

에필로그
인간다움이 충만한 세상을 향하여

　나는 사형수, 수형자, 전과자들이 저지른 범죄 행위를 가볍게
여기거나 그로 인한 피해자들이 겪는 고통을 애써 외면하는 사람
이 아니다. 그래서 교도소는 많은데 왜 피해자 지원센터는 찾아
보기 힘든지를 의아해한다.[65] 물론 나는 범죄를 저지른 죄인에 대
한 마땅한 응징을 지지한다. 다만 응징으로 우리가 최종적으로
달성하고자 하는 것이 무엇이고, 그 방법이 과연 우리가 살아가
는 인간 사회의 이상적인 지향에 얼마나 부합하는지에 대해서는
논의가 필요하다고 생각한다.

　우리는 대개 범죄인을 혐오한다. 감옥 호송차 창문으로 드러
난 암울해 보이는 그림자, 목격자를 찾는 주민센터 벽보에 붙은
험상궂은 얼굴, 무고한 여성을 무참히 살해하고도 비정한 사회를
탓하는 '묻지 마 범죄자'의 비열함, 특권층이기에 범죄인이 될 수
없다는 오만한 정치인의 표정까지도 포함한다. 그런데 여기에 그
치지 않는다. 나아가서 우리 사회에는 감옥의 담장 안의 그들은
나쁜 사람이고, 밖의 나는 좋은 사람이라는 편리하고 이기적인
고정관념까지 지배한다. 왜 이런 일이 당연하게 받아들여지는 것

일까? 반쯤은 자기중심적 착각에서이다. 한편으로 가해자는 구속되는 순간부터 죄형법정주의에 대한 신뢰가 편리하게 깨어나고, 같은 범죄인만 모인 세상에서 죄책감이 사라지면서 구덩이에서 빠져나갈 궁리에만 몰두한다. 왜 이런 일이 당연하게 벌어지는 것일까? 인문적 정의의 실종에서이다. 더 큰 문제는 이 두 현상이 한 사람의 두 얼굴이라는 점이다. 사실에 대한 편의적 착각과 인문적 정서의 실종이 마땅한 정의 체계의 순위를 왜곡하고 있다. 이는 개인적 성향, 사회 전반의 문화적 지향, 사법 체계의 본질적 특성 등과 모두 연관이 있다.

마더 테레사와 히틀러 사이에, 조금 더 좋은 사람이고 조금 더 나쁜 사람인 수많은 인간 종이 존재한다. 그리고 이 시점에서도 감옥 담장 안의 사람과 밖의 사람들 사이의 연장선상에 좋은 인간상과 나쁜 인간상이 무수히 많이 존재한다. 그런데 밖에 있는 사람들 역시 나쁜 행위를 수없이 거듭하면서도, 자신들 중 누군가가 안에 있는 바로 그들로 변한다는 사실은 물론이고 그 가능성마저도 의식하지 않고 살아간다. 그리고 그것이 밖에 있는 사람은 특별히 윤리적이고 괜찮은 존재라는 착각을 일으킨다. 사법적 판단에 의해서만, 사법적 절차가 만들어 낸 이미지로만 밖에 있는 사람이 윤리적이고 도덕적이며, 안에 있는 사람에 대해서는 기계적으로 혐오와 두려움의 대상이라고 여기는 것은 공정하지 않다.

감옥이란 무엇인가 2

역시 반쯤은 왜곡되고 편협한 사고 체계에 불과하다.

동물과 인간 사이의 진화를 연구하는 학자들의 논쟁에서 의미 있는 시사점을 찾아볼 수 있다. 인간의 사고와 행위를 생물학적인 진화로 귀결하는 학자들 사이에는, 진화의 계열상 인간과 다른 동물들 사이에 있었던 수많은 종이 멸종했다는 사실을 고려하지 않고 인간과 동물 사이에 불연속이 있는 듯한 착시를 하고 있다는 주장이 있다. 이에 따라 동물과 인간 간의 차이가 극명하게 드러나기 때문에 이 착시 현상이 인간만이 특별한 존재라는 착각으로 이어졌다는 것이다. 결국 이성, 윤리, 도덕 등으로 인간이 다른 동물과 구분되는 특수한 존재가 된다는 생각은 인간 중심주의적인 편협한 사고라는 뜻이다. 이런 맥락에서 보면 인간의 고유성과 인간다움을 찾는 시도는 허망해 보인다.[66]

그렇다면 동물다움이 아닌 인간의 고유성, 인간다움의 존재는 어디에서도 설명할 수 없는 것일까? 그렇지는 않다. 종의 생존과 번식이라는 진화의 맹목적 원리에 반反하는 현상이 펼쳐지는 인간 세상의 모습을 도처에서 찾아볼 수 있다. 문명화된 사람들은 척박한 자연도태의 비정한 현상을 중단하기 위해 온갖 힘을 기울여 왔다. 그래서 정신지체자, 불구자, 병자를 위해 병원을 세우고, 가난한 자를 위해 구호 입법을 만들고, 백신 접종을 만들어 생명을 보호한다. 약육강식의 자연 세계에서 생존할 수 없는 약자들도 종을 번식할 수 있도록 돕는 것이다. 절대적으로 취약한 구성원까지도 번식하도록 도울 만큼 너그러운 생명체 종을 과연 이 지구상 어디에서 찾을 수 있을까?[67] 그렇다. 다윈의 이야기처럼 인간은 종의 보존에 도움이 되지 않은 이타적 행위를 힘들여 실행한다. 앞의 언급처럼 장애인이나 병약한 환자를 돕는 등의 행위를 하며 이를 윤리적으로 선한 행위로 인정받는 것이다.[68] 반론의 여지는 있겠지만, 인간은 보편적으로 혹은 적어도 자신의 과거 행동과 동기를 돌아보고 평가하며 이를 기반으로 미래를 예측하여 행동을 결정한다고 가정해 보자. 종족 번식의 생산성을 저해하는 약자를 돕는 것이 동물다움에서일까, 인간다움에서일까?

평생을 한국 땅에서 장애인을 위해 헌신한 아일랜드 출신 제라딘 라이언 수녀의 이야기이다. "고등학생이던 장애인 친구가 뺑소니 차량으로 사망했을 때 '부모보다 먼저 갔으니 참 효자다'라는 말을 들었습니다. 제 억장이 무너졌습니다. 비장애인이었다면 자식이 죽었다고 난리가 났을 거예요. 그런데 여전히 장애인 부모들은 '내가 죽고 나면 우리 아이는 어떡하냐, 자식보다 하루 먼저 더 살고 싶다'라고 말합니다. 이것이 우리가 장애인 사회교육을 하는 이유입니다."

저자가 사형수를 만나는 봉사활동(나는 이 일을 원해서 한 것이지 봉사라고 생각한 적이 없다)에 참여하면서 가끔 듣는 말이 있다. 왜 하고많은 사람 중에 도울 사람이 없어 사람 죽인 사형수를 돕느냐는 것이다. (물론 사형수가 아닌 일반 수용자의 경우라고 해도 같

감옥이란 무엇인가 2

은 질문을 했을 것이다.) 나의 즉흥적인 대답은 이러했다. "그들도 도움이 필요한 사람이고 때마침 그들이 내 행동 반경에 있었다. 더 합당하고 절실한 사람을 찾기 위해 그들을 외면하는 것은 누구도 돕지 않는 현재를 거듭 만드는 것 아닌가? 더구나 그들은 나에게 깨우침을 주었고 기쁨도 주었다." 그들을 만나지 않았다면 피해자의 고통에 대해 얼마만큼이나 공감했을까? 내가 공짜로 누리는 이 과분한 행운이 내 능력과 잘 태어난 팔자 때문이라고 당연시하지는 않았을까?

교정시설 수용자의 3분의 1 이상은 거의 모두 재판 중이고, 상당수는 극히 가벼운 형벌을 받고 나가며, 그중 일부는 무죄로 석방된다. 도박과 같은 위법 행위처럼 상대방에게 피해를 거의 주지 않는 범죄인도 다수 포함되어 있다. 그리고 우리는 흉악범은 30년 징역을 산 이후에도 여전히 나쁜 흉악범이라고 인식한다. 그러니까 그들이 단지 안에 갇혀 있다는 이유만으로 나쁜 사람이라고 낙인찍고 혐오의 대상으로 여기는 것이다. 과연 그래도 되는 것일까? 물론 공감 능력도 부족했고 비이성적이었으며 타인의 자유를 속박했던 자들에 대한 분명한 조치는 필요하다. 악행을 반복하지 않도록 강제해야 할 것이다. 그러나 동시에 인간이라면 누구나 자기 발전을 위해 마땅히 자유가 필요하며, 이를 존중하고 촉진할 수 있는 여건을 마련하는 데 함께해야 한다고 믿는다. 따라서 강제는 억누름이 아니라 진정한 자유를 누리게 만드는 장치가 되어야 한다. 여기서 강제는 진정한 자유를 누리게 하기 위한 전 단계로서 존재해야 한다는 의미이며, 배제는 포용하기 위한 전 단계로서 존재해야 한다는 '포용적 정의'의 더욱 적극적인 지향이라고 할 것이다.[69] 그렇다면 강제는 기회와 가능성을 만드는 통로가 된다.

이 세상은 불안전성, 동물성, 유한성을 숙명적으로 안고 사는 사람들이 모여 부단히 부딪히며 생존해 가는 공간이다.[70] 따라서 서로를 공감하지 않고, 이성을 헤아리지 않고, 자유를 나누어 갖지 않으면 살아갈 수 없는 곳이기도 하다. 더구나 다가오는 시대에 인간에게 주어지는 상황은 예측이 난해한 동시에 더 억압적이어서 해체될 수 없는 보편적인 가치로서 인간다움이 살아 움직여야 한다.

공감과 연민은 윤리와 밀접한 연관이 있다. 인간다움은 공감과 연민으로 촉발되고 이성에 의해 수송되어 만들어진다고 한다.[71] 그렇다면 가해자와 피해자에 대한 이성적인 인간다운 행위는 무엇일까? 흉포한 범죄자에게 측은함과 연민을 느끼는 것은 부당한 것일까? 그리고 그것은 고통받는 피해자에 대한 예의에서 벗어난 것일까? 무엇을 하는 짓이냐고 분통을 터뜨리는 피해자의 울부짖음도 있을 것이다. 그런데 가해자의 타고난 악성 유전인자와 척박한 성장 배경, 불운한 위기 상황과의 조우는 그냥 하늘에서 떨어진 상수常數로 치고 그 나쁜 결과만을 탓해도 되는 것일까? 가해자를 돕는 것은 피해자를 투명 인간 취급해서가 아니다. 마땅한 형벌을 받고 속죄할 기회를 줌으로써 또 다른 피해를 예방하고 피해자의 상처를 위로하는 것이고, 세상과 더불어 살아갈 기회를 얻게 하는 것이다. 한 인간도 불완전하지만 그 인간들이 모여 사는 이 사회도 불완전하기는 마찬가지이다. 불완전한 사회에서 도태된 불완전한 개인을 마냥 배제해도 되는 것일까? 악은 따로 존재하는 것이 아니고 선이 결핍되면 악이 된다는 성 오거스틴의 말을 되새긴다면, 선을 채워 주는 과정이 없는 배제는 낮은 단계의 정의에 고착되어 인간다움의 실현을 포기한 국가 행위이다. 따라서 감옥은 포용하기 위해 배제하는 곳이어야 하며, 진정한 자유를 누릴 수 있게 하도록 강제하는 곳이어야 한다. 우리가 사는 세상은 인간다움을 완성해 가는 진화의 진행형이기 때문이다.

미주

1 엘리 위젤 저, 김하락 역,《나이트》, 위즈덤 하우스, 2007.

2 신영복,《감옥으로부터의 사색》, 돌베개, 2018.

3 엘리자베스 퀴블러 로스가 죽음과 관련된 임종 연구에서 제시한 이론으로, 인간이 자신의 죽음을 맞이할 때 부정, 분노, 타협, 우울, 납득 등 다섯 단계의 심리 단계를 거친다고 했다.

4 마틴 슐레스케, 유영미 역,《바이올린과 순례자》, 니케북스, 2018.

5 수용동 내에서 청소를 하며 각 수용 거실에 구매품 지급 등의 심부름을 하는 봉사원 수용자.

6 성무일도는 모든 가톨릭 성직자와 수도자가 의무적으로 바쳐야 하는 매일 기도로 권고된다.

7 수용자는 명찰의 색으로 구분된다. 사형수는 빨간색, 마약 범죄자는 파란색, 조폭이나 관심 대상자는 노란색, 미결 수용자와 일반 범죄자는 하얀색이다.

8 1996년 첫 번째 결정에서는 합헌 7 대 위헌 2, 2010년 두 번째 결정에서는 합헌 5 대 위헌 4로 두 번의 합헌 결정을 내린 바 있다.

9 2021년 한국 갤럽조사에 따르면, 사형제도 유지가 77.3%로 절대다수를 차지한다.

10 한국일보,〈[다시쓰는 사형제 리포트] 살인 피해 유족들에 물었다... "가해자에 사형 선고된다면",〉, 2023. 6. 6.

11 사형제도를 완전히 폐지한 109개국, 군형법은 제외하고 폐지한 8개국, 우리나라처럼 실질적으로 폐지한 28개국을 합하면 유엔 회원 193개국 중에서 사형폐지국은 145개국이다.

12 1995년 1월 5일에 명칭이 소년감별소에서 소년분류심사원으로 변경되었다.

13 존 M. 렉터 저, 양미래 역,《인간은 왜 잔인해지는가: 타인을 대상

화하는 인간》, 교유서가, 2021.

14 죙케 나이첼·하랄트 벨처 저, 김태희 역, 《나치의 병사들》, 민음
사, 2015.

15 조성애, 김용재, 《마지막 사형수》, 형설라이프, 2009.

16 Edwin Sutherland(1883~1950)에 의해 제시된 종합적 범죄 이론
이다. 그는 현대 범죄학의 아버지라고 일컬어지며, 범죄사회학 영
역을 개척하고 발전시켰으며, 특히 화이트칼라 범죄(white collar
crime)의 개념을 최초로 제시했다.

17 갑을 2개 조 2교대에서 4개 조 4교대로 개선되었다. 이는 교도관
의 근무 환경이 개선되고 있음을 의미한다. 〈1일 차: 오전 9:00~오
후 18:00 / 2일 차: 야간 18:00~다음 날 오전 9:00 / 3일 차: B번 12
시간(오전 9:00~다음 날 오전 9:00) / 4일 차: 윤번 오전 9:00~오후
18:00 / 5일 차: 주간 오전 9:00~오후 18:00 / 6일 차: 오전 9:00~오
후 18:00 / 7일 차: B번 오전 9:00~다음 날 오전 9:00 / 8일 차: 휴무〉

18 규칙을 어기는 것을 말하는 범칙(犯則)에서 유래한다. 규율을 위반
하며 은밀하게 상호 간에 물건을 주고 받는 행위를 이르는 은어이
다(김영식 외 3인 저, 《교정용어사전》, 박영사, 2021).

19 현역 전환복무제도로서 경비와 방호 업무를 담당한다. 1981년에
서 2012년까지 존속했다.

20 알폰소 로드리게스(Alphonsus Rodriguez, 1533~1617).

21 송봉모 저, 《세상 한복판에서, 그분과 함께》, 바오로딸, 2021.

22 소등 시에도 보안 등의 이유로 완전 소등을 하지 않고 밝기를 낮추
어 식별 가능 상태를 유지한다.

23 페트릭 퍼머 저, 신해경 역, 《침묵을 위한 시간》, 봄날의 책, 2014.

24 김도영, 《교도소에 들어가는 중입니다》, 봄름, 2022.

25 조선일보, 〈[아무튼, 주말] 먼저 툭하면 교도관 고소·진정… "범죄
자 인권의 황금기"〉, 2024. 6. 1.

26 김도영, 《교도소에 들어가는 중입니다》, 봄름, 2022, p.218.

27 '빵잡이'라고도 하는데, 전과가 많은 수용자로서 교도소 생활에 대해 모르는 것이 없는 사람을 일컫는 말이다(김영식 외 3인 저, 2021).

28 이 책의 p.171~174 참조.

29 징역을 곱절로 힘들게 살게 한다는 뜻이다. 힘없는 수용자를 괴롭혀 수용 생활을 힘들게 만드는 상황을 일컫는 은어이다(김영식 외 3인 저, 2021).

30 2022년 죄명별 수형자 인원(비율)은 총 3만 4,475명 중 사기·횡령 8,272명(24.0%), 성폭력 5,720명(16.6%), 살인 3,028명(8.8%), 절도 2,667명(7.7%), 마약류 2,169명(6.3%) 등이고, 3년 이내 재복역 인원(비율)은 총 7,004명(23.8%) 중 절도 1,736명(50%), 마약류 646명(36.3%), 폭력행위 1,145명(28.2%), 과실범 654명(20.1%), 성폭력 366명(17.1%), 사기·횡령 1,530명(16.0%) 등이다. (법무부 교정본부, 《교정통계연보》, 2023.)

31 마태복음, 18:10

32 연합뉴스, 〈1인실·공용거실에 AI 감시… 새 국군 교도소 준공〉, 2022. 6. 23.

33 2022년 말 현재 보호관찰 인원은 10만 6,049명이다. 여기에는 보호관찰, 수강명령, 사회봉사명령, 전자감독, 치료명령 등이 포함된다(법무부 범죄예방정책국, 《통계분석: 2023 범죄예방정책》).

34 2022년 말 현재 전자감독 인원은 4,421명이고, 특정범죄 3,295명(성폭력, 미성년자 유괴, 살인, 강도), 일반범죄 1,126명(특정범죄 외 모든 범죄)이다. 2020년 전자감독 대상 범죄가 일반범죄(특히 가석방 대상 범죄 포함)로 확대됨에 따라 크게 증가했다(법무부 범죄예방정책국, 《통계분석: 2023 범죄예방정책》).

35 여기에 대해서는 《감옥이란 무엇인가》 1권 1장 참고.

36 다니엘 핑크 저, 김명철 역, 《후회의 재발견》, 한국경제신문, 2022, p. 283.

37 위의 책, pp.21~22, 51~52.

38 조선일보, 〈[황석희의 영화 같은 하루] By how much we love〉, 2023. 3. 26.

39 요한복음, 8:1-11

40 천주교 사회교정사목위원회에서 진행하는 살인 범죄피해자 가족을 위한 '해밀 가족 모임'이 있다. 사목의 역할은 가족을 잃었다는 상실감으로 자신을 드러내는 것도 다른 사람들이 접근하는 것도 거부하는 유족들이 위기를 극복해 갈 수 있는 효과적인 대처 방법을 갖도록 지원하는 데 있다. 매월 1회 셋째 주 목요일에 자조 모임 및 미사, 피해자 가족 상담 지원, 피해자 가족 법률, 자녀 학비 지원, 피해자 사목 세미나 등을 시행하고 있다.

41 마태복음, 18:21

42 조선일보, 〈학폭으로 아들 잃고 교육에 헌신...미움 대신 용서로 품다〉, 2023. 10. 2.

43 임마누엘 레비나스 저, 강영안 역, 《시간과 타자》, 2011, 문예출판사.

44 미셸 푸코 저, 이상길 역, 《헤테로토피아》, 문학과지성사, 2023, p.143.

45 집회서, 7:36

46 "2009년으로 기억합니다. 사형수 중 한 사람이 간암 판정을 받은 적이 있었습니다. 병원에서 수술도 불가능하다고 할 만큼 상황이 좋지 않았습니다. 우여곡절 끝에 항암치료가 시작되었고 기적적으로 회복되었습니다. 당시 소장님의 특별한 배려가 있어, 같은 사동의 동료 사형수가 지극정성으로 병간호했습니다. 사형수가 병간호를 받을 수 있었던 것도 그렇고 병원에서도 포기한 병을 본인

의 의지로 이겨 낸 사실도 감옥에서는 좀처럼 보기 드문 일이었습니다. 이후 본인도 편지에서 죽음과 부활을 동시에 경험하게 한 주님의 은총이었다고 말했습니다."

47 어빙 고프먼 저, 심보선 역, 《수용소》, 문학과지성사, 2018.

48 이-푸투란 저, 윤영호·김미선 역, 《공간과 장소》, 사이, 1977.

49 마르코 복음, 10: 46-52.

50 레프 톨스토이 저, 박형규 역, 《참회록》, 문학동네, 2022; 성 어거스틴 저, 선한용 역, 《성어거스틴의 고백록》, 대학기독교서회, 2004; 장 자크 루소 저, 박순만 역, 《고백록》, 집문당, 2017; 아우구스티누스, 《자유의지론》, 분도출판사, 2021.

51 조선일보, 존 카밧진 명예교수 인터뷰, 2023. 12. 17.

52 신명기, 6:4

53 스티븐 핑거 저, 김명남 역, 《우리 본성의 선한 천사》, 사이언스북스, 2022.

54 로라 베이츠 저, 박진재 역, 《감옥에서 만난 자유, 셰익스피어》, 덴스토리, 2014.

55 성 어거스틴 저, 선한용 역, 《성어거스틴의 고백록》, 2004.

56 장 자크 루소 저, 박순만 역, 《고백록》, 2017, pp. 39-40.

57 황용인 저, 《가시울타리의 증언》, 멘토프레스, 2010.

58 마태복음, 12:49~50

59 루카복음, 10:21

60 마르코 복음, 6:34

61 삿카 가미 가오리 저, 김영현 역, 《프리즌 서클》, 다다서재, 2023.

62 기독교의 성경 역할을 했던 '마오쩌둥 어록'이나 당 지시 등을 토론 주제로 정하고, 대개 주 단위로 직장이나 학교 등에서 소모임을 갖고 한 주간 있었던 개인사나 과업에 대해 자아 혹은 상호 비판을 하는 일종의 의식이 이루어졌다. 서구에서는 이러한 의식이 강압

적으로 이루어진 사상 개조를 위한 비인도적인 쇠뇌 활동이라고
비판했다. 영문 저서에는 'brain-washing' 혹은 'indoctrination'
으로 표현하고 있다.

63 이 책의 p.314 참조.

64 이 책의 p.315 참조.

65 "피해자들은 최대한의 지원이 아니라 최소한의 보호를 원하는데
법원도, 수사기관도 방해물 취급하는 것이 현실이다. 나는 아직도
대한민국 국민이 아니라고 생각한다. 피해자 보호가 국가의 책무
인데 그 혜택을 받지 못했으니."(조선일보, [데스크에서] 국회서
또 '돌려차기' 당한 피해자, 2024. 6. 19.) 부산 돌려차기 피해자의
인터뷰 기사이다. 우리나라 범죄피해자 보호와 지원의 현주소를
잘 보여 준다.

66 김기현 저, 《인간다움: 아름다움을 지탱하는 3가지 기준》, 21세기
북스, 2023, p.213.

67 위의 책, p.315 참조.

68 위의 책, p.223 참조.

69 마사 너스바움 저, 조계원 역, 《혐오와 수치심》, 민음사, 2020,
p. 596.

70 위의 책, p. 725 참조.

71 김기현 저, 《인간다움: 아름다움을 지탱하는 3가지 기준》, 21세기
북스, 2023, p.223.